本书源自国家社会科学基金一般项目（09BXW019）的结题成果，特致感谢！

新媒体跨文化传播的中国实践研究

肖珺 著

China's Intercultural
Communication Practices
in New Media

中国社会科学出版社

图书在版编目（CIP）数据

新媒体跨文化传播的中国实践研究/肖珺著. —北京：中国社会科学出版社，2018.6

ISBN 978-7-5203-2935-4

Ⅰ.①新… Ⅱ.①肖… Ⅲ.①国家—形象—文化传播—研究—中国 Ⅳ.①D6②G206

中国版本图书馆CIP数据核字（2018）第166644号

出 版 人	赵剑英	
责任编辑	赵　丽	
责任校对	杨　林	
责任印制	王　超	

出　　版	中国社会科学出版社	
社　　址	北京鼓楼西大街甲158号	
邮　　编	100720	
网　　址	http://www.csspw.cn	
发 行 部	010-84083685	
门 市 部	010-84029450	
经　　销	新华书店及其他书店	

印刷装订	北京明恒达印务有限公司
版　　次	2018年6月第1版
印　　次	2018年6月第1次印刷

开　　本	710×1000　1/16
印　　张	20.75
字　　数	330千字
定　　价	86.00元

凡购买中国社会科学出版社图书，如有质量问题请与本社营销中心联系调换

电话：010-84083683

版权所有　侵权必究

序

程曼丽[*]

在世界政治经济格局发生深刻变化、传播科技日新月异的今天,新媒体(互联网)的"国际属性"及其作用日渐凸显,如何利用它来传递信息、影响网民、引导舆论,达成战略目标,亦成为包括中国在内的各国政府以及其他社会组织面临的时代课题。

肖珺老师的新作《新媒体跨文化传播的中国实践研究》即是围绕这一课题展开。该书是她主持的国家社科基金项目"媒体融合对新闻传播的影响研究:新技术环境下如何提升中国新闻网站的国际影响力"的重要成果,今由中国社会科学出版社出版,可喜可贺。

本书有几个突出特点:

首先,理论探讨有深意。

作为一个全新议题,"新媒体与跨文化传播"正在引起各方面的关注,但研究成果尚不多见。作者基于对新媒体及跨文化传播属性的认识,就二者之间的内在关联进行了理论思考,认为新技术正在重塑跨文化传播的格局、思路与实践方式,与此同时,这种新的传播形态也让人们不断体验、反思全球化时代下人类社会发展与跨文化转向、融合、殖民甚至再封建化等无法回避的问题。在关联思考的基础上,作者对新技术环境下跨文化传播理论与实践的创新发展模式进行了探讨,提出了颇具启发性的观点和见解。比如,近年来,数字技术的采用使世界范围内的跨文化传播研究面临新的语境:信息传播技术快速发展、电子网络社区形成、全球或区域经济组织及跨国公司的作用在某些方面超越了民族

---

[*] 北京大学国家战略传播研究院院长,北京大学新闻与传播学院教授、博士生导师。

序一

国家、信息技术对军事冲突的控制能力增强、大规模的移民、急速推进的城市化、全球文化市场的扩张……各类现象交替出现，彼此渗透，交织成丰富多彩却又令人困惑的跨文化传播图景。今天的跨文化传播不能不面对人类社会出现的新问题，并将其作为理论及模式创新的驱动力。作者的研究从中国社会现实入手，同时以点带面，由此及彼，对跨文化传播的全球性问题作出了回应。

其次，现实关照有新意。

本书的落点是"中国实践研究"，具体来说，是国内主流媒体新闻网站对外传播的内容、流向及效果研究。这是一项难度颇大的工作。作者首先选择人民网、新华网、央视网、国际在线等中央媒体的新闻网站作为考察对象，通过数据分析、话语分析等方法，对其主要议题、表现形式、信息来源以及褒贬倾向等进行全面检视，获得了大量的一手数据。难能可贵的是，本书在设置分析框架时，尽可能在传播主体（国内新闻网站）与客体（国外新闻媒体）之间建立关联，考察前者作为信息源对后者的影响以及后者对前者信息的转引情况。这种对应性的研究有助于发现问题并找到问题症结；在此基础上的分析评价及结论也更显客观，更具针对性。与此同时，鉴于单方面的考察难以从整体上揭示中国新闻网站的国际影响力，作者还选择美国、英国、法国的新闻网站等新媒体进行案例分析，考察它们与中国新闻网站信息内容的对接、互动情况，包括它们是否将中国新闻网站的内容作为信息源以及它们是如何使用这些信息源构建中国形象的。这从另一个角度对国内新闻网站的对外传播效果研究乃至中国的对外传播效果研究提供了有益的补充与参考。

最后，问题意识较为突出。

本书虽然是在国家社科基金课题的基础上形成的，主要是一个"规定动作"，但在项目实施过程中，课题组成员始终紧扣中国对外传播实践，尤其是主流媒体新闻网站的对外传播实践，以问题为先导展开研究。如同作者在书中所言："我国新闻网站在面对西方媒介，特别是网络新媒体中社会舆论对中国的误读和偏见时并未显现有力的形象建构和危机化解能力，中国的大国形象在跨文化传播过程中一直面临认同的危机。"为什么新媒体给信息传播带来了更好的技术，却没有明显提升

序

中国新闻网站的对外传播效果呢？这正是作者试图深入探讨的问题。为了弥补文本分析带来的距离感，本书对国际在线的研究采取了参与式观察法，研究者直接进入国际在线新媒体发展中心的节目管理部，融入新闻生产团队，在参与中了解情况，发现问题，并就主要问题进行访谈，获得相关数据、案例素材及访谈资料4万余字。在此基础上提出的建议，如海外用户调查和互动反馈机制应进一步加强等，不但对国际在线具有实际参考价值，对其他主流媒体及其新闻网站的对外传播效果提升亦具有普遍意义。

与课题申报、结项的时间进度相契合，这一研究起始于2009年，结项于2015年，是一个历时性的研究成果。书中选择的案例虽然较多集中在距今几年前，但是其中的分析和结论于今仍有现实意义。因为2009年是中国媒体外宣上升到国家战略的一个重要年份。这一年的6月，中央出台了《2009—2020年我国重点媒体国际传播能力建设总体规划》，人民日报、新华社、中央电视台、国际台、中国日报、中新社及其新闻网站的对外传播均被纳入其中。从2013年起，相关管理部门开始对六家媒体的国际传播能力建设进行效果评估，这项工作一直延续至今。尽管学界、业界对于重点媒体国际传播能力建设及其效果的关注程度越来越高，这方面系统性的研究成果却不多见。从这个意义上说，《新媒体跨文化传播的中国实践研究》一书，尤其是其中主流媒体新闻网站的对外传播效果研究，可以视为国际传播能力建设第一个五年的阶段性成果，具有一定的补白意义。它不仅为主流媒体新闻网站对外传播的前期效果评估留下了宝贵的数据、资料，也为新闻网站以及其他平台进一步加强国际传播能力建设提供了必要的参考。在我看来，本书经调研及内容分析发现的问题，如某些新闻网站（尤其是英文版）表现形态不够丰富，被转载次数总量偏少，缺乏回应性或互动性的话语，议题设置能力总体偏弱等，至今仍然存在，是国际传播能力建设亟待解决的问题。

今天的中国正在发生深刻的变化，面临的内部、外部环境也与前不相同了。尤其是党的十八大以后，以习近平为总书记的新一届中央领导集体走上中国政治舞台的前沿，并在国际社会的瞩目下一步步走向世界舞台的中心。在之前的国家领导人重点研判中国与世界关系的基础上，新

· 3 ·

序一

一届领导人开始站在全球战略的高度思考和规划中国的发展，形成了与时俱进的全球化思维格局。基于这一思维格局，以习近平为总书记的党中央在内政外交方面不断推出新举措，立足于地区和全球战略的新思想、新理念、新方案也相继提出，包括"亚洲新安全观"、"人类命运共同体"、"新型大国关系"、"一带一路"等等。这些新思想、新理念不但是中国改革开放近40年来的一种自我超越，也超越了长期以来占据国际社会主体地位的西方思想体系和发展模式。这种超越性的发展格局，要求我们改变简单拿来的边缘化心态，进行理论探索与创新，建立一套与之相适应的思想体系、话语方式和实践模式，为中国的进一步发展营造良好的外部舆论环境。

作为一名青年教师，肖珺老师在跨文化传播研究方面孜孜以求，多有创获。在新作出版的基础上，希望她继续关注中国的对外传播实践前沿，在学术研究上进一步丰富、拓展，不断有新作问世。我乐观其成。

2017 年 12 月 15 日

目　录

开篇　绪论

第一章　研究缘起：中国问题的现实关怀 ……………………（3）
　　第一节　中国新闻网站的特殊性 ……………………………（4）
　　第二节　中国新闻网站的新闻生产 …………………………（6）

第二章　媒体融合：定义、逻辑与案例 ……………………（10）
　　第一节　媒体融合的定义与研究脉络 ………………………（10）
　　第二节　媒体融合的技术逻辑 ………………………………（13）
　　第三节　媒体融合下的内容生产 ……………………………（16）
　　第四节　媒体融合的体制创新 ………………………………（18）
　　第五节　国外媒体融合典型案例简述 ………………………（20）
　　第六节　国内新闻网站融合典型案例简述 …………………（24）
　　第七节　新技术环境下的话语传播引导 ……………………（28）

第三章　新媒体跨文化传播的理论脉络与现实困境 ……（31）
　　第一节　新媒体跨文化传播：研究缘起与学术关怀 ………（31）
　　第二节　新媒体跨文化传播的理论脉络 ……………………（35）
　　第三节　新媒体跨文化传播的现实困境 ……………………（45）

第四章　研究对象与方法 ……………………………………（53）
　　第一节　研究对象 ……………………………………………（53）
　　第二节　研究方法 ……………………………………………（56）

上篇　新技术环境下中国新闻网站的国际传播

第五章　人民网：国际传播内容生产研究 ………………（65）
 第一节　中英文网站的内容生产 ………………………（66）
 第二节　中国议题的话语分析 …………………………（81）

第六章　新华网：国际传播中的议程设置分析 …………（93）
 第一节　网络媒体的议程设置 …………………………（94）
 第二节　对外报道议题分析 ……………………………（99）
 第三节　属性议程框架分析 ……………………………（104）
 第四节　国际传播的议程设置 …………………………（108）
 第五节　结论 ……………………………………………（109）

第七章　央视网：中美比较视野下的国际传播 …………（112）
 第一节　中英文网站比较分析 …………………………（113）
 第二节　央视网与CNN：Google 退出中国事件报道 …（132）

第八章　国际在线：国家形象传播实践 …………………（146）
 第一节　国际在线国际传播发展 ………………………（147）
 第二节　新媒体跨文化传播中的国家形象建构 ………（150）
 第三节　广播—网络融合的国际传播 …………………（161）

下篇　媒体融合与新闻网站国际影响力

第九章　法国新闻网站中的中国形象研究 ………………（167）
 第一节　网络社会的国家形象传播 ……………………（168）
 第二节　信源视角下的法国新闻网站中的中国形象 …（174）
 第三节　结论 ……………………………………………（181）

第十章　媒体融合与媒介事件的跨文化传播 ……………（187）

第一节　媒体融合与跨文化传播 …………………………（187）
　　第二节　莎朗·斯通地震言论风波 …………………………（191）
　　第三节　媒介事件的跨文化传播 ……………………………（205）
　　第四节　结论 …………………………………………………（210）

第十一章　新闻网站跨文化传播的基本生态及其问题 …………（211）
　　第一节　消息源来自哪里 ……………………………………（212）
　　第二节　信息如何取舍 ………………………………………（217）
　　第三节　事件如何言说 ………………………………………（218）
　　第四节　网络跨文化传播生态如何平衡 ……………………（225）

第十二章　国庆60周年中西网络新闻报道比较 ………………（228）
　　第一节　国庆报道：民意高度关注下的新闻策划 …………（228）
　　第二节　以人为本：强化互动意识中的报道创新 …………（232）
　　第三节　西方网络新闻报道分析 ……………………………（234）

第十三章　新媒体中的政治报道：形态演进与内容呈现 ………（238）
　　第一节　新媒体政治报道形态与生态 ………………………（238）
　　第二节　新媒体政治报道的形态演进与内容呈现 …………（240）

第十四章　网络民族主义：现实与想象的冲突 …………………（253）
　　第一节　网络民族主义 ………………………………………（253）
　　第二节　中国网民关于抵制《功夫熊猫》的争论 …………（257）
　　第三节　结论 …………………………………………………（267）

结语　中国新闻网站提升国际影响力的路径思考

第十五章　新媒体内容建设与网络表达创新 …………………（273）
　　第一节　新媒体内容建设 ……………………………………（274）
　　第二节　网络表达创新 ………………………………………（279）

目 录

第十六章 国际传播的全球倾听模式 …………………………（286）
 第一节 全球倾听模式 ……………………………………（287）
 第二节 网络公共外交的可能性 …………………………（290）
 第三节 跨文化传播的理性 ………………………………（292）

参考文献 ……………………………………………………（295）

后记 探索立足中国的新媒体跨文化传播研究 ……………（316）

开 篇

绪 论

第一章

研究缘起：中国问题的现实关怀

伴随传播全球化和新技术应用的共同推动，媒体融合成为各国媒介发展的必然趋势。在中国，传统媒体和新媒体融合所搭建的舆论平台成为政府了解民意、疏导民意的重要渠道，也正成为社会主义民主建设的主要标志。媒体融合的各种表现形态中，中国主流新闻网站因其权威、海量、深度的报道成为全民关注的焦点。2007年1月，时任总书记胡锦涛同志在中共中央政治局第三十八次集体学习中强调："加强网络文化建设和管理，充分发挥互联网在中国社会主义文化建设中的重要作用"，指出这"有利于扩大宣传思想工作的阵地"，"有利于增强中国的软实力"。2008年6月，他又通过人民网强国论坛第一次同网友在线交流，22分钟的对话中，多次提及"通过互联网来了解民意、汇聚民智，也是一个重要的渠道"。2009年2月，时任总理温家宝同志通过中国政府网、新华网接受网友的在线访谈，2个小时的访谈收到了30万网络来帖、数万手机读者留言。每年两会期间，中国主流新闻网站（人民网、新华网、中央电视台网站等）都与传统媒体形成强大报道团队，收集、整理、反映民间舆论，极大地发挥了正确舆论导向的媒介功能。早在2001年12月，全国28家新闻网站签署了《共同构建全国外宣网络平台协议书》；2009年6月，中央也制订了《2009—2020年中国重点媒体国际传播能力建设总体规划》[①]。

新一届领导班子上任以来，更加重视网络空间的对外传播和国家形象的塑造。2012年以来，国家领导人在多个场合都强调了宣传工作的重要性，提出"意识形态工作是党的一项极端重要的工作"。2013年8月19日，习近平总书记在全国宣传思想工作会议上指出，要把网上舆论工作作

[①] 唐润华：《中国媒体国际传播能力建设战略》，新华出版社2015年版，前言。

为宣传思想的重中之重来抓。"宣传工作是做人的工作，人在哪儿重点就应该在哪儿。""很多人特别是年轻人基本不看主流媒体，大部分信息都从网上获取。必须正视这个事实，加大力量投入，尽快掌握这个舆论战场的主动权，不能被边缘化了。"同年12月30日，习近平总书记在中共中央政治局就提高国家文化软实力研究进行第十二次集体学习时指出，提高国家文化软实力，要努力提高国际话语权。要加强国际传播能力建设，精心构建对外话语体系，发挥好新兴媒体作用，增强对外话语的创造力、感召力、公信力，讲好中国故事，传播好中国声音，阐释好中国特色。2014年8月18日，习近平总书记在主持召开的中央全面深化改革领导小组第四次会议时表示，要推动传统媒体和新兴媒体的融合发展，形成立体多样、融合发展的现代传播体系。党中央不断强调创新传播方式的重要性，将媒体融合与提高国家文化软实力、建设国家传播能力、构建对外话语体系等建构了密切的关联，对内和对外都要加强互联网舆论场的主动权。

可以说，中国作为一个独立民族国家在跨文化传播，特别是通过网络新媒体空间平台进行的文化产品输出方面，非常积极主动地建设"软实力"。但与国内舆论引导的良性发展不同，中国新闻网站的国际传播影响力还有不足。从2008年的系列事件（奥运火炬传递、汶川地震等）开始，这些年来涉及许多重大议题、社会事件和突发事件的新闻传播中，中国新闻网站在面对西方媒介，特别是网络新媒体中社会舆论对中国的误读和偏见时并未显现有力的形象建构和危机化解能力，中国的大国形象在跨文化传播过程中一直面临认同的危机。

那么，为什么媒体融合为新闻传播带来了更好的技术，却没有明显提升中国新闻网站的对外传播效果呢？媒体融合研究如何能突破技术层面，从理念、伦理、文化等更丰富的角度促使中国新闻事业的可持续发展呢？对这些中国问题的现实关怀正是本书的研究出发点。

第一节 中国新闻网站的特殊性

按照中国相关管理办法的规定，网络新闻的报道主体是新闻网站。"新闻网站"一词在中国的政治经济语境中有特定的语意，它的官方定义出现在国务院新闻办公室、信息产业部于2000年11月7日联合发布的《互联网站从事登载新闻业务管理暂行规定》第五条中：中央新闻单位、中央国家机关各部门新闻单位以及省、自治区、直辖市和省、自治区人民政府所在地的市直属新闻单位依法建立的互联网站①。可见，"新闻网站"通常是指与国家媒体不可分割的、血脉相依的互联网站点，这类互联网站不仅可以登载新闻，更重要的是，它们可以自行采写新闻，即拥有新闻的采访权，它们原创性的新闻报道成为商业网站进行信息汇编、检索和整合的唯一合法来源。在这个意义上，在中国社会传播影响力巨大的商业门户网站尽管具有通过互联网发布和转载新闻的资质，却并不被认定为"新闻网站"，即它们"不得登载自行采写的新闻和其他来源的新闻"②。

自20世纪90年代新闻网站出现后的发展初期，与各类传统媒体相比，新闻网站的社会地位并未得到充分彰显，究其原因，主要有两个：第一，新闻网站作为新兴媒体，其公信力尚未完全建立，从而导致其在发展初始，对重大政治经济事件的报道难以成为人们取信的对象；第二，网络新闻极大地满足和调动了受众主动的和潜在的需求，传统媒体中占据较小比重的边缘化内容（社会新闻、娱乐新闻等）在网络媒体中的比重大大上升，成为网民关注的重点③。公信力的不足和边缘化内容的泛滥导致新闻网站在很长一段时期里总被视为非正式新闻媒介，直到2006年第16届中国新闻奖首次把网络新闻作品纳入评选范围，中国政府才从形式和内容上公开确认新闻网站在新闻报道中的重要地位。对中国新闻网站而言，中国新闻奖网络新闻奖项的开启足以令人兴奋和激动，因为它通过国家奖项的方式正式对外确认了新闻网站的主流地位，将新闻网站正式纳入中国新闻舆论的核心方阵。

2015年5月5日，国家网信办公布可供网站转载新闻的新闻单位名单④，共计380家中央和省级的报纸、期刊、通讯社、广电和网站被

---

① 需要说明的是，尽管2005年9月25日，两部门联合发布《互联网新闻信息服务管理规定》并取代了上述规定，但关于"新闻网站"的定义及内涵并没有任何改变。
② 参见国务院新闻办公室、信息产业部2000年11月7日联合发布的《互联网站从事登载新闻业务管理暂行规定》第七条。
③ 参见彭兰《中国网络媒体的第一个十年》，清华大学出版社2005年版，第218页。
④ 中国网信网：《国家网信办公布可供网站转载新闻的新闻单位名单》，2015年5月5日（http://www.cac.gov.cn/2015-05/05/c_1115179188_2.htm）。

认证为网络新闻生产单位，成为商业网站的内容提供者和合法来源。其中，标示为"网站"的新闻单位报刊：中央网站26家，包括人民网、新华网、中国网、央视国际网络、国际在线等；省级新闻网站53家，比如，湖北两家为荆楚网、长江网。中央、省级新闻网站合计79家，占比21%。这一分类仍然基于传统媒体类型，而所有传统媒体均已建设自己的网站，因此，从广义的"新闻网站"概念来看，中国允许生产新闻的互联网站点是这些经过批准的380家单位，它们占中国现有357万个网站[1]的比例仅仅为1%。

不到400家互联网站点就是中国依法认可的、从事网络新闻传播的新闻网站。从目前的发展看有两个明显特征：一是尽管总量占比微乎其微，但它们是网络新闻报道中的主流媒体，创造着巨大和深远的影响力；二是它们逐渐成长为互联网世界依赖的新闻内容提供商。以2005年的统计数据为例：取得互联网新闻信息服务许可的商业网站转载的时政类新闻信息，60%—70%来自重点新闻网站[2]，虽然没有更新的类似数据，但新闻网站在中国网络新闻生产中的重要位置仍然无法替代。中国新闻网站的特殊性在于其政治属性，正因为如此，它们承担着国家形象对外传播主力军的角色。

第二节 中国新闻网站的新闻生产

中国新闻奖评价类型清楚地展现了中国新闻网站新闻生产的作品类型，网络新闻作品的奖项类别主要包括：网络专题、网络评论、网络访谈、网络专栏、网页设计、国际传播。在2015年公布的中国新闻奖评选结果中，一些网络新闻作品也获得了新闻漫画、新闻摄影等原本属于传统新闻作品的奖项[3]。这一现象说明，新闻网站的新闻生产已经全面渗透到新闻单位生产的每种类型、每个环节中，逐步形成全平台、全媒

---

[1] 中国互联网络信息中心：《第36次中国互联网络发展状况统计报告》，2015年7月。
[2] 详见国务院新闻办公室副主任蔡名照于2005年11月15日在第五届"中国网络媒体论坛"上的讲话《坚持健康有序发展 建设和谐网络环境》，http://gb.chinabroadcast.cn。
[3] 参见中国记协网《第二十五届中国新闻奖评选结果》，2015年8月27日（http://www.xinhuanet.com/zgjx/jiang/zgxwj.htm）。

体的新闻生产。

基于中国新闻奖网络新闻作品评价体系的系列研究①指出，新闻网站新闻生产的价值判断主要聚焦于政治性、新闻性和技术性。

第一，政治性标准。对于新闻网站，政治性标准在某种程度上是新闻价值常规表述中的重要性和显著性的综合，判断网络新闻质量的优劣首先必须考虑的是新闻网站的"政治意识、大局意识和责任意识"，这些意识在日常新闻运作中表现为"互联网站要成为传播先进文化的重要阵地"，"网络媒体必须自觉坚持正确舆论导向"，"网络媒体是中国新闻事业的重要组成部分，是党的思想政治工作的重要战线"。② 在这个意义上，作为国家意识形态话语的政治性标准，不仅成为新闻网站从事新闻传播的根本底线，同时也是判断网络新闻价值的最高标准，新闻网站已经将舆论引导者的社会责任内化为自身的功能定位。

第二，新闻性标准。网络新闻已经突破了"新近发生事实"的界定，新闻性标准既可以表现在对即时新闻事件的报道中，也可以表现在对一些历史题材的把握中。传统新闻学中对"新鲜性"的理解被解释为"新近发生的"，这与传统媒介技术在报道新闻事件时的时滞性有关。网络传播技术已经完全突破了时滞性的局限，可以实现新闻事件发生时的同步报道，这一"即时性"的特征成为新闻网站传播新闻特别是突发事件的明显优势，也彻底改变了新闻价值对新鲜性的陈旧描述。有趣的是，网络新闻在对历史题材的把握中又表现出对"新鲜性"的彻底"否认"，它们突破时空，返回历史，进而发掘新闻网站独特的自我选题。这一特点被有些学者描述为"全时性"，包括全天候、全历史和全过程，表现在新闻网站的"快速反应、高频率以及事件的全程跟踪"中。③ 不论是"新鲜性""即时性"还是"全时性"，所描述和强

---

① 参见肖珺《建构中国网络新闻评价体系》，《网络传播》2006年第8期；肖珺《中国网络新闻作品如何彰显网络特色？》，《网络传播》2007年第9期。

② 邵华泽：《坚持正确舆论导向，承担严肃社会责任——在"2003中国网络媒体论坛"上的讲话》，转引自刘连喜主编《崛起的力量：中国网络媒体1995—2003》，中华书局2003年版，第3—4页。

③ 参见杜骏飞《网络新闻学》，中国广播电视出版社2001年版，第73—246页；彭兰《中国网络媒体的第一个十年》，清华大学出版社2005年版，第218页。

调的都是网络媒体通过新闻报道对社会历史进程的参与,从其根本目的上可被统称为"新闻性"。

第三,技术性标准。该标准主要从技术呈现对网络新闻质量进行评价,包括网络视觉设计、互动性功能的展现、访问速度等具体衡量标准。网络新闻实现非常依赖传播者对技术的运用能力,应该说,技术既是网络新闻传播的推动力量,也是其传播效果的制约因素。仅从内容表现手段来看,现有传播技术已经可以实现同步直播、互动报道等报道方式,应该说,丰富、恰当的技术手段应用将大大提升网络新闻传播效果,反之则无法体现新闻作品的网络性特征。

对网络新闻作品的质量评价一般体现在内容呈现与技术呈现两大评价指标内。根据这几年来的技术标准更新,本书将具体评价要素完善如表1-1所示。

表1-1　　　　　　中国网络新闻评价指标明细表

评价指标	评价内容	具体评价要素	评价要点
内容呈现	网络新闻选题	选题意义; 主题鲜明; 导向正确; 富有创意	政治性、新闻性、创新性,尤其看重同类选题作品的差异性和创新点
	网络新闻编辑	标题制作; 语言风格明确; 体裁得当	内容整合的能力;新闻价值的判断力
技术呈现 — 移动端成为全新融合平台	网络视觉设计	视觉要素丰富; 空间运用合理; 图片处理得当	色彩、框架格局、功能设计等与新闻性的契合度
	互动性	用户控制水平; 信息交换水平; 用户信息收集水平; 表现形式多样化程度; 选择形式多样化程度	互动功能的完善和便利;社交媒体化程度,尤其看重微博、微信等新兴社交媒体的应用水平
	主流浏览器支持评价	外观效果一致性; 多媒体支持一致性	兼容性,同时在IE、360、Google Chrome等多款浏览器中进行测试,包括移动端浏览器
	浏览效果	页面的访问速度(新闻视频); 页面是否存在链接错误; 作品是否有明显的程序错误; 主流显示器分辨率下的浏览效果	主要点击、查看首页、二三级页面等后续页面的链接质量

由上述分析可见，中国新闻网站在中国对外传播过程中扮演着重要的角色，它们的政治属性是特定政治经济语境下的必然产物。从技术的物理属性看，新闻网站新闻内容在发布的一瞬间就已经成为国际报道产品，技术用它强大的力量将这些新闻作品纳入全球化轨道，实践着话语的跨文化传播，也希冀实现全球化的文件间沟通和理解。

可是，媒体融合真能提升新闻传播，特别是国家媒体对外传播的国际影响力吗？现有的经验做法和总体趋势如何呢？

第二章

媒体融合：定义、逻辑与案例

媒体融合带给媒介本身巨大的挑战和机遇，对中国绝大多数传统媒体而言，正在面临"不转型会被边缘化"[①]的关键时刻。中国传统媒体自20世纪90年代开始建设新闻网站，在喉舌功能和经济功能的双重空间下已倍感持续发展之压力，而21世纪以来的技术转型又给传统媒体增添了新的变量。如何利用这个新的历史时期，一方面提升媒体自身的生存空间，另一方面则需要从社会功能的角度获得和强化网络社会的话语权。因此，知悉和反思国内外媒体融合发展的经验做法和总体趋势对于新闻网站对外传播战略的设定具有重要的意义。

本章基于文献研究和案例分析，从媒体融合的定义与研究脉络、媒体融合的技术逻辑、内容生产、体制创新、国内外典型案例、舆论引导等方面展开分析。

第一节 媒体融合的定义与研究脉络

从中西方相关研究的比较分析中不难发现，媒介融合对新闻传播的影响研究自20世纪80年代正式出现在美国并于21世纪初呈现出多元化景象，与此同时，中国学者开始借鉴西方研究，对中国媒介融合现象进行观察和对策性分析。

从西方研究文献看，"媒体融合"这一学术概念最早出现在美国马

---

① 赵洋：《广电总局董年初：传统媒体不转型会被边缘化 下个十年属于无线互联网》，2011年12月16日，和讯网（http://tech.hexun.com/2011-12-16/136384943.html）。

萨诸塞州理工大学传播学者浦尔教授的《自由的技术》①中，该书描述了媒介融合的模型，指出它更多集中于电视、报刊等传统媒介的融合，认为媒体融合就是各种媒介呈现出多功能一体化的趋势，最终，电子技术将所有传播方式都融进一个庞大的数字化系统中。浦尔描述的数字化传播系统随着网络技术的迅速发展被广泛应用于西方媒介，对于媒介融合的应用和研究从技术层面扩张到了产业、文化和社会的转变中。霍华德·莱茵戈德②提出，技术融合的可能性使虚拟的、社会的和自然的世界中各种碰撞、融合和调整所产生的社会层面影响发生了转变，融合过程就意味着新旧媒体会以比之前预计的复杂得多的方式互动融合。这种互动令新闻融合呈现出四个维度的变化：整合生产、多重技能的专业人员、多重平台的传输以及活跃的受众③。还有研究指出，媒介融合导致了两种多媒体新闻生产的模式：整合模式和跨媒体模式。这两种不同模式都各自拥有不同的生产系统、编辑部组织、新闻记者多重技能的程度，以及经营战略④。不仅如此，媒介融合还增进人和媒介间的共享和互动、强化了专业和业余媒介生产者间的互动，这种融合"既是自上而下的企业推动的过程，同时也是自下而上的消费者推动的过程。媒介公司正在学习如何加快媒介内容通过传送渠道流动的速度，从而扩展增加收入的机遇，扩大市场，强化受众的选择。而消费者正在学习怎样使用不同的媒介技术来使媒体的流动更多地处于他们的掌控之下，并且与其他使用者互动。他们正在为更全面地参与进自己文化的权利、控制他们生活中媒介信息的流动的权利和反驳大众市场内容的权利而斗争。有时这两种力量互相强化，创造媒体生产者和消费者之间更近、更有益的关系"。这些媒介融合的多重形式带领人们走向了数字新兴时代，带来

---

① Ithiel de Sola P, *Echnologies of freedom*, Harvard University Press, 1983.
② Howard Rheingold, *Smart Mobs: the next social revolution*, Basic Books, 2003.
③ David Domingo, Ramón Salaverría, "Four Dimensions of Journalistic Convergence: A Preliminary Approach to Current Media Trends at Spain," *The 8th International Symposium on Online Journalism*, From http://online.journalism.utexas.edu/2007/papers/Domingo.pdf, 2006.
④ José Alberto García Avilés, Miguel Carvajal, "Integrated and Cross-Media Newsroom Convergence: Two Models of Multimedia News Production —The Cases of Novotécnica and La Verdad Multimedia in Spain," *Convergence: The International Journal of Research into New Media Technologies*, Vol. 14, No. 2, 2008.

了一系列社会、政治、经济和法律的辩论,由此所产生的抗衡力量把人们推向了文化多样性和文化趋同性这两个截然相反的方向,同时也推向了商业化和草根文化生产①。

21世纪初,中国新媒体呈现出新的特征。在网络传播技术方面,其宽带化、移动化、互动性等技术特征得到进一步强化;在网络内容发展方面呈现出参与性、创造性、视频化等特征;在网络传播发展方面热点迭出,博客传播、手机媒体、媒介融合、网络实名制等不断成为社会和研究界持续关注的焦点②。与新媒体迅猛发展相伴,中国传播学界关于媒介融合的研究也日益多元,仅在概念使用上就出现了"媒介融合""媒体融合""融媒""通媒"等若干种表述方法,这不仅呈现出研究的兴盛之气,也反映出认知的庞杂。有学者认为:"融合媒介"(convergence media)与"融合新闻"(convergence journalism)是目前传媒业全球性发展的前沿课题,媒介融合趋势下新闻传播的变革包括:新闻信源结构与新闻传播主体发生变化;新闻媒介组织结构与工作流程发生变化;新闻载体性能与新闻传播方式的变化。③ 另有研究描述了媒介融合的四个层面:业务形态融合、市场融合、载体融合和机构融合。④ 有别于从新闻媒介组织的角度理解媒介融合,有学者从消费终端进行解释,认为它是在数字技术和网络技术的背景下,以信息消费终端的需求为指向,由内容融合、网络融合和终端融合所构成的媒介形态的演化过程⑤。针对Web 2.0技术为传播实践带来的冲击,有学者认为:"这种让全民共同决定和编织传播的内容与形式,让每个个体的知识、热情和智慧都融入其中,让人们在具有最大个性选择的聚合空间内实现共享,

---

① Henry Jenkins, "The Cultural Logic of Media Convergence," *International Journal of Cultural Studies*, Vol. 7, No. 1, 2004; Henry Jenkins, "People from that Part of the World", *Cultural Anthropology*, August 2006.

② 陈力丹、付玉辉:《繁荣而活跃的网络传播研究——2006年中国网络传播研究概述》,《当代传播》2007年第1期。

③ 蔡雯:《媒介融合前景下的新闻传播变革》,《国际新闻界》2006年第5期;蔡雯:《媒介融合趋势下如何实现内容重整与报道创新》,《新闻战线》2007年第8期。

④ 彭兰:《从新一代电子报刊看媒介融合走向》,《国际新闻界》2007年第7期。

⑤ 王菲:《媒介大融合:数字新媒体时代下的媒介融合论》,南方日报出版社2007年版。

这恰恰是新传播时代的价值真谛。"① Web 2.0 会促使网络能量的成倍增长，这种变化"更多的是信息互动传输，即应用方式的新变革，它可能会对网络中人与电脑、人与信息、人与人的关系产生重大的变革推动力"。②

总的来看，媒体融合作为一个概念，应从广义、狭义的角度综合认知和使用。狭义的媒体融合指不同形态的媒体融为一体，从而诞生出一种全新的媒体；广义的媒体融合，包含一切与之相关的要素结合，如技术、内容、文化、体制等。互联网、数字化等新技术手段，将网络社会诸多节点连接成一张完整的信息网络，报刊、广播电视、网络等不同形态的媒体正积极探索彼此间融合发展的创新之路。

第二节 媒体融合的技术逻辑

技术是媒体融合中的基础层面，将不同形态的媒介相互关联，打通技术平台之间的限制以实现融合。技术融合是实现媒体融合的基础和关键，内容传以渠道为依托，在技术上将相异的媒体平台整合为目标一致的连贯渠道，以实现从内容、制度、价值理念等一系列要素的有机统一，更好地应对时代变迁所带来的传播新议题与受众新需求。

一 媒介融合的技术特征：从传统渠道转向网络平台

以 BBC 为例，2007 年 12 月 25 日，BBC iPlayer 播放器正式上线。在 BBC 节目首播一周后的任何时间，用户可通过软件免费下载 BBC 广播台、电视台、网站上的所有音频、视频节目，然后通过收音机、电视机、计算机、手机或者其他移动终端观看和收听，从技术上打破了不同媒介之间的界限，实现了广播、电视、网站、移动终端等传播渠道的大融合③。《华尔街日报》除将报纸与网络媒体相融合外，于 2010 年与苹果 iPad 平板电脑、亚马逊 Kindle 电子书阅读器合作，提供电子版付费

---

① 喻国明：《微内容的聚合与开发：网络媒体内容生产的技术关键》，《网络传播》2006 年第 10 期。
② 李海峰：《网络传播技术及应用的新态势》，《新闻记者》2006 年第 8 期。
③ 付晓燕：《BBC 官方网站在媒介融合中的角色与作用》，《中国记者》2009 年第 9 期。

订阅服务，同时也发布了 Android 平板应用①。由此可见，《华尔街日报》对于移动终端的发展格外重视。

国内方面，江苏新华日报报业集团通过手机报的形式，融合文字、图片、音视频等形式，将纸质媒体的内容发布至网页和移动终端，通过技术手段将报纸、网站、移动终端融合为手机报，提高了新闻传播的时效性与投放精准度。2013 年 10 月 28 日，解放日报报业集团和文汇新民联合报业集团整合重组为上海报业集团，被称为"上海纸媒之变"。与其他合并重组不同的是，上海报业集团与百度公司签署战略合作协议，协议内容涉及本地新闻搜索引擎、媒体资源购买、云服务器资源提供、舆情报告、手机阅读服务、人才合作、战略资源购买七个方面。双方还将共同组建团队，联合运营百度新闻的上海频道②。2011 年，南方报业集团与腾讯网合作创办大粤网，在全媒体发展战略中涵盖网络媒体③。传统媒体在融合发展的实践中，对于网络平台和移动终端的重视程度可见一斑。

二 技术推动下的新闻业聚合趋势：三网融合打破隔阂

新技术的应用使更多传播渠道相融合，除了传播及发布手段的多样化，也使得新闻报道的主体由单一的媒体，向任何处于传播过程中的个体扩展。鲍尔州立大学的学者绘制的媒介融合二维坐标，将媒介融合按照对媒介行为的观察分为 5 个层次：交互促进、克降、合作竞争、内容共享和全面融合④。在交互促进层次，媒介融合只简单地表现为跨媒体即不同媒体之间的合作，融合更多的是充当一种营销工具；合作竞争层面，由于受众注意力资源有限，不同媒体形态之间争夺用户群，在融合

---

① 张利平：《新媒体时代传统媒介融合渠道与路径选择——以〈华尔街日报〉为例》，《湖南大学学报》（社会科学版）2013 年第 1 期。

② 蒋梅芳、吴芳：《中国纸媒的"再融合"之路——对上海报业集团成立的几点思考》，《东南传播》2013 年第 12 期。

③ 寇超颖：《媒介融合下中国报业集团价值链建构研究》，硕士学位论文，中南大学，2013 年。

④ Larry Dailey, Lori Demo, Mary Spillman, "The Convergence Continuum: A Model for Studying Collaboration Between Media Newsrooms," *Atlantic Journal of Communication*, Vol. 13, No. 3, 2005.

趋同中展开同质化竞争；而随着实践经验和技术水平的成熟，关于融合的理念得以正视，在磨合中融合趋同的媒体形态从技术渠道、内容生产、经营理念等方面都得以统一，最终成为一个互相补充与依存的新时代传播媒介。

21世纪初，中国新媒体在网络传播技术方面，其宽带化、移动化、互动性等技术特征得到进一步强化[①]。关于中国现阶段的媒介融合趋势，目前业界讨论最多的即"三网融合"[②]。所谓三网融合，即电信网、广播电视网、互联网三大网络互联互通，通过技术改造演变为宽带通信网、数字电视网、下一代移动互联网等通信网络形态。纽约时报的做法，展示了报业电信通信网与互联网融合的做法。2006年底到2007年，纽约时报与北电信公司合作，斥资1000万美元，在新的时代大厦布局先进的网络通信设备，从局域网接口到数据库中心，从网络基础设施配置到网络安全服务，全部用了北电信公司的解决方案。这套方案为纽约时报集团全部的工作人员提供一体化的多媒体通信服务，包括多媒体会议、稿件传输和通信联络，每个办公室都配备了北电信公司提供的千兆宽带网络、IP电话和声频对话系统，允许公司每个成员随时进行视频、声频等多媒体会议和联络，实现各个不同部门之间的无缝对接[③]。

随着4G网络的逐步普及，以及大数据、云计算等计算机技术的应用，三大网络对于用户需求能更好地捕捉，传统媒体开始发掘数据新闻背后的价值，使用互联网、移动互联网技术为报业、广播电视系统进行升级改造，采写编辑等内容生产技术，融入光纤通信等传播技术。技术不再是限制传统媒体发展的制约要素，而从单一的网页延展到各种形式的新媒体与移动服务。移动终端市场的争夺，也显示出媒体融合发展的另一个交汇点所在。

[①] 陈力丹、付玉辉：《繁荣而活跃的网络传播研究——2006年中国网络传播研究概述》，《当代传播》2007年第1期。

[②] 陈志强、夏虹：《"三网融合"背景下对媒介融合的思考》，《今传媒》2012年第3期。

[③] 董朝：《媒介融合背景下〈纽约时报〉的转型与升级》，硕士学位论文，华中科技大学，2012年。

第三节 媒体融合下的内容生产

媒体融合的发展道路中,技术融合解决的是传播渠道问题,而内容融合所要解决的是传播内容的问题,二者缺一不可。网络时代的内容生产呈现出参与性、创造性、视频化等特征。对于媒体融合中内容生产的研究中,学者们关注的议题集中在"融合新闻",以及生产中对现有资源的整合方式。

一 内容形式:全媒体时代的融合新闻

南加州大学传播学者 Larry Pryor 将"融合新闻"的概念归纳为发生在新闻编辑部中,新闻从业人员一起工作,为多种媒体的平台生产多样化的新闻产品,并以互动性的内容服务大众,通常是以 7 日、每日 24 小时的周期运行。融合新闻的出现,使得报道内容也有了全面创新,呈现出全社会共同创造与个人化表达为主的特点。文字、图片、视频、背景音响、位置信息等内容的交汇融合,最大限度地还原了新闻现场,为受众提供详尽的背景信息和相关内容,受众的听觉、视觉和心理需求得以满足[1]。2013 年普利策新闻奖获得者《纽约时报》的《雪崩》、由两位普利策新闻奖获得者主创的《华盛顿邮报》报道《头号美国机密》,以及英国《卫报》对"棱镜门"的报道,都是较为成功的融合新闻作品。2013 年新华社推出的报道《"三北"造林记》[2]、2014 年人民日报社"两会 e 客厅"栏目[3],也是中国传统纸媒在全媒体融合报道上的尝试。

二 生产趋势:资源整合一体化生产

融合的过程往往涉及化异为同,如何将现有制作团队的资源进行整

---

[1] 杜羽:《媒介融合路在何方》,2014 年 6 月 27 日,光明日报(http://news.gmw.cn/2014-06/26/content_ 11731340. htm)。
[2] 李从军、刘思扬、李柯勇等:《"三北"造林记》,2013 年 9 月 25 日,新华社(http://news.xinhuanet.com/politics/2013-09/25/c_ 117508134. htm)。
[3] 《2014 两会 e 客厅》,2014 年,人民网(http://www.people.com.cn/32306/376052/376661/)。

合以获得利益最大化,是媒体融合中不可忽视的问题。在媒介融合的大时代背景下,拥有不同形态媒体的传媒集团越来越注重旗下资源间的整合一体化生产,内容集约式生产渐成趋势。

纸媒方面,"报网一体"既指报纸与网站的组织结构,又指报纸与网站的新闻生产流程。2006年3月,上海证券报改版,将中国证券网和上海证券报融合,统一业务生产流程与考核制度。2008年3月,烟台日报传媒集团成立全媒体新闻中心筹建小组,按照全媒体战略的实施计划,采用集团研发的"全媒体数字复合出版系统",进行"从集团层面再造采编流程,并实现内容集约化制作"的课题实验。2008年10月,杭州日报报业集团成立网络中心;2009年3月,杭州日报网正式上线,一个编辑部同时运行两个终端。6月11日,宁波日报报业集团数字报业技术平台项目通过了国家新闻出版总署科技与数字出版司组织的项目验收,该平台整合集团下属各报新闻资源,形成了具有多媒体传输手段和传播形式的全新报业内容加工及采编互动,同时采用以内容为核心的理念和数字资产集中管理模式,支撑集团的主体经营业务、内部管理业务和对外客户服务业。[①]

广播电视方面的案例,资源整合同样重要。上海东方传媒集团有限公司(SMG)从内容提供商向内容集成商的转型已取得积极成效。SMG高度重视新媒体内容的整合,2006年11月,旗下的东方卫视与新浪网结成战略合作伙伴关系。东方龙手机电视先后与TVB、Star、Disney、凤凰卫视等合作,丰富节目内容。文广互动成为NBA高清转播的中国独家合作伙伴。2006年,东方宽频独家引进德国世界杯互联网及手机视听内容数字版权,获得MSN视频频道内容的独家专营,与人民网在人民宽频项目上深度合作,与YouTube合作独家开设SMGBB中文视频专区,丰富主站内容和视频来源[②]。

[①] 蔡雯:《资源整合:媒介融合进程中的一道难题》,《新闻记者》2009年第9期。
[②] 梁智勇:《媒介融合背景下传媒集团新媒体战略比较——以CCTV、SMG、凤凰卫视与新华社为例的研究》,《新闻大学》2009年第1期。

第四节 媒体融合的体制创新

媒体融合所带来的体制新变,包括组织管理、经营策略、战略定位等诸多方面。在组织层面,新闻报道由单一媒体独立运行转向了多种媒体的融合传播,而报道创新在管理层面,主要表现为跨媒体新闻团队的组建、一体化新闻生产平台的打造和"融合新闻"的项目管理。

一 新技术环境下的媒介组织

媒介融合导致了两种多媒体新闻生产的模式:整合模式和跨媒体模式。这两种不同模式都各自拥有不同的生产系统、编辑部组织、新闻记者多重技能的程度,以及经营战略。

在组织管理上,国外媒介融合的做法为聚合所有从业人员,实施跨媒体统一管理。2000年,位于美国坦帕市的"媒介综合集团"将旗下的报纸、电视、网络集中到同一座办公楼,成立资源共享的"坦帕新闻中心",记者可在旗下不同媒体间切换工作任务[1]。英国BBC将其电台、电视台及网站的编辑部整合成一个统一的新闻编辑部,所有采编人员聚合在一起,新闻编辑部实行记者统一管理,全媒体运作,为BBC旗下所有媒体供稿。《每日电讯报》同样也采取报纸和网站的编辑记者共同办公的大平台模式[2]。这种采编合一的管理模式,与目前国内传统媒体现行的多套人马"分抢占地"反差明显。

二 经营策略:内容付费与品牌塑造

美国许多历史悠久的都市报和地方报遭遇"报业寒冬"后,重组成立了以地方新闻和用户定位推送服务为主的"都市和地方新闻聚合

---

[1] 杜羽:《媒介融合路在何方》,2014年6月27日,光明日报(http://news.gmw.cn/2014-06/26/content_ 11731340.htm)。
[2] 《全媒体融合发展的思考》,2013年5月28日,北屯在线(http://www.btzx.cn/Article/dzsw/ldlt/201305/44539.html)。

平台"，其中最为成功的是波士顿新闻网①和费城新闻网②，网站提供一般资讯，但要观看《波士顿环球报》或《费城问讯者报》的深度资讯，则需通过"付费墙"获得内容。这种"免费+付费"的内容经营策略，体现的不仅是互联网时代的盈利思维，更是与传统媒体复制内容上网相区别，是融合而非克隆。

三 战略定位：从"技术为王""内容为王"到"用户为王"

自20世纪90年代后，数字新媒体对传统媒体的影响一直是人们争论的焦点。特别在媒体融合的过程中，关于新生媒体的发展战略定位一直广受争议。最初，互联网的日益普及、计算机的民用化等数字新技术的社会应用使得技术本身出现了替代、颠覆传统媒体平台的可能性，传统媒体一贯引以为傲的"内容为王"理念一时间被推崇技术更新换代的"技术为王"理念所挑战。21世纪的最初几年，世界资本市场出现的互联网经济泡沫和以网站、BBS为主流的第一代互联网媒体发展遭遇瓶颈，"技术为王"理念又在争议中回退到对"内容为王"的推崇。近年来，伴随社交媒体的迅猛发展，互动式内容生产促使受众从消费者发展成为"产消者"（Pro-consumer），即互联网内容的生产者和消费者，关于媒体融合的讨论中"用户"亦渐渐替代"受众"一词。"用户为王"理念更多地强调互联网生产方式、消费方式、商业模式的彻底转变，从追求技术的更新换代再到细分发行渠道与个性化产品的小众市场发掘，传受关系的改变，使得媒体在融合升级过程中必须重视受众文化所引发的生产经营变化③。

以Henry Jenkins为代表的学者认为，媒体融合中的融合文化以受众参与和互动生产为特征，本质上是一种参与式文化和互动式文化④。受众的参与和互动是融合文化的生产方式，由于受众参与互动具有广泛

---

① 波士顿新闻网（http://t.cn/Rve1ugh）。
② 费城新闻网（http://www.philly.com/）。
③ 张利平：《新媒体时代传统媒介融合渠道与路径选择——以〈华尔街日报〉为例》，《湖南大学学报》（社会科学版）2013年第1期；中国电子商务研究中心：《国内外平面媒体融合视频业务分析》，2010年3月11日（http://b2b.toocle.com/detail-5037668.html）。
④ Henry Jenkins, "Editorial Convergence Culture," *The International Journal of Research into New Media Technologies*, Vol. 14, No. 1, 2008.

性，融合文化也被称为"草根文化"。当前，普通公民借助手机、博客、微博、播客、BBS、SNS 社交网站等，发布新闻和表达观点，"草根"记者在重大突发新闻事件的报道中屡建奇功，例如伦敦地铁爆炸、东南亚海啸、占领华尔街运动等，第一时间发布报道的是公民记者而不是专业记者[①]。国内不少媒体，如央视、人民网、金陵晚报、齐鲁晚报等也开通了博客、微博、微信等新媒体爆料平台，借助新媒体鼓励受众参与新闻生产。报网融合、台网融合、三网融合等融合过程中诞生的新闻报道作品，也更多地突出内容的针对性和个性化，交互式报道、数据可视化等新形式新闻作品层出不穷。用户在媒体融合的进程中，在传播活动中的地位得以大幅提升，甚至在很多时候超越了专业机构内容生产的传播影响力和创造的市场效应。

第五节　国外媒体融合典型案例简述

一　纽约时报

《纽约时报》是国外媒体融合发展的典型案例，1996 年 1 月，纽约时报公司成立了自己的报纸网站，迈出报网融合第一步；1999 年，时报网络版从编辑部分立，成立了独立核算的部门"数字《纽约时报》"。《纽约时报》的媒体融合是一个逐步渐进的过程，在这个过程中，有两点起着至关重要的作用：一是成立独立的数字报纸部门，探索数字化媒体商业模式；二是利用网络平台，借用多媒体技术传播信息。

2013 年普利策新闻奖获得者《纽约时报》的《雪崩》[②]，是其以融合新闻在内容形式上创新的成果。在增强阅读体验上，《纽约时报》也做了不少尝试。2006 年公司花费 3500 万美元收购基础在线影音系统，2007 年研发中心与微软公司合作开发的阅读器面世，2009 年 5 月推出的 Time Reader 2.0 阅读器，打破了一般电子报纸的固定更新模式，用户可依个人使用习惯设定从《纽约时报》网站下载即时新

---

① 石长顺、肖叶飞：《媒介融合语境下新闻生产模式的创新》，《当代传播》2011 年第 1 期。

② 李克：《〈雪崩〉：〈纽约时报〉的全新报道方式》，《网络传播》2013 年第 6 期。

闻的频率。

技术融合方面，2006年底到2007年，纽约时报与北电信公司合作，斥资1000万美元，在新的时代大厦布局先进的网络通信设备，从局域网接口到数据库中心，从网络基础设施配置到网络安全服务，全部用了北电信公司的解决方案。这套方案为纽约时报集团全部的工作人员提供一体化的多媒体通信服务，包括多媒体会议、稿件传输和通信联络，每个办公室都配备了北电信公司提供的千兆宽带网络、IP电话和声频对话系统，允许公司每个成员随时进行视频、声频等多媒体会议和联络，实现各个不同部门之间的无缝对接[①]。

商业模式探索上，从2011年初开始，《纽约时报》网络版推行收费计量体系，开始向读者收取一定的费用[②]。付费模式虽然饱受诟病，但仅仅依托广告营收获利的做法，其弊端日渐凸显，付费阅读似乎是报网融合不得不面对的选择。

即便如此，《纽约时报》的融合发展之路并非完美。2014年5月中旬，由《纽约时报》完成的名为《创新报告2014》的调研报告指出，《纽约时报》目前在数字化转型方面存在以下主要问题：过度重视印刷版，产品在社交媒体上的推广力度不够；大批编辑，包括许多负责人不熟悉网络，许多部门甚至缺少了解如何评估数字化工作的编辑；舍不得放弃一些失败的数字化产品；现有数字人才流失，而新的数字人才难以招聘；缺少有组织的标签系统以及管理稿件的大数据解决方案等。为应对这些不足，报告认为应该创立负责受众拓展的管理职位、创立数据分析团队、创建战略分析团队、强化跨部门合作、优先聘用数字人才，在受众发现与拓展、编辑部职能调整、社交媒体推广、跨部门协作、数字人才招聘等方面采取更为有力的措施，以更好地融合纸媒的传统业务和新兴媒体业务，顺利实现数字化转型[③]。

---

① 董朝：《媒介融合背景下〈纽约时报〉的转型与升级》，硕士学位论文，华中科技大学，2012年。
② 李子路：《〈纽约时报〉报网融合的启示》，《青年记者》2011年第14期。
③ 新华社新闻研究所国际传播研究中心：《纽约时报融合发展战略与举措》，《中国报业》2014年第6期。

二　华尔街日报

《华尔街日报》在媒体融合发展方面所采取的做法，值得思考与借鉴。内容生产上，《华尔街日报》网络版延续其讲故事的传统，将华尔街日报体引人入胜的报道传统作为优势，配合网络端在互动性上的优势，在不同的时间段进行针对性内容更新，并将报网内容联系起来，在内容上关联更新而非照搬，例如通过网络端的投票，让用户决定在报纸上看什么[1]。为迎合融合文化氛围下的媒介生产，《华尔街日报》模仿维基解密风格，推出名为"Safe House"（安全之家）的网站，鼓励网友提供新闻线索和公司、政府、非营利机构的财务报告，旨在为《华尔街日报》提供信息和资料保障[2]。

运营方面，《华尔街日报》1996年开始网站付费阅读计划，2002年实现首次盈利。报业集团借助苹果APP商店、亚马逊Kindle商店，为读者提供电子版付费内容，与报纸和网页载体上的内容相区别，提供更为优质和个性化的服务。到2009年，来自数字平台的广告和订阅已经为《华尔街日报》带来2.5亿美元的年收入。除依靠内容盈利外，《华尔街日报》整合了传统报纸广告商资源与多媒体线上广告渠道，在报纸和网站上进行规模投放的同时，也注重精准营销，根据受众习惯推荐广告；根据不同国家、时节推出多语言版本及特刊，线上线下同时发布，在全球忠实读者和年轻受众中均享有不错口碑，塑造了良好的品牌形象。

《华尔街日报》对于移动终端的发展也格外重视。《华尔街日报》除将报纸与网络媒体相融合外，于2010年与苹果iPad平板电脑、亚马逊Kindle电子书阅读器合作，提供电子版付费订阅服务，同时也发布了Android平板应用。

三　赫芬顿邮报

相比《纽约时报》《华尔街日报》等老牌传统媒体，《赫芬顿邮

---

[1] 马茜：《报网融合对当今报纸媒体发展的影响研究——以〈华尔街日报〉为例》，《长春教育学院学报》2013年第12期。

[2] 张利平：《新媒体时代传统媒介融合渠道与路径选择——以〈华尔街日报〉为例》，《湖南大学学报》（社会科学版）2013年第1期。

报》则是完全以互联网思维取胜的新式媒体。《赫芬顿邮报》于 2005 年创办。2011 年 2 月，美国在线（AOL）以 3.15 亿美元收购《赫芬顿邮报》，并组建赫芬顿媒介集团。2010 年营业额为 3000 万美元，首次扭亏为盈，2011 年跻身为数不多的能够盈利的新闻网站之一。2012 年 4 月，名为《战场之外》的有关美国伤兵的系列报道，使其成为世界上第一家获得普利策新闻奖的网络媒体。

同为网络阅读平台，区别于《纽约时报》的是，《赫芬顿邮报》不设置付费墙，即完全免费阅读，将自身定位为一个"社交平台"，并号召普通读者上传文章，使读者成为内容提供者。《赫芬顿邮报》成功地改变了传统报业信息生成模式，其内容来源不再依靠专业的采编制作团队，普通公民变身博客写手，在平台上传新闻并进行评论写作，自身团队则为内容提供补充和架构支撑。这种内容运作方式打破了传统媒体封闭的内容生产方式，不仅提供了更丰富的内容，吸引了更多人气，增强用户黏性，同时也降低了运营成本，提升利润空间[①]。

商业运营方面，《赫芬顿邮报》的利润来源完全依靠广告主。为了提升利润空间，报业一方面压缩自身运营成本，减少自身团队人员数量，以众包的方式获取廉价而海量的内容。另一方面，《赫芬顿邮报》将资金重点投放在技术提升上，通过提高搜索排名来提升网站流量，吸引广告主。轻盈的团队构成和丰厚的广告利润使《赫芬顿邮报》以高投入产出比运行。

社交化是《赫芬顿邮报》报网融合的一项重要战略。为了提升自身的社交化能力，《赫芬顿邮报》与 Facebook 合作，鼓励圈子内部的人进行新闻的相互推荐、共享和评论，以提升自身的流量和影响力。此外，2012 年 8 月，《赫芬顿邮报》推出网络视频新闻频道，在频道内鼓励观众进行评论，并且观众之间可以进行互动视频聊天，"社交化互动平台"的布局初见成效。通过社交化，《赫芬顿邮报》一方面夸大了自身作为媒体的影响力，获取足够的受众群体；另一方面结合大数据算法获取热门关键词，在第一时间掌握受众的兴趣点，并及时进行内容制作

---

① 路雪珂：《互联网思维：传统媒体转型之道——以〈赫芬顿邮报〉为例》，《对外传播》2014 年第 5 期。

和发布，真正做到了"受众需要什么就提供什么"[1]。

尽管在媒体融合之路上取得了瞩目成绩，《赫芬顿邮报》的用户原创内容（UGC）运营模式也为其招致了一些问题。大量的用户生成内容，导致其严肃类原创报道的缺失，以及大量同质化内容的堆积，把控内容质量、培养优质内容供应者显得极为重要；此外，《赫芬顿邮报》英国版的惨败，也显示出这一模式在实现国际化道路上的尴尬境地[2]。

第六节 国内新闻网站融合典型案例简述

一 人民网

《人民日报》在长期的融合探索中，形成了多层次分众化的传播体系[3]。例如，订阅量超300万份的《人民日报》，每日页面浏览量超两亿的人民网，拥有3000多万粉丝的人民日报法人微博，遍布全国的两万多台人民日报电子阅报栏等，其中人民网的发展尤为瞩目。人民日报网络版诞生于1997年，2000年更名为人民网。在发展过程中，《人民日报》与人民网两者从"报网互动"逐渐走向"报网融合"，网站的内容走出服务报纸的传统思维，在引导舆论、增强用户体验、追踪新闻源等方面发挥了巨大作用[4]。

《两会e客厅》栏目，是人民日报与人民网融合的新尝试，刊发后700多万名网友对访谈话题点赞；多家电视台、报纸、新闻网站、商业门户网站转载，受访部委充分肯定[5]。在《两会e客厅》中，报纸、电视、网络、手机、分众化媒体如电子阅报栏各显其能，文字、图片、声音、图像、Flash等多种表现形式相融合，交互式技术大量应用，传统采编分离的制度被打破，栏目的时效性、丰富性、权威性得以有效提

---

[1] 张灵敏：《互联网新闻内容运营的探索与启示——以〈赫芬顿邮报〉为例》，《传媒》2014年第7期。
[2] 王冲：《博客网站〈赫芬顿邮报〉的制胜之道》，《新闻传播》2013年第8期。
[3] 沈小根、纪雅林、张炜：《全媒体时代，党报探路融合创新——以人民日报〈两会e客厅〉为例》，《新闻战线》2014年第5期。
[4] 官建文：《人民网探索报网融合的实践与思考》，《中国广播》2009年第4期。
[5] 《2014两会e客厅》，http://www.people.com.cn/32306/376052/376661/。

升。其中尤为重要的是，常规的栏目制作机制被突破，栏目组建立在信息共享、横向协调基础之上，具有较强的灵活性，具有跨部门和临时性的特点，使得新闻资源、制作能力共享，实现成本最小化和效益最大化。此外，市场渠道在报社已有的报、网、微博、电子阅报栏等媒体平台上进行资源整合，从报纸到网络再到省级卫视，栏目影响力逐层扩大，才使得《两会e客厅》一鸣惊人。

在其他形式上，人民网锐意创新。在报道形式上出现了两类新产品，一是集合全媒体要素的双语原创专题《中国经济改革观察》[1]；二是将网络热词与严肃报道融合的新媒体专栏《求真》[2]。产品方面，除依托"人民网舆情监测室"资源的人民网法人微博，2013年5月上线的"人民新闻客户端2.0版"在内容整合与深度、产品设计等方面进行了全新变革，并凭借权威的新闻资讯、独特的创新优势、良好的用户口碑，荣获"中国智能手机应用大赛"创新奖[3]。

二　新华网

新华网于1997年成立，其背后是新华社强大的媒体资源和采编团队，在新媒体融合转型的过程中，新华网也采取了诸多措施。2002年4月4日，新华网同北京电视台《荧屏连着我和你》栏目进行跨媒体合作，使网络和电视媒介有机地结合在一起，在拍摄现场开通当时应用广泛的BBS，让网友在第一时间同嘉宾进行对话[4]。对2008年1月南方特大雪灾，新华网采用媒体联动式报道的方式，联合全国九家网络媒体（大河网、新浪网、搜狐网、腾讯网、网易、红网、大洋网、优酷网、长城在线）共同制作了《齐心协力夺取抗灾救灾全面胜利——新华网等十家网站联合直播交通大动脉现况》[5]的专题直播[6]。

---

[1] 专题地址：http://english.people.com.cn/102775/209228/index.html。
[2] 专栏地址：http://society.people.com.cn/GB/229589/index.html。
[3] 《2013年半年度报告》，2013年6月，人民网（http://static.sse.com.cn/disclosure/listedinfo/announcement/c/2013-08-21/603000_2013_z.pdf）。
[4] 魏辉、王志刚：《当前国内媒体融合的几种形式》，《青年记者》2009年第14期。
[5] 专题地址：http://www.xinhuanet.com/zhibo_ddmzk/index.htm。
[6] 王清颖：《媒体新闻报道融合创新的成功尝试——从新华网等十家网站联合直播南方雪灾说起》，《中国编辑》2008年第3期。

开篇　绪论

新华网在网络新闻专题报道形式上一直寻求创新。2013年新华社推出的报道《"三北"造林记》①，让业界了解了新华网特有的"多媒体集成交互专题"，即使用多媒体方式整合权威报道，同时融入交互式技术，让受众在多种感官的体验中接受信息。之后的作品《嫦娥三号探月》②《寻找最美科技工作者》③《治国理政一年间》等，成为各大网站的重要信息来源。此外，新华网在网络专题报道的基础上提出"大型集成报道"的形式，打破传统网络专题的固定框架，以动态形式串联内容，同时加入大量可视化信息图、动态交互数据图等，让专题报道更富趣味性与直观性，代表作《简政放权》④广受好评。

新媒体探索方面，2012年，新华社旗下成立新华社新媒体中心，主要负责新华社新媒体报道的组织策划，统筹协调全社新媒体业务的资源整合、产品研发、市场运作、业务拓展、品牌经营等工作，主要产品包括新媒体专线、新华社多媒体数据库、中国网事新媒体、新华社微博群等。新华社新闻信息集成产品"新华发布"于2013年7月7日正式上线，搭载在新华通移动商务平台上，利用新华社国内31个分社和派驻全球170个国家和地区的记者和编辑，为用户提供融文字、图片、图表、视频等多媒体形态的新闻报道、数据分析、信息解读、观点分析，同时还可为用户提供"N次交互"服务、点题服务，是新华社实施战略转型、开展新闻信息集成服务的一项新举措⑤。

此外，新华网也十分注重与学界的合作。2014年9月20日，新华网与美国密苏里大学新闻学院签署了战略合作意向书，希望通过与密苏里大学新闻学院的合作，积极引入国际先进理念和研究成果，推动自身战略转型和媒体融合工作向纵深发展⑥。

---

① 李从军、刘思扬、李柯勇等：《"三北"造林记》，2013年9月25日，新华社（http://news.xinhuanet.com/politics/2013-09/25/c_117508134.htm）。
② 专题地址：http://news.cn/mil/zt/cety/index.htm。
③ 专题地址：http://www.xinhuanet.com/tech/zt/2014xzzmkj/index.htm。
④ 专题地址：http://fms.news.cn/swf/jzfq/。
⑤ 《"新华发布"与移动支付跨界融合》，2013年7月7日，新华网（http://news.xinhuanet.com/politics/2013-07/07/c_116435854.htm）。
⑥ 陶叶：《新华网联手密苏里大学新闻学院共促媒体融合发展》，2014年9月22日，新华网（http://news.xinhuanet.com/2014-09/22/c_1112580540.htm）。

三 中央电视台

近年来,中央电视台顺应"移动化、互动化、社交化"的电视媒体发展趋势,全力推进新兴媒体与传统媒体一体化发展,初步实现内容、渠道、平台、经营、管理等方面的深度融合。央视专门成立台网融合顶层设计领导小组,制定《中央电视台新媒体顶层设计实施方案》《中央电视台新媒体发展规划及实施办法》等改革方案,内容涉及体制机制、版权管理、台网融合、节目创新、产业发展、技术创新等战略性问题,在体制上为媒介融合做好准备。

运作机制方面,中央电视台以"央视新闻"为试点,在新闻中心筹建了网络新闻编辑部,央视网派驻新媒体人员入驻,直接介入新闻生产前端,既确保了新闻报道的新媒体首发,又实现了多元化、立体式、全覆盖传播,把央视新闻的优势从电视端延伸到移动终端和社交平台。目前,央视新闻的微博、微信、客户端总用户数已经超过了7000万。另外,春晚、"最美"系列、感动中国、星光大道等156个节目,通过网络专题、电视二维码以及微博、微信、客户端、IP电视等新媒体手段进行传播,把央视的内容资源优势与新媒体技术平台优势相结合,实现了由单向传播向电视和新媒体双向互动传播的转变[①]。

技术方面,央视综合运用大数据、云计算、4G移动通信等前沿技术,建设满足各频道内容、多媒体形态一体化的技术支撑平台,包括整合电视与新媒体多平台的"采编播总平台";应对移动化和社交化浪潮的"4G手机电视播控平台"和"社交电视平台";采用云存储技术,支撑用户需求大数据分析和视频应用的跨媒体"用户数据库"和"视频数据库"等。此外,中国网络电视台大力推进多平台战略,构建起"一云多屏、全球传播"体系,使央视节目通过多个平台实现电视、电脑、手机和Pad终端"四屏"全覆盖。

移动互联网领域,中国网络电视台在2014年初研发推出"央视悦动"客户端,旨在打造中央电视台电视社交互动新平台。用户进入栏

---

① 胡占凡:《深度融合,争创一流》,2014年7月18日,人民网—人民日报(http://politics.people.com.cn/n/2014/0718/c1001-25296672-3.html)。

目页面后，可实时参与投票、答题、话题、竞猜、抢票等多种互动，还可将活动转发至朋友圈。此外，"央视悦动"提供央视16路中文开路频道的直播、七天节目单查询功能，实现央视240余档在播栏目官网在移动端同步呈现，为网友提供资讯查询、参与栏目互动、查看往期视频的全方位服务；集成多位央视主持人的微博、博客和专栏内容。目前，"央视悦动"正在拓展建设微博和微信平台，未来致力于建成央视电视屏与"官网+客户端+微博+微信+通过互联网向用户提供各种应用服务（OTT）"一体化社交互动平台①。

第七节 新技术环境下的话语传播引导

一 中国语境下的舆论引导

新闻网站因为其政治属性，天然地需要担负舆论引导的社会责任。从技术与舆论引导的相关性看，中国政府在三网融合的条件下发展新媒体，不管是通过有线电信网还是互联网传输，只要展示在公众面前的各类内容，都必须强化媒体意识，坚持国家政策②。目前常见的媒体舆论引导平台主要有网站（网络政务、论坛等）、微博、微信、移动客户端等，媒介融合背景下新闻传播环境发生改变，网民群体壮大，受众地位提高，在提高传播效率和丰富内容形式的同时，也滋生了一些负面影响，媒介舆论监督的难度增加。学者范文德认为，在媒体融合转型的发展过程中，应当充分了解网络时代的舆论传播特点，做好新媒体舆论工作，加强对不良信息的甄别，坚持信息公开透明化，积极与受众互动，正确发挥自身社会舆论导向功能③。岳芃④从"三网融合"监管模式的创新层面来思考媒介融合的监管与治理，认为适应"三网融合"的有

---

① 陈剑英、穆雪峰：《央视悦动：全媒体融合新模式》，《网络传播》2014年第7期。
② 《发展新媒体不能照搬国外做法》，2010年10月14日，中广互联（http://www.sarft.net/a/22773.aspx）。
③ 范文德：《媒介融合与舆论引导》，《兰州大学学报》（社会科学版）2010年10月第38卷综合特辑。
④ 岳芃：《媒介融合，产业利益冲突与市场监管》，《西安交通大学学报》（社会科学版）2011年第2期。

效监管框架应该是在打破信息传媒市场的行业垄断、引入竞争机制、改革分业监管的传媒行政管理模式、提供传媒运营监管的制度保障等基础上建立监管机构统一、有利于网络资源充分利用和技术与产品创新的高效监管体系①。

除上述宏观描述性的研究相异，针对舆论引导个案的研究也提出了反思。近年来，中国各级政府试图通过媒介融合平台的新闻推送正能量和主流价值观，如先进人物报道，但效果并不明显。究其原因：传统媒体仍是主要的助推器，而新浪微博等社交媒体尚未成为先进人物报道的主要场域。先进人物报道中提倡社会向善的正面能量，的确呼应了绝大多数网民的价值立场，但为何传播影响力仍然有限，恐怕需要多方面深入地寻找原因，有些并不是新闻策划和宣传引导能解决的问题。②

二 跨文化语境下的话语传播

大众传播时代的传播规律表现出单向传播的权威性，即在国家、市场和公众共同建构的媒介场域中，传统媒体通过一对多的传播模式建构单向权威。在媒介融合的新传播时代，这种单向权威正在被消解和重构。由于以博客为代表的自媒体、以网络媒体为代表的新媒体的出现，公众、网站也在媒介事件传播中通过意义的生产建构权威，从而与传统媒体共同生成双向权威甚至是多向权威。媒介融合促使新闻内容和民意不断地编码、解码、再编码、再解码，这一循环往复的过程直到媒介事件陷入冷却期才逐渐淡化。因此，媒介融合正在重构媒介事件既有的传播规律，传统媒体、新媒体、自媒体（博客等形式）在彼此影响的过程中实现传播方式和内容融合，进而革新传播理念。在这种全新的环境下，中国政府需要重新思考面对世界言说的方式，如何在跨文化语境下完善话语传播的方式，是一个极富价值的话题。

现有研究认为，基于跨文化的国家形象塑造、传播、接受和评价已从民族国家间交往进入到网络社会的全新时代。网络社会的跨文化传播具有双重意义：一方面，媒介融合缩小了我们与他者文化间的时空距

---

① 徐振祥：《2011年中国媒介融合研究述评》，《学术论坛》2012年第10期。
② 肖珺、王婉：《刁娜事件网络传播路径与影响力》，《网络传播》2012年第11期。

离;另一方面,它又强化、放大和增加了文化间的冲突和偏见,从而生成跨文化传播中新的障碍。中国政府通过"大外宣"国家战略部署,加大通过网络空间塑造国家形象的力度。有研究认为,中国新闻网站国家形象塑造的跨文化传播效果并不理想的原因在于:中国新闻网站内容生产往往无法充分呼应海外涉华报道的需求;中国新闻网站的"宣传"烙印限制其作为西方媒介信源的合法性;全球化与地方化、商业与文化的博弈直接影响中国国家形象的跨文化传播效果。由此,基于国家形象塑造的网络跨文化传播遭遇社会认同的危机[①]。

基于上述研究和本书的研究兴趣,现有研究存在如下需要补充的地方:

第一,需要更多地关注中国新闻网站群体的跨文化传播效果,这种关注既要有数据的跟踪分析,也要有案例的深入解剖,方能更为完整、客观地了解新闻网站国际传播能力建设的总体情况。

第二,分析中国新闻网站国际传播能力与效果时,需要从国家、市场和公民三重场域的交叉融合中进行检视,现有研究常常突出媒介场域中的一方,或只分析国家的调控,或只强调市场的能量,或只描绘网民的狂欢,但很少有从三方力量的博弈中看媒体融合对新闻传播的影响,特别是新闻网站在国际环境下的战略调整。

第三,完善在全球化情境下媒体融合的传播效果分析,即当前研究忽视了跨文化语境的重要性。西方媒介长期形成的对中国议题的漠不关心、误读和偏见,需要中国有效地利用媒体融合提升中国官方网络媒体的国际传播力,从而逐步化解这类跨文化危机,在对外传播中树立良好的国家形象。

针对上述三个研究设计,本书需要建构一个新的相关性理论,即新媒体跨文化传播,需要考察其在学术研究和对外传播实践双重维度中的科学性与可行性,中国新闻网站则是一个具有现实意义的研究对象。

[①] 肖珺:《认同危机:基于国家形象塑造的网络跨文化传播研究》,《武汉大学学报》(人文科学版)2013年第4期。

第三章

新媒体跨文化传播的理论脉络与现实困境

第一节 新媒体跨文化传播：研究缘起与学术关怀

一 跨文化传播的研究对象、终极关怀和全新挑战

早在现代西方新闻传播业出现前，跨文化传播就作为一种精神交往现象而存在了。20世纪中叶，伴随全球化与媒介新技术的普遍应用，卫星技术、网络技术等现代化技术制造出"人体延伸"的景观，使得跨文化传播成为根植于人的物质生活生产与精神交往需要之中的历史现象。总的来看，起源于西方的跨文化传播研究的核心问题是我们与他者如何交流的问题，不同文化背景的人与人之间的理解与误解如何形成的问题，以及交流如何跨越性别、国籍、种族、民族、语言与文化的鸿沟问题。这些问题显然不只是意味着纯粹的学术兴趣，而是同殖民主义、种族主义、东方主义、文化霸权主义与文化割据主义、性别主义、全球化与本土化的冲突、群体间语言偏见等人类处境有着极其深刻而广泛的联系。这就使得西方跨文化传播研究在现实的关切之中把思想的触角伸向变化无穷的文化矛盾与冲突，同时又在对核心问题的探究中创造着学术传统，在学科交叉融合的多样化尝试中拓展着思维的空间。

近年来，伴随新媒体在跨文化传播中的作用日益明显，西方跨文化研究出现了新的议题，如探讨不同的价值观、传播模式和不同的语言对在线跨文化交流的支配与排斥作用；数字化世界是如何建立跨越文化边界的体验，建立全球虚拟团队；虚拟化身在网上合作情景中的

作用和意义；新媒体与文化全球化之间的关系等。可以说，数字新技术的采用使得世界视域内的跨文化传播研究面临全新的时代背景：全球信息传播技术突飞猛进、电子网络社区形成、全球和区域经济组织与跨国公司的作用在某些方面超过了民族国家、信息技术对军事冲突的控制能力增强、大规模的移民、急速推进的城市化、网络技术和自然语言的结合、全球文化市场扩张、国际品牌的形象认同等各类现象交替显现，彼此渗透和扩散，共同交织成异彩纷呈但又令人困惑的跨文化传播图景。

二　新媒体的界定、历史发展与权力格局

本书中，新媒体特指数字新媒体，它们均采用以数字化形式存储、处理和传播信息的技术。新媒体已成为当前和未来相当长时间内跨文化传播的基本载体，而且，伴随数字技术的不断革命，新技术的内涵和外在表现形态仍将动态发展。对新闻传播业而言，新技术不仅带来了诸多形态的数字新媒体，更带来了媒体间融合的全新形态。那么，新媒体与文化、传播业、跨文化传播间的历史纠葛从何时开始？又生成了怎样的历史图景呢？

20世纪前半期，伴随复杂系统工程、高科技控制系统的出现，一些学者，如传播学者威尔伯·施拉姆[1]开始乐观地将信息理论与传播理论进行结合。"二战"后，信息理论的普及使得信号传输过程移植到了拥有社会基础的语义内容交换中，即进入有意义的文化王国里。[2] 20世纪70年代后，随着丹尼尔·贝尔（Daniel Bell）后工业理论被广泛接受，同时，伴随西方社会发展中现代产业内部的工作重组、国际劳动分工的变化，以及信息技术的开发和利用，文化观念也经历了一次次复杂的修正过程。政治和经济的精英们越来越意识到信息的战略重要性，更重要的是，资本主义生产体系使得"商品化过程也已经渗入信息生产的新手段中，即信息客体化技术的演进序列"，围绕信息构建资本主义

---

[1] Schramm, W., "Information theory and mass communication," *Journalism & Mass Communication Quarterly*, Vol. 32, No. 2, 1955.

[2] Schiller, D., *How to think about information*, University of Illinois Press, 2006, p. 18.

发展的新的扩张性的企图，使得西方社会整体迈向"信息化的资本主义的转变"，这些都"导致信息和文化产品的独特实现过程最终走上商品化"，而且处于持续的加速过程中①。

全球资本主义市场体系加快了信息文化传播领域的商品化过程，新技术的创新和使用显然极大地推动了商业社会以资本效益最大化为基本准则的信息文化传播的商品化和全球化，使得地球村的人们都欢呼雀跃于个体自由的增进、文化间的接触和跨文化的沟通。但许多学者多年来一直发出警告，以美国为代表的西方国家"用貌似客观并体现线性社会进步逻辑的'信息范式'涵盖和隐匿了'文化'领域所体现的社会冲突和矛盾"②，"新媒体崛起的过程恰恰也是新自由主义全球化加快、贫富不均深化，传统社区和意义系统解体，文化危机加深的过程"③。这既包括它们国内的文化间冲突，也包括国际范围内的国际信息传播新秩序的争夺，从而导致新媒体传播权力格局的重新生成，跨文化传播正是在这一社会发展的逻辑下面临新的挑战和历史使命。

三　新媒体跨文化传播的内在关系和现实关怀

本书认为，数字新技术的发展、应用和制度化建构重构了人类社会实践的方式，这些社会实践成为催生复杂多变的跨文化传播模式及理论创新的内生动力。新技术不仅赋予每个个体感知、描述客观事物运动状态及其变化方式的能力，也使得作为社会的人在社会机体运转中获取了自我显示的途径。个体的解放使得新技术转型正成为当前社会转型的基础力量，这些改变直接反映在跨文化传播的路径选择中。新技术正在重塑跨文化传播的格局、思路和实践方式，它所带来的媒介融合使得信息更快、更多、更立体地汇通世界各地，语言障碍在某些不同文化群体间也伴随翻译软件、语言学习等逐渐弱化，跨文化传播的表象越来越直接地通过媒介本身扩散出来，数量越来越多，影响越来越大，速度越来

---

① ［美］丹·席勒：《信息拜物教：批判与解构》，邢立军等译，社会科学文献出版社2008年版，前言、第二章。
② 同上书，第4页。
③ 李丹：《专访长江学者赵月枝：新媒体不会造就一个理想地球村》，2015年4月16日，澎湃新闻（http://www.thepaper.cn/newsDetail_forward_1320782）。

快。但与此同时，新技术与跨文化传播也让人们不断体验、反思全球化时代下人类社会发展与跨文化转向、融合、殖民甚至再封建化等无法回避的时代命题。

新技术对跨文化传播社会实践的影响正在凸显。第一，从国家间层面看，全球化与区域利益间的冲突导致国家间的文化冲突依然明显，甚至上升为意识形态的对抗，因此，美国学者约瑟夫·奈于1990年提出的"软实力"概念迅速席卷全球。软实力所倡导的通过各类文化活动促成公共外交的思路被世界大多数国家认同并实现了制度化构建。中国于2009年发表的《文化产业振兴规划》就将文化产业视为国家战略产业，从国家政策层面确定了基于数字新技术的文化产业发展成为中国社会发展的战略力量。第二，从组织间层面看，新技术已促成企业间、社会团体间的跨文化联系普遍而紧密，特别是在非政府组织间的全球联动中，它们就环境、种族、宗教等各类文化话题进行了时空交错、情景交融的线上、线下接触，并最终转化为颇具影响力的社会行动。此外，各国新闻传播媒体间的国际联动也正通过新技术实现新的文化整合，哥本哈根气候大会中各国记者们采用Twitter等微博互相提供素材、沟通联系，进而实现新闻的生产和传播就是其中典型的例子。第三，从个人间层面看，新技术更是推动了全球化的接触和联系，各种民族性格、思维方式和价值观念的差异已经突破了物理时空的限制，实现了跨文化间的沟通和了解。特别是伴随博客、微博客、视频分享、BBS论坛、网络社区、即时聊天工具等多种社会化媒体应用的迅速普及，文化间的言说、交流、理解和适应正在显示更加强大和澎湃的生命力。

新技术与跨文化传播间的内在关系和实践发展催生出学术的现实关怀：数字新技术能带来更好的跨文化传播吗？文化间的陌生、紧张和对抗能在媒介融合的技术框架下解决吗？数字新技术下跨文化传播的创新理论和发展趋势是什么？进而思考，是否存在具有普适性的跨文化传播理论和实践的创新发展模式，哪怕仅成功适用于某一文化与他文化的沟通中？

第二节　新媒体跨文化传播的理论脉络

从国内外研究现状看,"新媒体跨文化传播"作为一个全新的议题正受到越来越多的关注,尽管研究总量不多,但呈现出观点多元、视角各异的纷繁图谱。数字技术对传统世界的颠覆性重构促使文化多样性的不断增生,多元文化的爆炸性释放、文化间的宽容度都使虚拟世界的跨文化传播呈现出雾里看花的神秘景象,尤其有趣的是,虚拟世界中的身份认同与传统世界大相径庭,这些都推动着这一领域研究的新探索。那么,跨文化传播在新技术的推动下真的会如此"和平","民族主义"真的会就此消退吗?跨文化传播理论正呈现出怎样的学术演进之路呢?

一　跨文化传播的边界:从民族国家到网络社会

全球化是当前跨文化传播研究的基本社会背景,许多学者都将研究置于这一语境之下,如何提升多文化间的跨文化传播能力,并使之具有现实可能性,是学者们共同关注的话题。尽管迄今为止,"全球化"缺乏一个被普遍接受的概念,但它与跨文化传播间的联系却是异常紧密。学者们认为,"全球化容或是我们这个时代的元语境","全球化缘起于跨文化交流,它使文化和个体发生改变"。全球化"作为一个复杂多变的过程",它是过程,而非目的。当人们试图理解这一社会背景时,关键问题出现了:是什么实现了跨文化传播的全球化?

西班牙裔美国学者曼纽尔·卡斯特在其巨著网络三部曲之一《认同的力量》(*The Power of Identity*)的开篇中这样描述"我们的世界,我们的生活":

> 我们的世界,我们的生活,正在被全球化和认同的对立趋势所塑造。信息技术革命和资本主义的重构,已经诱发了一种新的社会形式——网络社会。它的典型特征是战略决策性经济活动的全球化、组织形式的网络化、工作的弹性与不稳定性、劳动的个体化,由一种无处不在、纵横交错、变化多端的媒体系统所构筑的现实虚

拟的文化，以及通过形成一种由主导地位的活动和占支配地位的精英所表达出来的流动的空间和无时间的时间，而造成的生活、时间和空间的物质基础的转变。①

曼纽尔·卡斯特对"网络社会"的描述基于其连续不断地观察不同文化和制度背景下的社会运动，他的研究提示人们，"网络社会"是全球化的当代表述，在信息技术革命和资本力量双重推动下，生活、时间和空间的物质基础的转变重新塑造了我们的世界。新技术下的跨文化传播置身于"网络社会"，既有的民族国家框架势必遭遇合法性危机，从而出现"网络国家"的新型政治机构：

> 它由一系列互动主体的复杂网络所构成，这些互动主体包括民族国家、各种"多国家的"和"超国家的"机构、区域或地方政府，甚至也包括各种非政府组织，因为地方和全球的公民社会很快变成民族国家的挑战者，同时也很快变成了民族国家的合作者②。

曼纽尔·卡斯特社会全景式的描述与丹·席勒对信息与文化理论变迁的历史性描述不谋而合，他们的研究表明，自20世纪70年代以来，新技术在资本主义全球化的强力推动之下被世界各地广泛采用，跨文化传播的工具障碍、语言障碍、边界障碍、时间障碍等都得到了缓解和释放，进而产生了"无场所逻辑""无时间逻辑"③的网络社会，人们学习利用新技术以增强在新型社会中的权利和自我、彼此的文化认同。

二 跨文化传播的主/客体：异质性、多样化的对立与统一

谁在言说？对谁言说？这是跨文化传播研究中首先需要明确的问题。既往研究中的主/客体通常具有明确的边界，主体间性的哲学分析建构了主/客体融通的理论可能性。从一些最新的研究中不难看到，新

---

① [美]曼纽尔·卡斯特：《认同的力量》，曹荣湘译，社会科学文献出版社2006年版，第1页。
② 同上书，"2003年版序言与致谢"，第3页。
③ 同上书，第415页。

技术在跨文化传播中的应用正迫使理论重新解释主/客体的角色划分和各自的边界。现有研究中有几个有趣的发现：

（一）虚拟身份与现实行为：主/客体的建构、解构和融合

虚拟环境，例如网上游戏和基于互联网的聊天室，使人们越来越轻而易举地改变网上自我形象。那么，当我们改变我们的网上自我形象时，网上自我形象是否会反过来改变我们的行为？伊和白伦森的《普鲁吐斯效应：自我形象改变对于行为的影响》[①]提出了普鲁吐斯效应（The Proteus Effect）假设，即不论别人看法如何，个人行为总是与他们的网上形象一致。作者进行了两项研究：在第一项研究中，被试者被分配获得两种网上形象，一个更加可爱，一个较不可爱，他们的行为表明，前者在虚拟环境里比后者在自我透露和人际距离任务中更容易与对话伙伴亲近；在第二项研究中，被试者被分为高大的网上自我形象和矮小的网上自我形象，前者在交涉任务中比后者更加自信。已有的关于网络环境中自我形象的研究主要关注匿名性和真实性的影响，即真实自我与虚拟自我间的鸿沟，以及这一鸿沟如何改变社会交往。与既有研究不同，新研究的兴趣在于：我们的网上化身如何改变我们的行为方式，当我们改变自我形象的时候，自我形象是否反过来改变我们的行为呢？我们选择或者创造网上化身并在社会交往中使用时，新的自我形象将会如何改变我们与他人交往的方式？文章关注实际的自我形象对于虚拟环境中行为的影响，而不是匿名性或者真实性的影响。

文章指出，改变外貌的观念渗透在人们的日常文化中，对于小的改变，如发型、化妆、服饰等，社会即使不鼓励也至少是接受的。然而，真正改变自己的外貌即使在神话传说中也被认为是危险而强大的。真实生活中身体的极端改变要么昂贵（如整容），要么困难（如变性手术），但在虚拟环境中这一切却易如反掌，人们能够轻易地通过修改或创造化身（数码自我形象）来改变自我形象。可以说，网络环境中自我形象的可变性是虚拟身份的基本特征。自我形象的可塑性是人们网上身份的一个重要方面。文章还发现，自我形象与他人对我们的看法之间不一

[①] Yee, N., Bailenson, J., "The Proteus effect: The effect of transformed self-representation on behavior," *Human Communication Research*, Vol. 33, No. 3, July 2007.

致，个人"伪自我概念"（false self-concept），比如自我刻板印象（self-stereotyping），对于他们的行为有重要的影响，更重要的是，伪自我概念甚至比行为确认更重要。比如，研究中使用可爱形象的被试者与陌生人更亲密友好，这种友好可能引起对方肯定的回应，并因此导致总体上更加积极地互动。这说明，虚拟环境中个人伪自我概念可能使本人以一种特定的方式与人交流，而这种交流方式让对方可能确认本人伪自我概念。此外，虚拟环境中的自我形象是被控制的，数以万计的用户与修改过的自我形象互动，在这些环境中用户一律选择年轻、身材好、有吸引力的自我形象，如果拥有可爱的自我形象，用户能在几分钟内增加自信心和自我表露的程度。

作者认为，普鲁吐斯效应是理解虚拟环境中人们的行为的重要理论框架，因为在虚拟环境中用户能够选择或者创造他们的自我形象。首先，普鲁吐斯效应可能影响群体行为。当数以万计用户网上互动时，大多数人选择了可爱的自我形象，虚拟社区也许因此变得更加友好和亲密。这也许会影响网上关系的形成。当图解自我形象成为虚拟环境中主要的自我展示方式时，普鲁吐斯效应将在鼓励网上互动中起到重要作用。其次，这些行为的改变也许会转入真实世界。如果用户以高大可爱的自我形象每星期在虚拟环境中度过 20 多个小时，那么虚拟世界与真实世界能否达到均衡状态？抑或是将出现两种完全不同的行为？本书研究表明人们的自我形象对于行为有重要而迅速的影响，网上化身决定我们如何与人互动。人们在虚拟环境里选择自我形象，所选自我形象又反过来改变人们的行为，这些变动不是发生在几小时或几星期内而是在几分钟内。每天成千上万用户通过网上游戏、通过图解化身实时互动，他们都使用与他们真实形象不同的网上自我形象。实际上，大多数使用的是可爱、有力、年轻和运动的形象。

在这一研究中，主体的虚拟自我通过图释等新技术环境中的符号、代码得以构建，图释隐藏下的虚拟自我通过网络实践不断调适行为以符合与客体形象的一致性。跨越虚拟世界，图释构建的虚拟自我对现实行为的改变也不可小觑。尽管选择自我形象在虚拟环境是件容易的事情，但这种选择会反过来决定人们的行为，自我形象通常被解释成人们自己选择的一个单向过程。可事实却是，自我形象改变行为，虚拟角色的选择可能会延伸到真实世界。主/客体在虚拟和现实世界中的建构、解构和融合时常模糊了既往研究中主/客体的清晰边界。

（二）虚拟化身与网上合作：主/客体的对话与意义生成

本特[1]等四位学者探讨了《虚拟任务化身中介的网络：提升网上合作中的社会存在和人际信任》，本研究通过比较分析了虚拟化身在网上合作情景中的社会存在、人际信任、非言语传播、视觉注意力以及所感知的沟通质量的影响。

文中将包含一个特殊虚拟化身的即时传播窗口整合到一个共享的合作性工作平台中，所研究的传播模式包括文本聊天、音频、音频—视频以及虚拟人物化身。研究发现，受促进任务表现和提升协作问题解决的动力驱使，以网络为基础的合作领域的优先发展内容似乎普遍忽视了人类交流的社会情绪维度，出现了仅仅关注工作效力，却忽视了社会丰富层面的问题。新技术媒介为互动提供了空间，但没有为交流提供诸如有意义的平台这样的社会场域。与此同时，积极效果可能是从社会情绪信息内发展起来的，特别是从非语言的信息进入网络基础的交流。对所谓化身（avatars）的运用值得关注，这种运用主要表现在虚拟环境中虚拟的、电脑模拟的人类对话。文章发现，化身的社会交谈潜力应该是依赖于它们表现网络基础交流的能力，虚拟世界为诸如手势、体态、运动和面部表情之类的非语言信息提供传输的渠道。为了保证可比性，该研究将所有虚拟化身形态都放于同一工作空间，拥有一个标准化的合作任务，选择统一的方法来获取关注的社会情绪以及行为效果。

这一研究结果显示，参与者选择不同的交流形态（文本、音频、视频、化身）对于主/客体主观经验和客观行为的生成有着不同的效果。总的来看，实时音频或音视频的交流对于互动结果的满意、协同存在（co-presence）的感受、情感的亲近，以及人际信任的情感组成似乎都有益处，虚拟化身为克服传统媒体的基本限制提供了新的可能。与此同时，这一研究也发现了虚拟化身在意义生成，即作为人类经验集合的

---

[1] Bente, G., Rüggenberg, S., Krämer, N. C., Eschenburg, F., "Avatar-Mediated Networking: Increasing Social Presence and Interpersonal Trust in Net-Based Collaborations," *Human Communication Research*, Vol. 34, No. 2, 2008.

文化中的作用是有限的，虚拟化身可以增加主/客体的共同存在，促进彼此语境化（contextualize）的社会互动模式和非语言信息的沟通保障，但虚拟的人类对话却很难实现情绪的认知、交流和理解。也就是说，新技术虽然解放了跨文化传播的工具性问题，但仍然难以解决跨文化在意识形态层面的交流困难。

（三）大众的复兴与平行文化：个体的转型

作为新的全球社会结构，网络社会暗含着人们对统治形式的反抗之间而产生的诸多矛盾关系。如曼纽尔·卡斯特所发现的，20世纪90年代以来的各种文化认同（cultural identity）都是反对既有全球网络价值和利益的主要支柱。对于跨文化传播而言，更重要的思考在于，是谁在这些反抗和文化认同中扮演了重要角色？是个人还是共同体呢？

20世纪80年代，罗伯特·贝拉等在《心灵的习性》一书中探讨了个体与文化、社会转型间的重要关系：

> 我们的文化和我们的社会的转型，必须在许多不同的层面发生。如果它只是在个体的头脑中发生（就像目前一定程度上已经发生的那样），就会软弱无力。如果它只是源自于国家的动力，就会形成专制。在这些众多转型中，个体的转型是十分关键的。但是个体需要团体来培育，后者所带来的伦理传统，能够增强个体自身的信心和决心①。

这一研究表明，个体在文化生成中的重要作用是伴随文化共同体的培育和伦理传统而来的。新技术环境下，个体表达自由的空前释放是否会改变这一规律？

信息技术革命导致当前的网络社会实践出现了化整为零、终极细分的长尾（The Long Tail）形态，位于头部的流行文化和位于长尾的小众文化的综合让精神文化选择的多样性似乎比物质选择多样性更让人们激动和满足。美国《连线》（Wired）杂志总编辑出版的《长尾理论》一

---

① Robert Bellah et al., *Habits of the Heart*, 转引自曼纽尔·卡斯特《认同的力量》，曹荣湘译，社会科学文献出版社2006年版，第70页。

书从新经济的角度得出了"利基文化"(Niche Culture)的全新结论。他认为,新技术条件下的文化将是以兴趣纽带为基础的广而杂的平行文化,文化将呈现出从共同兴趣到特殊兴趣的转变,从而形成大众文化与小领域文化并存的新生态:

> 今天,我们的文化越来越像是头部和尾部的混合,机构和个人的混合,职业者和业余者的混合。大众文化并没有陨落,只是不再那么大众化了。另一边,小领域文化也不再那么默默无闻了。……大众文化已经四分五裂,但并没有重新组合成另一种大众文化。相反,它转化成了无数种小众文化,它们正在以一种变幻莫测的排列方式同生共息,相互影响。所以,现在的文化不是一张巨大的毯子,而是由许多条细线交织缠绕而成的,每一条线都可以独立编织,都同时连接着多个不同的群体。①

个体在新技术环境下的文化反抗和自我表达开始摆脱对传统传播技术、行业分工的依赖,跨文化传播中的个体数量、能量不断扩大,他们更多地利用业余时间、业余爱好使自己的兴趣转化为社会实践,进而生成文化和文化的共同体。在《众包:大众力量缘何推动商业未来》一书中,这些个体被称为"业余爱好者阶级"。这个在20世纪被认为是嘲笑别人的说法,却在21世纪成为大众复兴的标志:"人类已经拥有了足够的知识,曾经神秘的世界不再神秘。通过互联网,业余爱好者可以获得和专家一样多的信息。"② 足够丰富和深入的信息获取,使得个体的理性得到更好的提升,并在网络社会中获取更多的"集体智能"。

这些新经济研究者关注的新文化,其核心都直指个体的转型,这些基于兴趣的文化表达、生产和消费都表现出越来越小众的利基文化的生命力、创造力和转化为商品的消费力。

---

① [美]克里斯·安德森:《长尾理论》,乔江涛、石晓燕译,中信出版社2009年版,第182、185页。
② [美]杰夫·豪:《众包:大众力量缘何推动商业未来》,牛文静译,中信出版社2009年版,第17页。

三 跨文化传播的方式：媒介融合下的共享、互动和创新

新技术条件下的跨文化传播基于媒介融合的传播平台，这一传播平台突破了传统媒体的区隔划分，呈现出彼此渗透、互为生成的新景观。传统媒体新闻网站的改革和基于个体的社交网站的兴起都表明媒介融合在跨文化传播中的重要性，小众群体在网络社会中创建的虚拟公共领域就是一例。

网络世界被越来越多地寄予厚望，人们希冀它成为突破真实世界羁绊、结束隔离孤独的新公共领域，特别对一些小众群体而言，他们已经在虚拟世界中打破疆界、加深交流、建立社区并争取权益。弗里德曼以拉丁美洲的女同性恋团体为研究对象，讨论了建立网络虚拟公共领域的重要意义。其论文《拉丁美洲、女同性恋者社团、互联网、政治》[1] 在回顾拉丁美洲女同性恋组织的历史、互联网对同性恋社会群体的影响的基础上，通过对六个女同性恋女权主义组织的成员的访谈和对墨西哥、智利、阿根廷、秘鲁、巴西等国女同性恋女权主义代表性网站的分析，考察了三个主要问题：信息提供、虚拟世界给真实世界组织带来的紧张、联机用户的地理分布。作者认为网际空间既是拉丁美洲的女同性恋者可能彼此连接的场所，也是团结的手段。真实世界中拉美女同性恋者争取权利的运动取得了很多进展，使她们有机会见面并建立友谊、亲密关系、政治团结。但是社团建立困难重重，除了与女同性恋身份相联系的社会耻辱原因外，还包括资源缺乏、政治压迫、内部分化等因素。女同性恋者团体，无论是社会团体还是政治团体，发现几乎不可能找到并保持一个集会的场所。她们的身份得不到法律的认可，她们走出家门都要冒着被攻击的危险，尤其是在大城市里。而互联网是相较便宜的媒介，女同性恋者在虚拟世界中建立会场，寻求庇护与发展。网络空间至少在理论上使跨越国界的解放和社团建立成为可能。互联网提供的交流的潜在全球性也许会使在现实中遭受压迫和排斥的群体得到接受和团结。此外，虚拟世界中具有跨越国界性的网络使本地女同性恋者社团政

---

[1] Friedman, E. J., "Lesbians in (cyber) space: the politics of the Internet in Latin American on-and off-line communities," *Media, Culture & Society*, Vol. 29, No. 5, 2007.

治更加复杂，也使更多不同的声音参与讨论，通过网络建立区域内的联系比建立国际联系要重要得多。

不过，很多研究也指出虚拟现实中的跨文化传播，虽然透过媒介融合能实现文化的共享、互动和创新，但仍然表现出明显的局限性。比如，虚拟现实仍具有区域性的特点，互联网的无国界性并没有改变区域性，虽然超链接、用户、信息流会超越地区界限，但网站和名单仍只能瞄准全国和地方观众，国际信息因此常被过滤。

四　跨文化传播中的文化认知：数字文艺复兴

"数字文艺复兴"是美国学者亨利·詹金斯（Henry Jenkins）在2001年提出的具有启示性的概念[①]，他用这一概念描述媒介融合之后的文化。他认为这种文化转型"如同文艺复兴一样会影响到我们生活的方方面面。因为消费者、生产者和把关人目标的冲突会使我们在政治、社会、经济和法律领域发生争论。它们既将推动文化多样性，也会推动文化同质化。既会推动文化商品化，也会推动草根文化生产。这是最好的时代，同时也是最坏的时代。新的文化秩序将从中产生"。这个被称为"当代麦克卢汉"的美国学者，从20世纪90年代初就开始关注新技术、全球化对文化的影响，它通过"粉丝"这一特殊群体在新经济中的角色演变探讨数字文化。

在论述"数字文艺复兴"概念时，詹金斯提出，简单地从技术视角认识文化现象是非常短视的，而应该理解当代文化中个人如何接触和整合大量不同媒体资源从而生成新的文化。他认为，融合应该被看作一个文化过程，而不是技术终点。这些研究促使他建立了麻省理工学院的融合文化协会研究组以及比较媒体研究项目。2006年詹金斯出版了他的力作《融合文化——新旧媒体碰撞处》，这本书在媒体研究领域产生了巨大影响。在该书中，詹金斯继续关注粉丝群体，但与之前的观点不同，他提出，当前粉丝已经处于文化操作的中心。"在二十年前还引起极大争议的概念'主动受众'（active audience），现在则被所有处于媒介产业之中和与此相关领域的人理所当然地接受。新技术使普通消费者

[①] Jenkins, H., "Convergence? I diverge," *Technology Review*, Vol. 104, No. 5, 2001.

能够存储、解释、利用和再传播媒介内容。由于人们越来越多地认识到我们能够通过促进——或者至少容忍参与式文化的发展——有所收获,强大的机构组织和实践行为(法律、宗教、教育、广告、政治之间)正在被重新定义。"[1] 他认为,在当前的媒体环境中,媒体消费者中的粉丝群体将是定义数字时代的先遣队。[2] 数字文化的创造者是被学者称为"数字原住民"(特指在互联网时代成长起来的一代人)和"数字移民"(除数字原住民外的数字媒介使用者)[3] 的新技术运用者,他们生产、传播和消费的全球数字文化可被称为"混合文化"(a culture of remix and remixability)。在混合文化中,媒体使用者生产的内容在商业语境内外并存,支持同时也破坏商业控制。融合文化范式(paradigm)代表了对于征服这个充满矛盾的媒体环境的尝试,利用政治经济学和文化研究视野,处理媒体生产和消费之间变动的关系。最近几年,正在进行的生产和消费的文化融合激发了跨学科学术研究的新领域,它们探寻这些新的媒体结构是如何对媒体的法律、经济、美学、政治以及劳动力等方面施加影响的。

数字文艺复兴正是在这样的社会背景下出现的,数字文化将成为重要的公共资源,也是未来文化创造力产生的源泉。当然,数字文艺复兴的道路仍然受制于信息技术制度和资本主义扩张的全球化逻辑,产生了公司与个人之间的对抗和张力。正如詹金斯在《媒介融合的文化逻辑》中所描述的现实:

> 融合既是自上而下由企业推动的过程,又是自下而上由消费者推动的过程。媒介公司正在学习如何跨渠道地加速媒介内容流动,从而扩展盈利机遇、开拓市场、加强受众忠诚度。而消费者正在学

---

[1] http://www.google.com/books? hl = zh - CN&lr = &id = RlRVNikT06YC&oi = fnd&pg = PP8&dq = Fans, + Bloggers, + and + Gamers: + Exploring + Participatory + Culture&ots = 9z7DnxYBLp&sig = YyRRQicTtUrpdN4CuqXiHrVHbug#v = onepage&q = Fans%2C%20Bloggers%2C%20and%20Gamers%3A%20Exploring%20Participatory%20Culture&f = false.

[2] Jenkins, H., "Digital land grab," *Technology Review-Manchester NH-*, Vol. 103, No. 2, 2000.

[3] [美]杰夫·豪:《众包:大众力量缘何推动商业未来》,牛文静译,中信出版社2009年版,第211页。

习如何使用不同的媒介技术来更充分地控制媒介流动，与他者互动。他们为更全面地融入自己文化的权利，为控制生活中的媒介流动，为能够回应大众市场媒介内容而努力奋斗。有时这两种力量互相强化，创造媒体生产者和消费者之间更近、更有益的关系。有时这两种力量相互斗争，进而重新定义美国流行文化的面貌。媒介生产者用矛盾的方式回应新兴的被赋权的消费者，时而鼓励带来的改变，时而又抗拒他们眼中的叛逆行为。反过来，消费者被这些复杂的反应弄得不知所措，不知道自己到底能享有多少参与权。[①]

第三节　新媒体跨文化传播的现实困境

如理论脉络部分所展示的研究现状，跨文化传播在新技术变量介入后产生了许多新的认知，但至今尚未建立新技术与跨文化传播的理论范式。除却理论研究兴趣的个人原因外，新技术与社会变迁的迅速发展、理念裂变和政治经济形式的多元博弈都使得这一新的研究领域面临异常复杂的局面。

当今，被商业力量推动的全球化更迫切地寻找新的落脚点和确定性。移民在全球范围内更快速地迁移，国际工作的劳动力转移，以及公司间的跨国合并，都使政治利益、经济市场卷入并加剧了文化间论辩。同时，全球化带来的一些产物，如商业、贸易、移民、人权等使得一些欠发达国家被"边缘化"，其中就包括一些传统的宗教国家，在这些国家里很大一部分年轻人被剥夺了发展机会，他们充满了挫折感，因此，他们将文化差异性作为合适借口去发泄他们满腔的怒火。种族主义、宗教矛盾与文化冲突的不退反增迫使文化多样性面临更多的困难，宗教激进主义的复兴是为一例。多元文化主义所伴随的危险是特定少数族群被极端思想所劫持，文化与宗教上的极端主义将意味着多元文化宽容主义的终结，因为人们思考问题总是容易从一个极端走向另一个极端，而一旦产生争执，人们往往更关注5%的分歧而忽视了95%的共识。所有这

[①] Jenkins, H., "The cultural logic of media convergence," *International Journal of Cultural Studies*, Vol. 7, No. 2, 2004.

些无疑加剧了文化多样性空间的消失。由此,不可避免的是,文化帝国主义与媒介帝国主义的盛行则加剧了文化间的疏离与敌视。虽然,跨文化传播研究视角经历了从帝国主义传播的单向流动向世界范围文化流动的历史转向,研究者对世界范围内普遍存在的文化混合、冲突现象有了更深入的观察和思考,但人们还是无法阻止媒介所产生的消极作用。两位经济学家的最新研究结果甚至认为,媒体的聚焦与日益增加的恐怖活动彼此相关。他们声称:有两类人从恐怖袭击中受益,一个是恐怖分子,另一个是媒体。① 铺天盖地的媒介不仅没有缩小,反而拉大了文化间的疏离与敌视。新技术的广泛普及加速了跨文化事件的全球传播。当今世界彼此互联,以致牵一发而动全身,新媒体技术的出现和应用导致事件发生的因果之间几乎没有间隔。这不仅为跨文化交流带来积极影响,也同时服务于使用暴力者,手机、互联网、实时媒介在一定程度上提高了暴力事件在世界范围内几乎同时发生的概率。面对这些纠缠在一起的时代特点,新技术与跨文化传播正在经历诸多的现实困境。

一 跨文化传播自由与伦理的两难

新技术带来更多的跨文化传播自由,但更多的自由却带来了许多跨文化传播的伦理问题。这些问题有的能在社会道德的空间中得以评判和纠正,但很多却因为新技术的迅速发展而无法获取道德的自我修正,转而寻找法律调控的强制性解释和执行,如知识产权和隐私权问题。

社交网站是典型的跨文化传播的新技术应用,全球有众多的年轻人正在利用社交网站建设自己的全球关系网络,不过,社交网站中凸显的隐私释放现象和由此导致的个人信息滥用正在成为跨文化传播面临的难点。2005年,美国皮尤研究报告(Pew Report)显示,87%的12—17岁的美国青少年在用网络。其中51%的青少年指出他们每天都在线。大约有400万青少年或者19%的青少年指出他们有自己的博客,还有22%的青少年指出他们一直都拥有个人网站。在博客和个人网站上,青少年在释放着非常之多的关于自己的个人数据,而这种情况是非常令人

---

① Rohner, D., Frey, B. S., "Blood and ink! The common-interest-game between terrorists and the media," *Public Choice*, Vol. 133, No. 1, 2006.

担忧的。如今,网页内容的创造不仅仅是分享音乐和视频,也包括个人日记。① 2009年10月,另一份报告显示,在美国"大约有19%的互联网用户称他们在使用Twitter或者其他的服务来分享关于他们个人的更新,或者去阅读其他人的更新"②。而这一比例在同年4月只有11%,6个月上升8%的速度显示了社交网站在美国跨文化交流中的重要性正日益上升。于是,有学者提出担忧,数字媒体时代我们真的还有隐私吗?苏珊·巴尔内斯③的研究揭示了存在于社交网站中的"隐私悖论":社交网站建立了一个个人信息的中央存储库。这些数据是持久的也是不断累加的。网上期刊不会用新的内容代替旧的信息,而是会形成可搜查的归档编辑条目。当美国的成年人为美国政府和有关企业、机构集中和收集个人资料担忧时,青少年却很容易在网络期刊、营销人员、学校官员、政府机构和在掠夺者面前释放自己的私人数据。这就是所谓的隐私悖论。成年人关心隐私被侵犯,然而青少年却很容易透露个人信息。

虽然,尚未有个案研究证明,新技术带来的跨文化传播自由所带来的伦理难题,但一些针对青少年通过互联网进行的跨国犯罪却在不断提示人们,自由与跨文化传播伦理的难题势必会成为现实的困境。

二 开放的时空与抗拒性的文化认同

新技术将跨文化传播置于开放的时空中,从而生成不同形态的文化认同。曼纽尔·卡斯特把网络社会文化的意义定义为"社会行动者对自身行动目的的象征性认可(identification)",认为网络社会的意义是"围绕一种跨越时间和空间而自我维系的原初认同建构起来的,而这种原初认同,就是构造了他者的认同"。基于此,卡斯特把开放时空中的构建认同的形式和来源分为三种:合法性认同(legitimizing identity)——由社会的支配性制度所引入,以扩展和合理化它们对社会行动

---

① Barnes, S. B., "A privacy paradox: Social networking in the United States," *First Monday*, Vol. 11, No. 9, 2006.

② Fox, S., Zickuhr, K., Smith, A., "Twitter and status updating, fall 2009," *Pew Internet & American Life Project*, October 2009.

③ Barnes, S. B., "A privacy paradox: Social networking in the United States," *First Monday*, Vol. 11, No. 9, 2006.

者的支配；抗拒性认同（resistance identity）——由那些其地位和环境被支配性逻辑所贬低或污蔑的行动者所拥有；规划性认同（project identity）——当社会行动者基于不管什么样的能到手的文化材料，而构建一种新的、重新界定其社会地位并因此寻求全面社会转型的认同①。还有学者归纳了全球化与文化间矛盾关系的三个范式："文化碰撞"（clash of civilizations）范式，即认为文化间的差异在所难免；"麦当劳化"（McDonaldization），即认为跨国集团影响无处不至，资本主义关系在全球蔓延，在此语境下文化将趋同；"杂糅"模式，即认为无须放弃原本的文化认同就可实现文化交融和融合。② 这些研究基本概括了当今世界文化格局。

美国学者萨尔兹曼③探讨了全球化和原教旨主义（religious fundamentalism）间的关系。文章从人类意义感寻求的需要出发，基于恐惧管理理论（Terror Management Theory，TMT）、社会认同理论（Social Identity Theory，SIT）和动机认知理论（Motivated Cognition Theory，MCT）审视跨文化冲突，并阐发对全球化下原教旨主义的认识。文章指出，原教旨主义者对文化同质化颇为憎恶，因为人们希望生活在富有意义和可预测的世界中，而全球化可能泯灭这种富有意义的世界，伤害人们所依托的优良传统和价值观，因此，原教旨主义者对此深恶痛绝。信念体系和意识形态共同构成意义体系，它为人们提供心理寄托，亦成为自尊形成的基础。文章认为，文化通过其世界观和价值观准则发挥着至关重要的心理功能，即为人类提供有助于缓冲焦虑的自尊。对于信守其世界观和价值观的人来说，在纷争的世界中，自尊是焦虑的缓冲器。因而，自尊是一种文化阐释。在所信守的信念体系受到威胁或无法追求所遵奉的世界观所规定的价值准则的情境下，焦虑则无法得以缓冲，由此而生的焦虑所造成的憎恶情绪极具破坏力（即贬损、妖魔化和伤害不赞许自己价值观的他人）。同时，文章也指出，全球化的趋同效应可

---

① ［美］曼纽尔·卡斯特：《认同的力量》，曹荣湘译，社会科学文献出版社 2006 年版，第 6—7 页。

② Pieterse, J. N., *Globalization or empire?* Routledge, 2004.

③ Salzman, M. B., "Globalization, religious fundamentalism and the need for meaning," *International Journal of Intercultural Relations*, Vol. 32, No. 4, 2008.

能抹杀人类赖以提升自尊感的群体间（即氏族、部族、民族国家和宗教间）差异性，当差异性和脑海中的预设优越感处于危险境地时，防御性反应则凸显，从而导致群体间冲突。文章的结论表明，全球化造成的同质化和错位效应，会导致原教旨主义的焦虑和防御性强化，甚至采用极端的方式抵御对其文化和宗教世界观的威胁。从某种意义上来说，以全球化为标志的文化威胁或许是原教旨主义产生的先决条件和推进器。

巴戊克[①]的研究指出，20世纪以来，很多人类所面临的问题多以西方的世界观加以审视，而问题与争端的解决更无须笃守文化视野。世界上许多地区发展项目的夭折归结起来不外是强行推行、实施此种反传统文化观念（counter-cultural ideas）的结果。究其原因，不管是以前的殖民统治，还是现今的全球化均忽视了知识创建的必要性和研究中必不可少的文化知识与视野。巴戊克认为，面对全球化与本土文化间出现的同质化/异质化的矛盾和争论，人类经常以文化的视野解决问题和争端，因此毋庸讳言，知识创建与文化关联甚密，所谓知识均与文化有着千丝万缕的联系。知识创建过程将助益于形成心理学和管理学等人类文明成果的全局整体理论（global theories），而这一研究策略则有助于拓展目前西方和跨文化理论的研究，从而避免盲目从西方引进那些带有反传统文化性质的所谓"出路"。

这些研究显示，近年来种族与国家紧张冲突日趋频繁、原教旨主义运动激化、恐怖事件接二连三地发生的事实正是卡斯特所描述的"抗拒性认同"现实显示。在跨文化传播的全球视野中，这构成了新的现实困境：为什么新技术开放了跨文化传播的时空，但抗拒性的认同却一再筑起抵抗的战壕？这是倒退还是另一种形式的进步呢？

三 理性的个人与争端的解决

前述对新技术条件下跨文化传播主/客体的理论描述基本遵循一个

[①] Bhawuk, D. P., "Globalization and indigenous cultures: Homogenization or differentiation?" *International Journal of Intercultural Relations*, Vol. 32, No. 4, 2008; Bhawuk, D. P., "Evolution of culture assimilators: toward theory-based assimilators," *International Journal of Intercultural Relations*, Vol. 25, No. 2, 2001.

共同的认知,即新技术促使文化个体更充分地得到、掌握和使用信息,因此,他们会产生高于传统技术下的理性。那么,数字公民基于信息获取而上升的理性是否能解决固有的跨文化争端呢?

论争是一种典型的解决难题的沟通方式,尤其是对处于严重的民族政治冲突又力图避免使用暴力来解决冲突的团体。现代信息技术对于论争会产生什么样的影响呢?埃利斯和矛兹进行了可贵的尝试,他们的《以色列犹太人和巴勒斯坦人的网上论争》[①]研究以以色列犹太人和巴勒斯坦人的网上论争为对象,探索网上论争的模式与特征,以及网上论争模式与面对面论争的异同。尽管很难说传统的面对面辩论与新兴的网上论争间的优劣之分,但网络正快速成长,为社会交流提供了新的视野,在跨文化传播中变得日益重要。网络使个人摆脱时空的限制,使新团体建立成为可能。当然网络不会神奇到将昔日的敌人变成今日的朋友,但在建立公共领域方面其作用不容忽视。从理论上看,网上讨论不仅提供对话的可能性而且具备解决冲突的可能性。实际情况如何呢?

本研究中的网上对话由非政府研究信息中心组织,参加者为十五六岁的高中生,分别来自以色列和巴勒斯坦的学校。本书分析的是网上两组中12位参加者的网上对话,持续三周,是用英语进行的。记录并用于本书分析的语料真实,但收集困难,且显然不具有社会经济意义上的代表性。329个话语(对话)单位中151个出自巴勒斯坦人,另外178个出自以色列人。数据分析发现,巴以双方网上论争过程中始终没有出现论争结构,没有达到深层的交流,仅仅表达对立观点和维护各自持不同观点的权利。一方观点一旦提出总是遭到对方反对,很难进行深入的交流。以色列犹太人和巴勒斯坦人的网上论争正是现实中政治冲突的反映,他们无法在重要问题上达成一致。分歧的压力如此之强大,以至于典型的谈话中一方观点一旦提出则立即陷入困境。这一发现有重要的理论和现实意义,因为论争理论认为论争结构由对对方观点的阐述和支持决定,在本研究分析的语料中没有这样的阐述与支持。有意思的是,数

---

① Ellis Donald G., Maoz Ifat, "Online argument between israeli jews and palestinians," *Human Communication Research*, Vol. 33, No. 3, 2007.

据似乎表明论争常常陷入静止、无法继续,所以无益于问题的解决。观点很多,但双方并没有进入积极的对话,而只有在积极的对话中才会出现论争结构。对话中充满了驳斥、断言、挑衅。

这一研究展示了有趣但严峻的事实,现实世界中矛盾日益加剧的论辩双方在虚拟公共领域中竟无法形成复杂的论争结构,即他们无法进行深入交谈,也许,人们期盼的改善对话、解决冲突的对话前景在网络环境中也很难实现。基于信息获取的理性也无法解决基于心灵归属的文化争端。

而在中国,关于新媒体跨文化传播的研究总量很少。这些研究中,有的谈到电视与网络传播技术手段融合所带来的变化,认为这种融合"客观上加速了不同传播语境界限的消解,促进了同域文化(同质或异质)、异域文化的相互交流与认同,使后传媒时代文化呈现出多元化结构"[①]。也有的谈到网络民意已经从虚拟蔓延到现实,并以兼容化、数字化、交互化等多种特点进入跨文化传播领域。[②] 还有的反思现有的网络社会理论,认为它依旧无法解决跨文化传播中存在的问题,[③] 并进而关注数字时代跨文化传播中的文化身份认同。[④] 另有一些研究则是从技术运用的角度提及了跨文化传播的实现。[⑤] 还有研究专门探讨了数字新媒体之于媒介事件跨文化传播的多层面意义:

> 一方面,媒介融合在技术层面上形成了巨大的传播能量,从而极大地推动了跨文化事件的内容传播,缩小了我们与他者文化间的时空距离。另一方面,技术融合尚未实现文化间融合,相反,在民

---

① 吴斌:《后传媒时代电视文化的选择——网络电视传播透视》,《现代传播》2003年第4期。
② 史忆:《中国网络民意下的跨文化传播——由〈功夫熊猫〉引发的思考》,《新闻爱好者》(理论版)2008年第8期。
③ 但海剑、石义彬:《网络社会理论视角下的跨文化传播思考》,《学习与探索》2008年第4期。
④ 但海剑、石义彬:《数字时代跨文化传播中的文化身份认同》,《武汉理工大学学报》(社会科学版)2009年第4期。
⑤ 穆阳、王丰、王家民:《视觉符号在跨文化传播中的价值研究》,《艺术与设计》(理论版)2009年第1期;王皓:《浅谈数码影视文化及其跨文化传播》,《才智》2008年第3期。

族主义、次文化冲突、意识形态等多重力量的交织中,媒介融合强化、放大和增加了文化间的冲突和偏见,从而生成跨文化传播中新的障碍。①

可见,新媒体跨文化传播之间的互动现象十分复杂,它突破了媒体融合原有的新技术认知层面,将人与技术的融合、文化与技术的动态交叉、文化间的多维镜像囊括其中。此外,学者也提醒人们,媒体物质性的融合并不一定促进文化意识层面的融合,相反,它可能强化自我言说,导致我们与他者间文化交流的困境,网络民族主义的出现就是一例。

---

① Jun Xiao, Helin Li, "Online Discussion of Sharon Stone's Karma Comment on China Earthquake: the Intercultural Communication of Media Events in the Age of Media Convergence," *China Media Research*, Vol. 8, No. 1, January 2012;肖珺、李鹤琳:《媒介融合与媒介事件的跨文化传播:以莎朗·斯通事件为例》;单波、石义彬、刘学:《新闻传播学的跨文化转向》,上海交通大学出版社2011年版,第255—278页。

第四章

研究对象与方法

第一节 研究对象

如前所述,中国新闻网站在网络新闻生产和对外传播中的特殊性成为本书的研究对象。中国新闻网站最大的优势是对重大政治经济新闻资源的占有和原创新闻的采访资质,新闻网站强大的新闻制作能力使其承担了党和政府的国际传播任务。本书聚焦的是,它们在跨文化传播和国家形象的对外传播中是否实现了预期的传播效果?如何以及为何会有这样的效果?从提升中国新闻网站的国际影响力的角度,可以有怎样的新闻生产创新呢?

本书研究对象来自国家网信办公布的可供网站转载新闻的新闻单位中的中央重点新闻网站和省级重点新闻网站。从中央重点新闻网站中选择综合传播力排名前3位——人民网、新华网、中国网络电视台(央视网)和以国际传播为其立网特色的国际在线[1],这4个研究对象依托于报纸、通讯社、电视台、广播台四类传统媒体。省级重点新闻网站考虑本书研究的地域便利性,选择荆楚网,其隶属湖北日报传媒集团。研究对象的基本情况如下:

一 人民网[2]

1997年1月1日,人民网正式上线,网站定位于"以新闻为主的

---

[1] 中央重点新闻网站的传播力排名一直较为稳定,最新数据可参见《2015年8月中国新闻网站微博传播力排行榜》,2015年9月11日,《网络传播》(http://www.cac.gov.cn/2015-09/11/c_1116527616.htm)。

[2] 参见人民网简介,2015年9月1日,http://www.people.com.cn/n/2012/1219/c353481-19942680.html。

大型网上信息交互平台",希望"为全球网民打造一个多语种、多终端、全媒体、全球化、全覆盖的国际一流新闻媒体"。除汉语外,人民网现有7种少数民族语言和9种外文版本,拥有文字、图片、视频、微博、客户端等多种新闻生产方式,2005年已创办手机移动媒体"手机人民网"。人民网在日本东京、美国纽约、美国旧金山、韩国首尔、英国伦敦、俄罗斯莫斯科、南非约翰内斯堡、澳大利亚悉尼、法国巴黎、北欧瑞典以及中国香港11个国家和地区成立分社并设立演播室,综合性提升人民网的国际传播力和影响力。由人民网负责运营的《人民日报》Facebook账号粉丝数量已破530万,"在中国及亚洲国家主流媒体账号中排名第一"。

2012年4月27日,人民网在上海证券交易所上市交易,股票代码为603000,成为中国国内第一家A股上市的新闻网站,也是第一家整体上市的媒体。人民网现为人民日报社控股的传媒文化上市公司,截至2015年6月,市值已突破400亿元,成为国际互联网最大的综合性网络媒体之一。

二 新华网[①]

新华网以"传播中国、报道世界"为网站职责,依托新华社遍布海内外的分支机构以及自有30多个地方分公司和海外公司,已形成传播力强、覆盖面广、资讯采集手段全、传播形态多样化的全媒体信息采集、加工和传播平台,被认为是"全球最具影响力的新闻网站之一"。除中文外,新华网还以英、法、西、俄、阿、日、韩、藏、维等多种语言进行新闻生产和发布。截至2014年12月31日,新华网的ALexa国际互联网三个月综合排名第71位,中国互联网三个月综合排名第11位,居中国新闻网站之首。

2010年起,新华网实行企业化运作,由文化事业单位转型为互联网文化企业,并于2011年3月成立新华网股份有限公司,正在加紧推进新华网股改上市工作。新华网将其建设目标定位于"国际一流网络

---

① 参见新华网《关于我们》,数据截至2014年12月31日,http://www.xinhuanet.com/aboutus.htm。

媒体和具有强大实力的互联网文化企业"。

三 中国网络电视台（央视网）[①]

2009 年 12 月 28 日，中国网络电视台（CNTV）正式开播。作为中央电视台主办的国家网络广播电视播出机构，CNTV 旗下包括：中央重点新闻网站央视网、手机央视网、IP 电视、移动电视、互联网电视、移动传媒等集成播控平台，覆盖全球 210 多个国家及地区的互联网用户，拥有英、西、法、阿、俄、韩 6 个外语频道以及蒙、藏、维、哈、朝 5 种少数民族语言频道，其定位为"网络视听公共服务平台"。

央视网作为新闻网站将是本书的重点研究对象，在英文介绍[②]中，央视网描述他们的目标是建成"世界级的在线电视播出平台"，成为中国最大的在线视频节目数据库，并装备全球化、多语言、多终端内容传输系统，将高质量的互联网节目传播给尽可能多的观众。

四 国际在线[③]

国际在线于 1998 年 12 月 26 日正式上线，是中国国际广播电台（China Radio International，CRI）主办的中央重点新闻网站。CRI 每天使用 65 种语言全天候播出，国际在线网站则从 2005 年 7 月开播多语种网络电台，现已开播包括中文、英语、西班牙语、德语等在内的近 50 种外语网站，并于 2010 年开办中国国际广播电视网络台（China International Broadcasting Network，CIBN）。

截至 2013 年底，CRI 已拥有 95 家境外整频率落地电台，12 家境外广播孔子课堂，32 个驻外记者站，3 套国内都市调频广播，4112 个境外听众俱乐部，多文种平面媒体海外发行 132.5 万份，国际在线多语种

[①] 参见央视网《关于 CNTV》，发布时间不详，http：//www.cntv.cn/special/guanyunew/PAGE13818868795101875/index.shtml。

[②] 参见《CNTV Profile》，2010 年 6 月 9 日，BJT（http：//english.cntv.cn/2010 0609/102812.shtml）。

[③] 参见国际在线《关于 CRI》，数据截至 2013 年底，http：//www.cri.com.cn/about；中国国际广播电视网络台简介，http：//gb.cri.cn/index01/；CRI Online，http：//www.cri.cn/index1.htm。

网站日均页面浏览量 2464 万,其传播理念是"中国立场、世界眼光、人类胸怀"。

上述 4 个中央重点新闻网站的简介清楚表明,人民网、新华网、央视网、国际在线均将网络新闻生产视为一种国际传播行为,四家网站纷纷建立的多语种网站和依托传统媒体母体建立的海外报道团队成为中央新闻网站对外传播的日常平台。

五 荆楚网[①]

荆楚网是由湖北日报传媒集团主办,湖北荆楚网络科技股份有限公司运营的湖北省内唯一一家重点新闻网站,2001 年 12 月 14 日正式开通,2014 年 7 月 1 日在新三板正式挂牌,成为全国首家上市的省级重点新闻网站。荆楚网现拥有湖北手机报、动向新闻客户端、楚天尚漫、楚天云图航拍等多种媒体产品,虽然尚未完成英文网页的建设,但荆楚网是互联网世界了解湖北、搜索湖北的重要新闻源头,在省级新闻网站的国际传播中具有样本意义。

表面看来,省级新闻网站在网络新闻的对外传播中没有发挥明显作用,但它们作为地域性新闻的权威甚至是唯一来源,作为中央新闻网站、商业网站、世界各国网站的新闻源成为地方与世界连接的信息通道,同样具有研究的样本意义。

第二节 研究方法

本书将研究思路定位于跨文化语境下的中外比较。与中国新闻网站相对应,本书会根据信息流动、新闻议题等指标选择海外新闻网站作为比较对象。此处,海外新闻网站是指以原创新闻为其主要产品的海外网络媒体,与中国相异,它们通常不拥有新闻采访、重大新闻来源的特许权利,相同之处在于,它们大多数也依托传统媒体作为母体。基于本书作者的语言能力,研究中选择英语、法语两种外国语言,对应选择美

---

① 参见荆楚网《关于我们》,发布时间不详,http://www.cnhubei.com/gg/website/jczx-qyfl20031200.htm。

国、英国、法国新闻网站作为研究对象。

研究新技术环境下中国新闻网站的国际影响力是一项难度很大的工作，一是必须跟踪和挖掘新闻网站对外传播的内容及其流向，揭示新闻网站生产了、传播了什么内容？又是哪些海外新闻网站进行了转发和再生产？二是基于信息互动的分析结构，本书亦需要跟踪和挖掘中国政府密切关注的西方主要国家，如美、英、法等国家的新闻网站，如何采信、使用中国新闻网站作为它们报道中国的新闻源，以及如何使用这些素材建构中国形象？三是基于网站跟踪数据产生的分析可能无法完整地揭示中国新闻网站的国际影响力，为此，本书需要补充基于个案的深入研究，用案例研究方法从国家、市场和公民三方共同构成的场域中揭示新闻网站的新闻传播规律，从而思考提升中国网络新闻国际影响力的对策。

根据研究切入点、难点和需求，本书对研究方法的选择采用实用主义标准，即根据研究问题选择适合的研究方法。具体有三：

一　框架理论基础上的话语分析

本书首先采用网站跟踪的方法采集数据，随机选择的跟踪时段为：2010年2月1日—6月10日，共计130天。网站跟踪对象分为国内外新闻网站，国内新闻网站选择中央重点新闻网站——人民网、新华网和央视网，国外选择中国政府在外交关系中高度关注的西方国家——美国、英国和法国。本书委托6位研究助手进行网站跟踪，其中1位助手来自法国，研究要求助手每日在固定时段进行跟踪并完成记录日志。由于多种原因，比如时差、网络接入条件等，他们最终共完成网站跟踪日志685篇，日志合计字数近15万字（不包含收集的新闻报道、网友评论等素材）。

如何从体量巨大的研究素材中进行分析呢？本书采用框架理论进行话语分析。框架理论已形成清晰成熟的分析框架：话语（文本为再现的体系）、话语的建构（框架建构的行动与过程）以及话语的接收（框架效果及其心理机制）；而"'框架分析'就是一个关于人们建构社会现实中如何交往的研究领域"，它被用以考察话语、议题与意义如何准确地建构、组织并得以展开。目前出现的四类框架包括：主题式框架和片段式框架、侧重架构和策略架构、资讯组织原则的不同而分出的政治价值观倾向和新闻价值观倾向、以不同的隐喻所建构的稳定的思维格式。① 通常，以框架理论为基础的分析归纳为两类：一是将框架（如新闻框架）视为因变量，考察其建构的动态结构与过程；二是将框架视为自变量，研究其对受众的认知、态度、意向和行为的影响，即所谓"框架效应"（framing effect）。简而言之，一为新闻构建过程分析，二为对其构建结果分析②。在一些框架理论的应用研究中，研究者建议区别新闻中的客观现实、媒介现实和受众现实。媒介现实以客观现实为反映对象，不管传播者的主观作用如何发挥，其中所包含的"客观"内核总是存在并以不同的形式表现出来，媒介提供的现实是一个经过选择、建构的世界③。本书更多地研究媒介现实，即以网络新闻文本作为基本素材，网络新闻文本的高层选择，即是对事件主题的界定（这是什么样的事）；中层选择由主要事件（指报道的核心情节）、归因（从因果角度去诠释事件的原因和结果）、历史、影响、评估以及描述（分直接描述和隐藏性描述）、观点（概念观点和知觉上的观点）组成；低层选择，例如字、词、句的选择。高中低的分层次研究可以比较清楚地展现媒介话语/文本的生产。处理研究素材前，本书培训了6位研究助手，共同进行了"选样""分类"与"统计"④工作，并探讨如何在传播效果研究中平衡研究方法的"理论化与本土化"⑤，进而更科学地解释在中国独有社会文化背景下的新闻网站国际传播行为与效果。

据此，本书对中外新闻网站跟踪素材形成统一的观察和分析框架如下：

---

① 潘忠党：《架构分析：一个亟需理论澄清的领域》，《传播与社会学刊》2006年第1期。
② 张明新：《后SARS时代中国大陆艾滋病议题的媒体呈现：框架理论的观点》，《开放时代》2009年第2期。
③ 张克旭、臧海群、韩纲等：《从媒介现实到受众现实——从框架理论看电视报道我驻南使馆被炸事件》，《新闻与传播研究》1999年第2期。
④ 祝建华：《内容分析——传播学研究方法之二》，《新闻大学》1985年第10期。
⑤ 祝建华：《中文传播研究之理论化与本土化：以受众及媒介效果的整合理论为例》，《新闻学研究》2001年第7期。

第四章　研究对象与方法

（一）基本数据分析

1. 网站报道篇数：总篇数＋各月份报道篇数＋报道篇数前10位的新闻及具体篇数。

2. 网站报道形式：网络单篇新闻或连续报道、网络专题、网络评论等各种不同报道形式。

3. 网络新闻议题/内容：按照政治（外交、人权问题等内容）、经济（人民币升值、经济政策等内容）、社会（就业、住房、煤矿事故等内容）、自然灾害（气象灾害、地质灾害等内容）、节日庆典（世博、春节等内容）进行网络新闻议题/内容分析。当然，我们会发现，很多议题都会彼此关联，从而纠缠在一起。当我们做最初的数据分析时，可以参考网站报道新闻时所属的频道进行划分，如politics/economy或其他，如果没有，则按照报道内容的主旨进行划分。如有难以划分的情况，可在报告中用标注的方法予以说明。

4. 网络新闻信息源：将涉华报道中的信息源进行整理，清楚展现信息源是什么。

5. 网络新闻报道中的新技术运用：报道中国时采用了哪些新技术形式，如 SNS、RSS、LBS 或其他。具体落脚到：海外网站报道中国/中国网站对外报道中是否实现了媒体融合？

（二）话语分析（对报道篇数前3位的热门议题进行分析，将与每个热门议题相关的所有报道单独抽取出来，如样本太大可考虑取样，对每个议题分别进行分析）

1. 宏观框架分析：即主导价值框架，譬如公正、责任、平等价值判断。

2. 中观框架分析：主要是议题框架，分类方法主要因议题内容而异。

3. 微观框架分析：为重点分析部分，应包括以下内容（中外网站各自调整分析角度）。

（1）褒义/贬义词语，比如，文本中是否明确出现了负面情绪的词语，如"一向不负责的"。

（2）文本采用的报道形式：仅图片新闻，仅文字新闻（文字新闻中是否有配图、视频），当天的头条里文字新闻和图片新闻均

（3）新闻来源：央视网原创、转自国内媒体（新华社、中新社、人民网、环球网、南方网等）、转自国外媒体（美联社、路透社、法新社等）。

（4）同一议题的新闻在网站头条上持续了几天。

（5）同一议题的新闻在网站头条共发布了几条。

（6）中文网站头条与英文网站头条议题的吻合度（有几条相同，当天议题一致还是隔日才议题呼应）等网络新闻细节分析。

根据这些分析，形成本书的第五—第七章和第九—第十一章。

二　参与式观察后的网站新闻生产研究

参与式观察的目的是在不破坏和影响观察对象内部结构和关系的基础上，获得第一手的研究素材，并能更深入地揭示研究对象行动的步骤和原因。参与式观察要求研究者直接进入研究对象的群体和活动中，像研究对象一样行动和理解他们的行为和话语。参与式观察作为定性研究方法，是为了弥补上述基于文本的话语分析与研究对象的距离感，更多地在与研究对象的同一时空环境中去收集数据、理解思维，进而和前面的话语分析互为补充。

本书选取国际在线作为参与式观察样本，2012年1月本书推荐研究助理以实习生的身份进入国际在线新媒体发展中心的节目管理部进行了为期15天的参与式观察。研究者特意选择节目管理部作为观察地点，节目管理部负责统筹国际在线各新媒体部门的内容生产，能较为便利地接触其他各新闻业务部分。研究助理在参与式观察前，接受了方法训练，清楚了解观察要点和需要获取的研究素材。进入观察场景后，研究助手较快地融入网站新闻生产团队中，在获得一些从业人员的信任后，辅助进行了访谈。

最终获得的相关数据、案例素材和访谈资料共计4万字，形成本书的第八章。

三　案例研究下的国际影响力评价

案例研究的目的是对现象的解释，属于现象学的研究范畴。案例研

第四章 研究对象与方法

究是综合运用历史数据、档案材料、访谈、观察等多种收集数据和资料的技术与手段,对某一背景下的特定社会单元(个人或团体组织)中发生的典型事件的背景、过程进行系统的、综合的描述和分析,从而在此基础上进行解释、判断、评价或者预测[①]。有研究认为,单纯依靠统计数据进行决策十分危险,案例研究是认识客观世界的必要环节,是处理复杂问题的有力工具[②]。因此,近年来新媒体研究中强化了案例研究重要性的认知[③],从对一个特殊事件的系统研究中反思概念、现象或思想,进而分析、解释、判断、评价和预测。

本书自2009年至2014年连续5年进行案例研究,希冀从一段较长的时空中提取政治、文化、社会的特定事件,从其中外网络传播过程中发现、梳理和思考中国新闻网站的实际影响力。媒体融合中,中国新闻网站只是多元舆论场中的平台之一。虽然媒体融合的出现势必增强中国国家传媒集团的传播实力和国际影响力,但现有的融合新闻业已形成了传统和网络新闻发布的双向权威,突破了大众传播时代传统媒体的单向权威。传统媒体和新媒体共同构筑的多维的、集中的、权威的新闻发布符合当代互联网用户的新闻需求和心理需求。

案例研究形成本书的第十二—第十六章,并穿插在结语中章节的部分写作中。

媒体融合已经促使新的新闻传播模式出现,传播主体多元化、渠道多元化等已成事实。网络报料等形式的出现丰富了中国网络新闻传播手段,培养了独立的、个性化的新闻传播主体,公民新闻的网络实现渠道越来越畅通,通过新媒介实现公民新闻的技术手段已成熟,新闻网站应搭建与公民新闻间的沟通机制。从国家的角度,应从制度层面确保重点新闻网站的发展,与此同时,确保在网络社会中建构民主的舆论环境,从而使新闻能及时、权威、立体地传播出去,在对外传播中树立良好的国家形象;为新闻网站创建良好的市场氛围,避免新闻网站丧失对新闻

---

① 王建云:《案例研究方法的研究述评》,《社会科学管理与评论》2013年第3期。
② 成思危:《认真开展案例研究,促进管理科学及管理教育发展》,《管理科学学报》2001年第5期。
③ 典型的案例研究读本如邱林川、陈韬文《新媒体事件研究》,中国人民大学出版社2011年版。

价值的独立判断能力，保证网络新闻的高质量，将新闻网站视为中国对外传播的基础力量。

　　对这些问题的反思需要建立在科学性和多样化的研究方法的选择和执行过程，本书对研究方法的选择基于研究问题和研究对象进行灵活的调整。比如，在部分章节中辅以访谈法厘清事实。

上 篇

新技术环境下中国新闻网站的国际传播

第五章

人民网：国际传播内容生产研究

人民网作为中国最具影响力的新闻网站在国际传播中扮演引领角色。从网络新闻质量评价来看，人民网中文版在网络新闻制作水平上明显高于国内绝大部分新闻网站，从每年人民网斩获的中国新闻奖的数量和等级就可见一斑。有研究评价人民网网络新闻专题，认为它代表着政府的声音，在群众中具有很高的严肃性和权威性[1]，其专题在制作和传播过程中同时体现出很强的贴近性[2]，社会公众通过网络新闻专题可以实现提出建议、与领导人互动的目的。但是，人民网英文版的新闻内容生产和传播效果少有基于大量文本的话语分析研究。

关于人民网中文版倾向性的研究多采用案例比较的方法，比如，有学者将人民网中文版与凤凰网这种新闻专业主义媒体比较，也有学者将人民网中文版与新华网比较，认为人民网在信息选择上具有强大的"把关"功能。极少文献提出人民网英文版的倾向选择问题，研究发现人民网英文版的报道在语言上多运用"他认为""他说""他还强调"此类短语，而且在倾向选择上多为"正面报道"[3]。但现有研究没有深究的是，人民网正面报道议题的选择与中外用户的接受之间关系如何？外国用户是否会接受这些正面报道？人民网英文版在其非母语报道过程中又有哪些特点？

---

[1] 曹友元、周彤：《基于金正日逝世报道的网络专题框架分析——以人民网、凤凰网为例》，《东南传播》2012年第3期。

[2] 高超：《浅析人民网新闻专题的贴近性——以"两会"新闻专题为例》，《新闻世界》2011年第3期。

[3] 李岩：《中国主要英语新闻网站的特点及局限性分析》，《新闻界》2005年第1期。

本书对人民网网站跟踪的方法执行过程如下：

具体的跟踪版块为：①中文、英文版面首页右侧文字头条新闻；②中文、英文版面首页左侧图片头条新闻（简称头图）；③首页头条新闻下方所设的评论（Comment）版块。根据对网站每天新闻更新频率及时间的观察，统一每晚9：30对网站首页进行跟踪。

记录内容主要包括：①报道标题；②报道形式；③报道时间（均以北京时间为准）；④报道涉及主旨/内容/议题；⑤报道中涉及的信息来源；⑥报道被海外网站转载数；⑦报道被网友评论的数量等。

2010年2月1日—6月10日，共计130天的网站跟踪可获知人民网头条对外报道的篇数、报道形式、议题、信息源等基本数据，从而了解人民网对外传播构建的媒介框架。并在对人民网中英文版面头条报道进行比较的过程中，得知人民网对内对外报道两种媒介框架间的差异。分析人民网英文报道被海外网站转载的数量及网友评论，得知人民网对外报道的国际影响力。此外，对具体的议题进行话语分析，从宏观、中观、微观的角度对报道进行解读，在分析的过程中，发现问题并进行反思。

第一节 中英文网站的内容生产

一 网络报道篇数

人民网中英文首页头条及 Comment 版块共有新闻878篇。其中，中文头条共316篇，英文头条545篇，Comment 共17篇。中文首页头条（包括文字头条及头图），各月份的报道篇数分别为：2月（只含2.1—2.14日的报道，31篇），3月（93篇），4月（84篇）[1]，5月（84篇）[2]，6月（只含6.1—6.10日的报道，24篇）[3]。英文首页头条（包括文字头条及头图），各月份报道篇数分别为：2月（只含2.1—2.14日的报道，49篇），3月（156篇），4月（145篇），5月（155

---

[1] 其中未统计4月28、29两日中文首页头条。
[2] 其中未统计5月14、29、31三日中文首页头条。
[3] 其中未统计6月7、9两日中文首页头条。

篇),6月(只含6.1—6.10日的报道,40篇)。Comment版块在3、4、6月份的篇数均为0,2月份和5月份篇数分别为:2月(16篇),5月(1篇)。具体统计信息见表5-1。

表5-1　　　　人民网中英文版头条网络报道篇数统计　　　　单位:篇

统计项目		2月	3月	4月	5月	6月	合计
中文篇数	中文头条	31	93	84	84	24	316
英文篇数	英文头条	49	156	145	155	40	545
	Comment	16	0	0	1	0	17
	英文合计	65	156	145	156	40	562

二　网络报道形式

人民网网络新闻报道形式主要表现为以下几类:专题[1]、文字新闻[2](仅包含文字)、文字图片(带图片的文字新闻)、评论、互动(包括网友提问、今日话题和人民网博客)等。对人民网中文版、英文版首页头条新闻的报道形式进行统计,分别见表5-2和表5-3。

表5-2　　　人民网中文版头条各月份网络报道形式统计　　　单位:篇

中文报道形式	2月	3月	4月	5月	6月	合计	占总量(305)比例(%)
专题	0	23	26	31	9	89	29.2
文字新闻	26	65	49	46	15	201	65.9
文字图片	3	0	0	0	0	3	1
评论	2	4	0	1	0	7	2.3
互动	0	1	2	2	0	5	1.6

---

[1] 由于特别策划样本数过小,且人民网特别策划与专题十分相似,因此本书将特别策划列入专题范畴。
[2] 由于人民网是依托于纸媒《人民日报》,新闻报道形式以文字为主,因此本书将直播形式列入文字新闻。

表 5-3　　　人民网英文版头条各月份网络报道形式统计　　　　单位：篇

英文报道形式	2月	3月	4月	5月	6月	合计	占总量（545）比例（%）
专题	0	1	0	0	0	1	0.1
文字新闻	43	141	141	155	40	520	95.4
文字图片	5	0	0	0	0	5	1
评论	1	13	4	0	0	18	3.4
视频	0	1	0	0	0	1	0.1

从表 5-2 和表 5-3 可知，人民网对内对外的头条报道中，均以文字新闻报道为主，即新闻中只含有文字。但从报道形式来看，英文版虽然使用了视频，但几乎可以忽略不计，人民网头条新闻报道形式略显单一。从中英文版头条专题所占比例可见，中文版使用专题的比例（29.2%）远远大于英文版（0.1%），网络新闻专题是体现网站对某一新闻事件的整合和再创作能力，反映网站对重大新闻事件报道的把控力和成熟度。由此可见，人民网中文版头条制作的强度和质量远远高于英文版制作能力。

三　网络新闻议题

（一）中英文头条大议题分类

本书按网络新闻内容划分为九大方面的议题，分别为：政治/军事议题（如领导人动态、中国台湾问题、国外政局）；经济议题（如人民币汇率、欧洲财政危机）；社会议题（如飞机失事、爆炸袭击）；自然灾害议题（如地震、洪涝干旱）；节日庆典议题（如世博、春节）；文化/教育/体育议题（如奥斯卡、中国教改、国足）；自然/环境议题（如全球变暖、石油泄漏）；科技议题（如航空航天）；广告议题（如企业春节拜年广告）。由于许多文章涉及的议题不止一个，所以议题总数多于报道的篇数。中、英文版各月份不同议题网络报道篇数统计如表 5-4 和表 5-5 所示。

表 5-4　　人民网中文版各月份不同议题网络报道篇数统计　　　单位：篇

月份＼议题类型	政治/军事	经济	社会	自然灾害	节日庆典	文化/教育/体育	自然/环境	科技	广告
2月	17	4	8	0	1	0	0	0	1
3月	56	7	16	7	2	0	0	4	0
4月	32	4	13	25	8	0	0	0	0
5月	26	22	26	2	5	0	1	1	1
6月	7	4	9	0	0	0	0	5	0
合计	138	41	72	34	16	0	1	10	2
占比（%）	44	13.1	22.9	10.8	5.1	0	0.3	3.2	0.6

表 5-5　　人民网英文版各月份不同议题网络报道篇数统计　　　单位：篇

月份＼议题类型	政治/军事	经济	社会	自然灾害	节日庆典	文化/教育/体育	自然/环境	科技	媒体
2月	20	16	10	0	2	1	1	2	0
3月	52	47	32	5	3	4	8	13	2
4月	37	40	19	30	10	6	1	1	3
5月	53	47	28	3	11	1	3	3	0
6月	18	9	5	2	1	1	6	0	0
合计	180	159	94	40	27	13	19	19	5
占比（%）	32.4	28.6	16.9	7.2	4.9	2.3	3.4	3.4	0.9

由表 5-4 和表 5-5 可知，人民网中英文版头条议题按照大类划分，均以政治/军事议题为主，分别占 44% 和 32%。其次为经济议题、社会议题、自然灾害议题以及节日庆典议题。而文化/教育/体育议题、自然/环境议题、科技议题无论是中文还是英文版头条均占较少比例。英文版面中，单列为"媒体"的议题，是指包括人民网在内的媒体在国内外以及外国媒体在国内的发展，如第四届中国—东盟媒体合作高层研讨会讨论内容包括新媒体科技和相互理解[①]。此外，人民网中文首页头条中曾出现过广告，但英文头条却未出现过。中文头条中出现的广告是关于人民网微博上线，起

---

① China and ASEAN embraces new media technology and mutual understanding, 2010 年 3 月 24 日。

到对内宣传的作用①。

(二) 中英文头条细分议题

按照大议题下的具体内容来细分,分别得出人民网中文版和英文版头条篇数排名前十的新闻议题。

中文版前十议题分别为:

(1) 领导人动态 (中国领导人发言表态、国内外访问、主持会议等)。

(2) 民生问题 (老百姓住房和医疗改革、大学生就业、交通管制、社会治安等)。

(3) 中国经济 (如人民币汇率、工业结构调整等)。

(4) 中国政策 (如连续三个"一号文件")。

(5) 两会。

(6) 中国地震 (玉树地震等)。

(7) 中外关系 (中国同其他国家、地区外交关系等,如中美关系、中日关系、中韩关系)。

(8) 上海世博会。

(9) 中国极端天气 (如西南大干旱)。

(10) 共产党新闻 (如召开会议、党建等)。

由于某些议题的彼此交错,所以一篇新闻中可能涉及几个议题。中文版文本统计如表5-6所示。

表5-6　　人民网中文版前十议题网络报道篇数统计　　单位:篇

新闻议题	2月	3月	4月	5月	6月	总计
领导人动态	10	22	23	20	6	81
民生问题	5	16	9	21	8	59
中国经济	3	5	3	22	4	37
中国政策	10	10	12	1	1	34
两会	0	30	0	0	0	30
中国地震	1	4	21	2	0	28
中外关系	4	8	1	12	0	25

---

① 陈健、彭奇、崔雷:《人民网微博2月1日起开放公测》,2010年2月1日,人民网(http://it.people.com.cn/GB/42891/42894/10904744.html)。

续表

新闻议题	2月	3月	4月	5月	6月	总计
上海世博会	0	0	6	2	0	8
中国极端天气	1	4	2	0	0	7
共产党新闻	0	3	3	0	0	6

英文版排名前十议题分别为：

(1) 中外关系（中国同其他国家、地区外交关系等，如中美关系、中日关系、中韩关系）。

(2) 中国经济（如人民币汇率、工业结构调整等）。

(3) 民生问题（老百姓住房和医疗改革、大学生就业、交通管制、社会治安等）。

(4) 对外贸易（中美经贸合作、中非经贸交流等）。

(5) 中国地震（玉树地震等）。

(6) 领导人动态。

(7) 两会。

(8) 上海世博会。

(9) 西藏问题。

(10) 中国极端灾害天气（暴风雪、洪涝、云南干旱等）、谷歌事件[①]。

统计情况见表5-7。

表5-7 人民网英文版前十议题网络报道篇数统计 单位：篇

新闻议题	2月	3月	4月	5月	6月	总计
中外关系	14	34	22	49	14	133
中国经济	11	26	23	37	7	104
民生问题	11	14	15	17	4	61
对外贸易	5	16	9	6	1	37
中国地震	0	0	21	3	2	26
领导人动态	4	9	5	4	0	22

① 中国极端天气和谷歌事件两个议题篇数相当，并列第十。

续表

新闻议题	2月	3月	4月	5月	6月	总计
两会	0	21	0	0	0	21
上海世博会	1	3	8	8	0	20
西藏问题	3	9	6	1	0	19
中国极端灾害天气	1	6	5	2	0	14
谷歌事件	1	12	0	1	0	14

（三）中英文头条报道一致议题

人民网中文头条及英文头条，对议题的处理有轻重之分，有些议题中文版头条加以报道，英文版头条忽略；有些议题中文版头条忽略，而英文版头条重点报道。本书在网站跟踪中发现，尽管存在差异，但同时也出现了"一致议题"，即同时出现在中英文版头条中的新闻议题，从中可发现人民网在对外新闻报道中是如何处理与对内报道的平衡。本书对观察阶段内，中英文头条出现的一致议题和出现天数记录如表5-8所示。

表5-8　　　　　　人民网中英文报道一致议题统计

	一致议题	出现天数
2月	1. 欧洲之行	4
	2. 海地援助	2
	3. 央行政策调整	2
3月	1. 两会	8
	2. 谷歌事件	8
	3. 西藏问题	4
	4. 西南干旱	4
	5. 中美关系	3
	6. 领导人动态	2
	7. 地球一小时	2
	8. 力拓事件	2
	9. 中俄关系	2

续表

	一致议题	出现天数
4月	1. 玉树地震	14
	2. 上海世博会	6
	3. 博鳌亚洲论坛2010年年会	4
	4. 核安全峰会	4
	5. 王家岭煤矿事故	4
	6. 中国西南干旱	4
	7. 西藏问题	3
	8. 波兰总统坠机事件	2
5月	1. 上海世博会	4
	2. 中朝关系	4
	3. 中美战略对话	4
	4. "天安"号沉船事件	3
	5. 中俄关系	2
	6. 中西关系	2
6月	1. 日本政坛变动	3
	2. 中日韩关系	2
	3. 朝鲜局势	2
	4. 上海合作组织	2

　　本书分析发现，一致议题的一致性有时候表现为当日报道内容的一致性，有时候则是中英文版互为支撑的一致性。比如3月2日的英文版头条"Will U. S. diplomats' visit ease China-U. S. tensions?"[①]（美国高级外交官的访问能否缓解中美间的紧张关系？）报道主要内容是两位美国高级外交官将会对中国进行为期3天的高级别访问，这篇报道为3月4日中文版头条"秦刚：美方不当行为导致中美重要领域合作严重受阻"[②]进行了议题的铺垫。即使中英文同日报道同一议题，对该议题的报道深度通常也存在差异。如4月7日，人民网中英文首页头条都有产

---

① Will U. S. diplomats' visit ease China-U. S. tensions? . 2010.3.2, Peole's daily online (English) (http：//english.peopledaily.com.cn/90001/90780/91343/6906212.html).

② http：//world.people.com.cn/BIG5/8212/9491/181874/11076366.html.

能淘汰议题。中文头条是"产能淘汰下能源板块谁受益?"①,英文头条是"Gov't bodies join forces to eliminate outdated industrial capacity"②(官方机构联手淘汰落后产能)。中文版更侧重于深度质疑,英文版则是选择了简单呈现事实:"中国国务院4月6日发表了关于进一步淘汰落后产能。由工信部牵头连同18个部门共同淘汰在电力、煤炭、钢铁、水泥、有色金属、原材料焦炭、造纸、制革、印染行业的落后产能。"相较而言,中文版放大了产能淘汰背后的利益纷争,英文版则是选择呈现事实的基本信息。

(四)议题比较

1. 议题排名比较

英文议题中,可以将同类相似细分议题稍加合并,所得排名更利于研究。如谷歌事件与力拓事件合并为中外关系,海底援助、中美关系、中西关系、中俄关系和中日韩关系合并为中外关系,欧洲之行与领导人动态议题合并,青海玉树地震议题与中国西南干旱议题合并为中国自然灾害,博鳌亚洲论坛、核安全峰会与上海合作组织议题合并为国际峰会,波兰总统坠机、日本政坛改选与朝鲜局势议题合并为国际局势。合并后的英文议题篇数排名看得更加清晰。由此,本书再次合并了中文排名前十议题、英文排名前十议题、中英文一致议题前十,再次对比统计,得到表5-9。

表5-9　　　　　中英文议题前十综合对比统计　　　　　单位:篇

中文议题前十	篇数	英文议题前十	篇数	一致议题前十	篇数
领导人动态	81	中外关系	147	中外关系	33
民生问题	59	中国经济	104	中国自然灾害	22
中国经济	37	民生问题	61	上海世博会	10
中国政策	34	对外贸易	37	国际峰会	10
两会	30	中国地震	26	国际局势	10

---

① http://energy.people.com.cn/GB/115016/140072/186195/.

② Gov't bodies join forces to eliminate outdated industrial capacity. 2010.4.7, Peole's daily online(English)(http://english.peopledaily.com.cn/90001/90778/90862/6943104.html).

续表

中文议题前十	篇数	英文议题前十	篇数	一致议题前十	篇数
中国地震	28	领导人动态	22	西藏问题	8
中外关系	25	两会	21	两会	8
上海世博会	8	上海世博会	20	领导人动态	6
中国极端天气	7	西藏问题	19	王家岭矿难	4
共产党新闻	6	中国极端灾害天气	14	地球一小时	2

从表 5-9 统计可见，人民网中文版、英文版头条排名前十的议题不尽相同。中文议题中，中国的领导人动态、政策、共产党新闻均有较大比重，而这些议题在英文头条议题中，所占比例相对要小很多。英文议题中，对外贸易、西藏问题等占有很大比重，而这些在中文议题中却很少报道。相较而言，人民网中文版更倾向于国内新闻报道，英文版偏向于国际新闻选题，英文议题中会呼应西方舆论界普遍感兴趣的西藏问题和经贸争议。然而，中英文议题也有不少相同之处，如中外关系、中国自然灾害、上海世博会，这些在中文议题和英文议题篇数排名中，都位居前列。中外关系中英文议题一致天数达 33 天，中国自然灾害中英文议题一致天数达 10 天，上海世博会的中英文一致天数也有 10 天。由此可知，人民网在对内报道和对外报道中，既有共性议题选择——中外关系、中国自然灾害、上海世博会，也有差异性议题处理——西藏问题。

2. 议题倾向比较

根据议题所涉及的内容与中国的相关程度，可以将人民网英文版的议题分为以下四类（按照与中国相关度从高到低排列）：中国国内事务新闻（纯粹的国内事务，与外国关系不大，如中国经济、中国法制、中国教育等）；与国外相关的国内新闻（虽然是新闻，本质上仍是国内事务，但因各种主客观因素，常常与其他国家一并出现，如中国台湾问题、西藏问题、人民币汇率、中外邦交等）；与中国相关的国际事务新闻（新闻事件本身具有国际性，但与中国也有密切联系，如冬奥会、全球变暖、国际会议、国际核安全等）；国外事务新闻（其他国家发生的，与中国无直接联系的新闻，如国外犯罪/暴力/动

· 75 ·

荡/恐怖主义，国外抗议/罢工，美国原油泄漏等）。人民网英文版所有议题中，国内事务议题的新闻比例最高，其次为与国外相关的中国事务议题。其中，91%的议题与中国相关，仅9%的新闻只涉及国外事务，与中国关联度不大。

本书认为，新闻网站的倾向不仅仅表现在对新闻内容文字词句的表达上，比如褒贬、称赞、批评、抗议等，与此同时，对议题的选择更能反映新闻网站的态度。议题本身的倾向可以分为正面、中立、负面三大类，根据前文所述的话语分析方法，本书统计四类议题中的不同倾向。比如，新闻网站报道的国外事务中的吉尔吉斯斯坦骚乱、波兰总统坠机事件等突发性危机或灾难事件，统计为负面议题。所有议题倾向统计情况见表5-10。

表5-10　　　　　人民网英文版头条议题倾向统计　　　　　单位：篇

所有议题	正面议题	中立议题	负面议题	合计
中国国内事务	96	97	59	252
与国外相关的中国事务	104	100	13	217
与中国相关的国际事务	7	8	3	18
国外事务	7	14	24	45
合计	214	219	99	532
占比（%）	40	41	19	

本书研究发现，人民网英文版在进行议题倾向的选择时，中立议题多出现在中国国内事务、与中国相关的国外事务和与国外相关的中国事务这三类。在进行国际事务的议题选择时，53%为负面议题。在进行国内事务的议题选择时，38%为正面议题。

综上，就议题而言，人民网英文版对外传播时，国外新闻比例略高于国内新闻，但多数新闻议题与中国有紧密联系。议题选择倾向性明显，负面议题多出现在国外新闻中，与中国有关的新闻议题多为正面议题。

四 网络新闻信源

本书网络新闻信源主要划分为 13 种，分别为：

(1) 中国媒体。

(2) 外国媒体。

(3) 中国政府。

(4) 外国政府。

(5) 国际组织（如联合国、世界银行、国际货币基金组织）。

(6) 中国非政府组织（事业单位、NGO 等）。

(7) 外国非政府组织。

(8) 中国专家/学术机构（主要指中国的学术研究机构，如大学及研究所等，下同）。

(9) 外国学术机构。

(10) 中国企业。

(11) 外国企业。

(12) 个人。

(13) 其他（主要指文中未具体指明的信源）。

需要指出的是，只要被采访对象主要是以某个媒体/政府/组织/机构/企业的代言人身份出现，那么这个信息源就归类到相应的媒体/政府/组织/机构/企业信源中，而非归类到个人类信源。具体统计信息见图 5-1 和图 5-2。

由图 5-1 和图 5-2 可知，人民网中文版头条新闻信源中，中国政府占比 73%，其次为中国媒体，这两项共占比例 86%，这完全符合人民网的政治属性。人民网英文版头条新闻信源中，中国政府占比 53%，依然最高，其次是外国媒体。而无论是人民网的中文版还是英文版，个人信息源占比都很小，表明个人信源在人民网的对内对外传播中都不受重视。从信源的国别来看，无论是人民网中文版还是英文版，中国信源比例均高于外国信源，比较而言，英文版中外国信源占比明显上升，这也与英文版偏向于国际新闻的倾向一致。

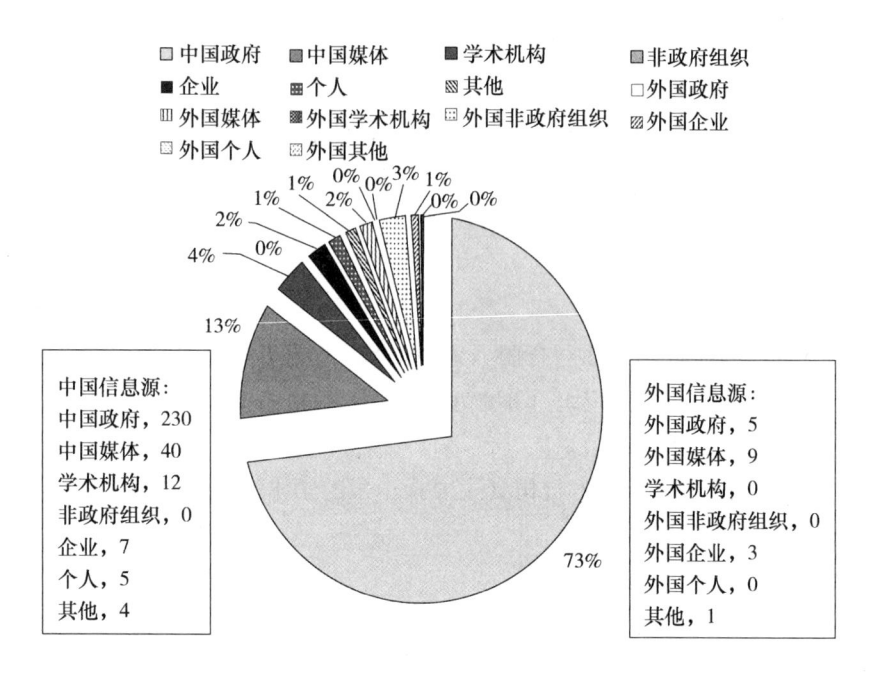

图 5-1　人民网中文版新闻信源分布

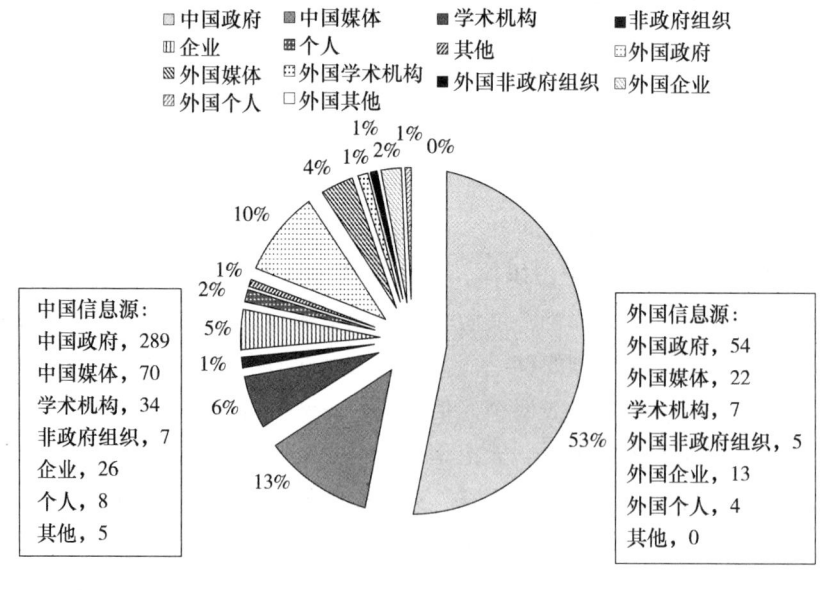

图 5-2　人民网英文版新闻信源分布

五 原创/转载

人民网拥有独立采编权,基于中国新闻网站的这一特殊资质,本书将"原创/转载"列为文本分析指标之一,进而观察人民网的独立采编能力。对跟踪数据的分析发现,人民网英文首页新闻中,除了人民网原创来源外,还经常转载新华社等来源稿件。本书以月为单位,对人民网首页新闻原创/转载来源进行了统计,详见表 5-11。

表 5-11　　人民网首页新闻原创/转载来源统计　　　　单位:篇

原创/转载	来源	2月	3月	4月	5月	6月	合计	总计
原创	People's Daily Online	6	67	52	55	13	193	193
转载	Xinhua	30	75	80	77	21	283	349
	China Tibet information center	2	0	1	0	0	3	
	China Daily	6	8	6	16	3	39	
	Global Times	3	4	4	3	0	14	
	CCTV	0	1	0	0	1	2	
	未知	0	1	1	4	2	8	
合计		47	156	144	155	40	542	542
原创率(%)		13	43	36	35	32	36	36

由表 5-11 可知,人民网英文版首页头条,2 月以后[①]每月平均原创率稳定在 36% 左右,其余 64% 均为转载。其中,转载新华社(包括新华网)的数量最多,约占 52%;统计中的极值出现在 6 月 6 日,英文首页头条共 5 条稿件,全部转自新华社。可见,人民网在对外传播中对新华社稿件的依赖程度很高,这表明,人民网英文版的独立采编能力还不够成熟。

六 网络新闻对外传播的国际影响力

本书评价网络新闻对外传播的国际影响力的基础是网站跟踪数据及

[①] 需要说明的是,研究助理因为个人原因,未能完整统计 2 月份数据,故此原创率数据仅供参考,3 月后的平均数据应该更为真实。

其话语分析，分析指标包括：

（1）被转载篇数，即人民网英文版头条新闻多少篇新闻被海外网站转载。

（2）被转载网站数，即新闻被多少海外网站转载。

（3）被评论数，即网友对该新闻报道的评论数量。

统计结果如表5-12所示。

表5-12　　　　　　　人民网英文版国际影响力简评表

国际影响力分析指标	2月	3月	4月	5月	6月	合计
人民网英文版总篇数	47	156	144	155	40	542
被转载篇数（篇） 被转载率（%）	44 94	122 78	112 98	115 74	27 68	420 77
被转载网站数（个） 平均被转载网站数	139 2.96	268 1.72	290 2.01	249 1.61	63 1.58	1009 1.86
被评论数（篇）	16	0	0	0	0	16

表5-12基于三个指标对人民网英文版对外传播的国际影响力进行了简评。从网站跟踪数据可见，平均被转载率高达77%，意味着人民网英文频道文章中有77%均被转发，但是，平均只有1.86个海外网站转发了这些文章，转载的情况很不理想。而得到的总评论数只有16条，表明虽然这些文章被转发了，但并未引发关注和讨论。

本书继续追问，哪些海外新闻网站转发了人民网英文版的文章呢？统计见表5-13。

表5-13　　　　　转载人民网英文版文章的海外新闻网站列表

海外新闻网站	2月	3月	4月	5月	6月	总计	备注
新闻与意志	27	78	67	58	11	241	美国，主要提供中国、泰国和日本的新闻信息，读者以北美和中国为主
印度时报	11	39	29	17	8	104	印度，反映印度政府观点的英文日报
Topix	6	11	11	34	11	73	美国，个人定制新闻网站
FriendFeed	3	10	28	26	0	67	美国，用于聚合个人Feed的Web 2.0服务

续表

海外新闻网站	2月	3月	4月	5月	6月	总计	备注
WBIR	2	3	12	32	4	53	美国 WBIR 电视公司
Roadrunner	1	27	18	4	0	50	美国,新闻网站
今日美国	4	12	13	11	4	44	美国,美国唯一的彩色全国性英文对开日报的网站
Twitter 热文推荐	7	20	6	6	3	42	美国,社交网络及微博服务的网站
世界新闻	3	9	20	4	4	40	美国,世界新闻报网站
Msg	0	3	7	18	4	32	美国,新闻咨讯交换地
Daylife	2	6	5	9	1	23	美国,提供数字媒体服务与信息交换
Congoo	3	5	3	9	1	21	美国,免费新闻、社交、信息门户
商业周刊	3	7	3	4	1	18	美国,全球最大的商业杂志出版物网站
TreeHugger	1	7	3	6	1	18	美国,Discovery 下属公司
每日邮报	1	2	5	9	0	17	英国,用户定位于中产阶级
马来西亚国家通讯社	2	1	1	1	0	5	马来西亚,该国唯一通讯社
总计	76	240	231	238	53	838	

由表 5-13 可见,仅 16 家海外新闻网站转载了人民日报英文版内容。其中,美国 13 家,英国 1 家,马来西亚 1 家,印度 1 家,美国转载网站占比 81%。美国新闻网站中,依托知名传统媒体的新闻网站包括今日美国、商业周刊,依托社交媒体的网站包括 Twitter 热文推荐。英国新闻网站仅为 1 家,是依托于传统报纸的每日邮报。

第二节 中国议题的话语分析

本书分析对象为人民网英文版中与中国有关的议题,选择围绕网络报道篇数排名前三的议题生产的相关报道(按小议题细分),包括这些议题下的所有网络报道。如前文分析,三个议题分别是中外关系、中国经济和中国民生。针对相关文本,本书采用三个框架进行分析,分别为:

(1) 宏观框架——主导价值框架，指报道中包含的主权、感动、公正等价值判断。

(2) 中观框架——主要是议题框架，分类主要因网络报道内容而异。

(3) 微观框架——包含五个方面：①各消息源出现的次数；②各报道形式的篇数；③各体裁出现的次数；④原创/转载来源篇数（报道来源、图片来源、视频来源）；⑤对外传播效果（被转载网站数、被网友评论数）。

一 "中外关系"议题分析

网络跟踪数据表明，"中外关系"议题报道主要细分为中美关系、中日关系、中韩关系、中朝关系、中欧关系、中非关系、中俄关系、中国与亚洲邻国（俄朝除外）关系、其他9类，相关细分议题各月报道篇数如表5-14所示。

表5-14　人民网英文版"中外关系"议题细分报道篇数　　　单位：篇

中外关系	2月	3月	4月	5月	6月	总计	占比（%）
中美	7	17	12	22	5	63	50
中日	2	4	2	6	1	15	12
中欧	1	1	2	4	2	10	8
中俄	1	2	0	4	2	9	8
中国与亚洲邻国（俄朝除外）	1	1	1	5	2	10	6
其他	1	2	1	4	0	8	6
中韩	0	0	0	6	1	7	6
中朝	0	0	0	3	0	3	2
中非	0	1	1	1	0	3	2
总计	13	28	19	55	13	128①	

---

① 需要说明的是，本表中"中外关系"议题总数小于表5-9的中外关系议题篇数，原因在于，虽然某些新闻的确涉及中国对外关系，比如中国形象问题，但这些新闻没有明确指明对应国国别，因此本表没有计算在内。

由表 5-14 可见，中美关系在人民网英文版"中外关系"议题中占 50% 的最高比例，后续依次为中日、中欧、中俄等。可见，中美关系是人民网英文报道最重要的子议题，同时也是中国外交战略在对外报道中的体现。进而，本书抽取"中外关系"报道最多月份——5 月——中的相关英文报道进行框架理论基础上的话语分析，以展现人民网英文版对外报道的内容指向。

（一）宏观框架

5 月份相关报道共 55 篇，有 25 篇采用了价值框架，其中包含的价值概念主要有"合作""友谊""双赢""公正平等"，见表 5-15。

表 5-15　　　　　人民网英文版中外关系议题宏观框架　　　　　单位：篇

价值概念	篇数	主要观点举例
合作	15	中国总理呼吁中日韩三国间进行投资协议以及秘书处间的合作①
友谊	4	战争时期铸造的长久的中俄友谊②
双赢	3	反对美国亚利桑那州在外来移民政策中的民族歧视、种族歧视③
公正平等	3	中国敦促将不要再因为军舰沉没对金正日进行"厚此薄彼"的批评④

从宏观框架分析可知，人民网英文版对外报道中对"中外关系"议题多采用"合作"价值概念，提倡与其他国家友好合作，互利双赢，共同发展，当遇到冲突时，用经济和历史上的密切联系缓和政治上的摩擦，希望以对话的方式增进相互理解，加强双边/多边外交关系，清晰地展现出中国政府和平崛起的战略思想。

---

① Chinese premier calls for investment agreement, co-op secretariat among China, Japan, S Korea. 2010. 5. 31, Peole's daily online (English) (http://english.cpc.people.com.cn/66102/7005305.html).

② Wartime forges lasting Sino-Russian friendship. 2010. 5. 9, Peole's daily online (English) (http://english.peopledaily.com.cn/90001/90776/90883/6977782.html).

③ U.S.-China economic relationship mutually beneficial: Chinese finance minister. 2010. 5. 24, Peole's daily online (English) (http://english.peopledaily.com.cn/90001/90883/6996738.html).

④ China urges separation of Kim's visit, warship sinking amid "partiality" criticism. 2010. 5. 8, Peole's daily online (English) (http://english.peopledaily.com.cn/90001/90776/90883/6977521.html).

（二）中观框架

中观框架根据报道内容主要分为中美、中韩、中日、中朝、中俄、中印、中国—阿拉伯、中国—西班牙、中欧关系9类，其报道篇数见表5-16。

表5-16　人民网英文版中外关系议题中观框架　　　　　　　　　　单位：篇

报道内容	中美	中韩	中日	中俄	中朝	中印	中欧	中阿	中西	总计
篇数	22	6	6	4	3	3	3	2	1	50

中观框架上，再次印证中美关系在中国外交关系中处于极其重要的地位，是世界上最重要的双边关系。此外，中国与韩、日、印等亚洲国家的关系，也是较受关注的议题。

（三）微观框架

微观框架包括五方面的统计：①各新闻来源出现的次数；②各报道形式的篇数；③各体裁出现的次数；④原创/转载来源篇数（报道来源、图片来源、视频来源）；⑤对外传播效果（被转载网站数、被网友评论数）。其报道篇数见表5-17。

表5-17　人民网英文版中外关系议题微观框架　　　　　　　　　　单位：篇

新闻来源	篇数	报道形式	篇数	体裁	篇数	报道来源	篇数	转载/评论	个数
中国政府	29	文字	48	消息	48	人民网	16	被转载网站数	124
外国政府	7	文字图片	7	评论	7	新华社	36	被评论数	0
中国媒体	8					中国日报	3		
外国非政府组织	1								
外国媒体	2								
外国企业	1								

微观框架分析表明，中国政府成为人民网英文版中外关系议题报道中占比最大的新闻来源。报道形式上，全部采用静态的文字、文字图片，并未出现人民网对内报道擅长的网络新闻专题等丰富的形式。体裁

上，消息类新闻远高于评论类（包括评论和访谈）新闻。报道来源上，16篇原创，39篇转载，转载绝大多数源于新华社。被转载网站数总计124个，但被评论数为0。

二 "中国经济"议题分析

（一）宏观框架

相比其他月份，5月份的头条中涉及中国经济议题的报道数量是最多的，因此，本书选取5月份中国经济议题网络报道进行框架分析。在5月份37篇中国经济议题的网络报道中，共有8篇采用了价值框架，包括的价值概念有"危机""信任""冲突"，见表5-18。

表5-18　　　人民网英文版中国经济议题宏观框架　　　　单位：篇

价值概念	篇数	主要观点举例
危机	3	金融危机之下，中国的应对措施①
冲突	3	新出台的货币政策与地方政策冲突②
信任	2	双方经济合作建立在信任基础之上③

宏观框架上，中国经济议题网络报道采用价值框架的篇数较少，仅有8篇，分别是危机、冲突、信任，对外报道试图表现出中国经济处理危机和矛盾，并愿意与他国合作的意向。

（二）中观框架

按报道内容可将相关议题分为七类：①产业经济状况；②金融状况；③对外经贸合作；④经济援助；⑤房产经济；⑥货币政策调整；⑦通货膨胀。中观框架反映，对外传播的重点是中国经济政策的动向，详见表5-19。

---

① Developing countries meet in Beijing, discuss financial crisis. 2010.5.19, Peole's daily online (English) (http://english.peopledaily.com.cn/90001/90776/90883/6990701.html).
② Beijing reluctant to tighten monetary policy. 2010.5.17, Peole's daily online (English) (http://english.peopledaily.com.cn/90001/90778/90862/6986977.html).
③ China calls for further co-op with S Korea, Japan in economy. 2010.5.23, Peole's daily online (English) (http://english.peopledaily.com.cn/90001/90776/90883/6995713.html).

表 5-19　　　　　人民网英文版中国经济议题中观框架　　　　　单位：篇

涉及内容	产业经济状况	金融状况	对外经贸合作	经济援助	房产经济	货币政策调整	通货膨胀
篇数	9	8	5	5	4	4	3

（三）微观框架

与前文"中外关系"议题的统计方式一致，本书得出"中国经济"议题的微观框架，如表 5-20 所示。

微观框架下，新闻来源中，中国政府占绝大多数。报道形式全部是文字新闻，体裁全部为消息，形式单一。报道来源上，原创 21 篇，转载 16 篇，文字新闻多转自新华社。被转载网站数 82 个，被评论数依旧为 0。

表 5-20　　　　　人民网英文版中国经济议题微观框架　　　　　单位：篇、个

新闻来源	篇数	报道形式	篇数	体裁	篇数	报道来源	篇数	转载/评论	个数
中国政府	13	文字	37	消息	37	人民网	21	被转载网站数	82
外国政府	2	文字图片	0	图片消息	0	新华社	11	被评论数	0
中国媒体	6					中国日报	5		
中国专家	6								
中国企业	7								
外国媒体	3								

三 "中国民生"议题分析

统计发现，人民网英文版"中国民生"议题可划分为两大类：气候灾害和地质灾害。其中，气候灾害分为干旱和暴风雨雪，各月份每个分类的网络新闻报道篇数如表 5-21 所示。

表 5-21　　　　人民网英文版中国民生议题报道篇数统计　　　　单位：篇

中国民生	2月	3月	4月	5月	6月	合计
社会治安	3	1	1	9	2	16
市民生活	2	1	1	2	0	6
医疗	1	3	1	1	0	6
交通	1	1	2	1	0	5
教育	0	2	2	0	1	5
健康	0	3	0	1	0	4
人民收入	1	1	1	0	0	3
就业	1	0	0	1	0	2
政策支持	0	2	0	0	0	2
住房	0	1	0	1	0	2
价格	0	0	2	0	0	2
总计	9	15	10	16	3	53

由表 5-21 可知，中国民生议题中占比最大的为社会治安议题，为 30%，其次为市民生活、医疗、交通、教育等细分议题。按照月份比较，2—6 月，5 月人民网英文版对外报道中涉及中国民生的篇数最多，下文将抽样选取所有相关网络新闻报道进行话语分析。

（一）宏观框架

统计发现，相关网络新闻中共 7 条采用宏观框架进行报道，这些价值概念包括"承诺""安全""关心"，见表 5-22。

表 5-22　　　　人民网英文版中国民生议题宏观框架　　　　单位：篇

价值概念	篇数	主要观点举例
承诺	3	总理承诺要解决校园袭击的根源①
安全	3	在也门被绑架的两名中国石油工人安全②
关心	1	富士康自杀事件发生后，广东省委书记要求企业给予员工更多关心③

---

① Premier pledges to address root causes of school attacks. 2010. 5. 14. Peole's daily online (English) (http://english.peopledaily.com.cn/90001/90776/90882/6984769.html).

② 2 Chinese oil workers held in Yemen safe: embassy. 2010. 5. 17. Peole's daily online (English) (http://english.peopledaily.com.cn/90001/90776/90883/6986854.html).

③ Guangdong Party chief urges companies to care more for employees after Foxconn suicides. 2010. 5. 30. Peole's daily online (English) (http://english.peopledaily.com.cn/90001/90776/90882/7004721.html).

从宏观框架看，中国民生议题多在叙述中国政府为社会稳定所做的努力，指出全社会除了出现个别坏人和特殊案例以外，整个社会是祥和安定的，相关网络通过使用关心或承诺此类价值概念，体现出中国政府的人文关怀。

（二）中观框架

按照小议题划分，相关报道内容可分为七类，即市民生活、就业、交通、社会治安、医疗、住房、健康。统计如表5-23所示。

表5-23　　　　　人民网英文版中国民生议题中观框架　　　　　单位：篇

市民生活	就业	交通	社会治安	医疗	住房	健康
2	1	1	9	1	1	1

由表5-23可见，人民网英文版中国民生议题报道中，对社会治安报道的篇数最多。可见，涉及民生问题，人民网多倾向于选择社会治安问题报道，大多数时候是在向外界传达一种讯息，即中国社会治安大局稳定。

（三）微观框架

由表5-24可见，人民网英文版中国民生议题报道中，新闻来源绝大多数选取中国政府，其他信源采用比例均很低。报道形式只有文字报道，体裁上只有消息。报道来源上，仅3篇来自人民网原创，转载新华社（新华网）报道比例较多。对外传播效果上，18篇报道共被海外网站转载64次，平均每篇报道会被4个海外网站转载。被网友评论数为0。

表5-24　　　　　人民网英文版中国民生议题微观框架　　　　　单位：篇、个

新闻来源	篇数	报道形式	篇数	体裁	篇数	报道来源	篇数	转载/评论	个数
中国政府	11	文字	18	消息	18	人民网	3	被转载网站数	64
中国媒体	3	文字图片	0	图片消息	0	新华社	8	被评论数	0
中国专家/学术机构	2					中国日报	5		
中国企业	1					环球时报	1		

四 中美关系网络新闻分析

如前文分析,人民网英文版对外报道将中外关系作为最重要的议题之一,其中,中美关系又占比 50% 以上。故本书将涉及中美关系的网络新闻单独提取出来进行分析。

(一) 宏观框架

网站跟踪数据显示有 63 篇中美关系报道,其中 35 篇采用宏观框架进行报道,价值观念包括"危机""双赢""人权""合作"等 7 个,统计情况如表 5-25 所示。

表 5-25　　　　　人民网英文版中美关系议题宏观框架　　　　　单位:篇

价值概念	篇数	观点举例
危机	8	美国贸易关税威胁中美关系①
双赢	8	中美贸易是双赢博弈②
人权	7	中美将在 5 月展开新一轮人权对话③
合作	7	中国希望通过 5 月的对话和美国解决问题④
价值观	3	通过西藏问题看美国价值观⑤
霸权	1	美国正在保持其上升中的超级大国霸权⑥
丑化	1	美国电影妖魔化中国⑦

---

① China's Ministry of Commerce: U. S. protectionism endangers trade ties. 2010. 2. 2, Peole's daily online (English) (http://english.peopledaily.com.cn/90001/90776/90883/6884987.html) .

② Chinese official says China-U. S. trade is win-win game. 2010. 3. 27, Peole's daily online (English) (http://english.peopledaily.com.cn/90001/90776/90883/6932374.html) .

③ U. S. , China to hold new round of human rights dialogue in May. 2010. 4. 23, Peole's daily online (English) (http://english.peopledaily.com.cn/90001/90776/90883/6960448.html) .

④ China expects to solve problems with U. S. in May dialogue: PM. 2010. 3. 23, Peole's daily online (English) (http://english.peopledaily.com.cn/90001/90776/90883/6926932.html) .

⑤ U. S. values seen behind the "Tibet issue" . 2010. 3. 5 (http://chinatibet.people.com.cn/6909818.html) .

⑥ U. S. values seen behind the "Tibet issue" . China Tibet Online. 2010. 3. 5, China Tibet Online (http://chinatibet.people.com.cn/6909818.html) .

⑦ American movie demonizes. 2010. 6. 2, China Peole's daily online (English) (http://english.peopledaily.com.cn/90001/90782/7008410.html) .

由表 5-25 可见，人民网英文版对中美关系的报道一方面呈现中美关系的紧张状态，比如提到对台军售、西藏问题、关税问题等敏感问题，人民网新闻偏向于报道其中的危机；另一方面，人民网英文版又多次提到合作、双赢，倡导两国关系应以合作为主，共同发展。

（二）中观框架

按报道内容，中美关系议题可分为八类：①经贸关系（除人民币汇率之外的经贸关系）；②西藏问题；③对台军售；④人民币汇率；⑤人权；⑥领导人会晤；⑦外交部发言；⑧新任美国大使进驻中国。统计数据如表 5-26 所示。

表 5-26　　　　　　人民网英文版中美关系议题中观框架　　　　　　单位：篇

中美贸易	人权	领导人会晤	对台军售	西藏问题	人民币汇率	美国大使进驻	外交部发言
22	8	6	6	5	5	4	2

中观框架下，人民网英文版对中美关系的报道主要集中在中美贸易上，其次为人权问题、领导人会晤、对台军售、西藏问题、人民币汇率等。

（三）微观框架

由表 5-27 可见，与其他议题数据相比，中美关系报道的新闻来源中首次出现中国政府与外国政府比例相当的情况。报道形式上，既有作为主流方式的文字报道，也有少量文字图片报道。体裁上，除了常见的消息，还少见地出现了 4 篇评论。报道来源上，原创 22 篇，转载 48 篇，原创率低。新闻报道被转载 171 次，平均每篇报道被转载超过 2 次，但被评论数依然为 0。

表 5-27　　　　　　人民网英文版中美关系议题微观框架　　　　　　单位：篇、个

新闻来源	篇数	报道形式	篇数	体裁	篇数	报道来源	篇数	转载/评论	个数
中国政府	27	文字	56	消息	61	人民网	22	被转载网站数	171
外国政府	25	文字图片	7	评论	4	新华社	37	被评论数	0

续表

新闻来源	篇数	报道形式	篇数	体裁	篇数	报道来源	篇数	转载/评论	个数
中国专家	4					中国日报	7		
外国专家	1					环球时报	4		
中国非政府组织	0								
外国企业	4								
中国媒体	9								
外国媒体	5								

五 研究发现

议题研究发现，人民网中英文版面头条均以政治/军事议题为主，之后是经济议题、社会议题、自然灾害议题以及节日庆典议题。而文化/教育/体育议题、自然/环境议题、科技议题无论是中文还是英文版头条均占较少比例。通过对中文版议题篇数排名前十、英文版议题篇数排名前十、中英文一致议题排名前十分析发现，中外关系、中国经济和中国民生问题在人民网对内和对外报道中都十分重要。比较而言，人民网中文版比较侧重于国内新闻报道，在英文版议题选择上，国际新闻略多于国内新闻，但绝大多数新闻与中国有密切联系。网络新闻内容生产时，与中国有关的新闻多选择正面议题，与中国关系不大的国际新闻多选择负面议题。

具体分析新闻内容的话语建构发现以下四个特点：

一从新闻来源上看，中国政府明显是最重要且占比最大的新闻来源，仅在中美关系的内容生产中，外国政府作为信息源的比例与中国政府相当。但无论是人民网的中文版还是英文版，个人信息源都占有很小比例，不受重视。从信源的国别来看，中国信源比例均高于外国信源，但在英文版的生产中，外国信源所占比例明显上升，这也与议题中所反映出的中文版更注重国内新闻，英文版偏向于国际新闻相一致。

二从报道形式上看，人民网中英文版面的头条新闻都是以文字新闻为主，偶尔会有视频、图片出现。但在专题制作能力上，英文版稍逊色于中文版。英文版专题制作的数量和质量都不及中文版。

三从原创/转载比例上看，人民网英文版头条的原创率并不高，其大部分都是转载新华社稿件，通常是转载率高于原创率。人民网英文版新闻海外网站转载1009次，平均每篇新闻被海外网站转载超过一次，转载次数不理想。转载人民网新闻的网站大多数是美国媒体，但被西方影响力大的媒体转载的极少。有一些第三世界国家的媒体会转载人民网新闻，比如印度时报、马来西亚国家通讯社。

四从评论等互动形式来看，人民网英文版新闻跟帖极少，互动积极性很低。数据显示，2月份收到16篇回复之后，3—6月的回复总数只有1篇。

人民网英文版对外传播的主旨明显，通过中外关系、中国经济、中国民生问题等议题的生产传播中国政府的价值理念，进而在国际舆论界发出中国声音。如前所述，中外关系议题反映中国和平发展战略，试图塑造为世界稳定发展、友好合作而努力的国家形象。中国经济议题反映经济发展在中国社会发展中极其重要的地位，高调宣称中国经济在欧债危机和金融危机之下的强大活力，强调中国在世界经济中的地位，从而提升中国形象。中国民生议题的篇数在中英文版面中都居前列，人民网新闻内容生产多表现中国政府为人民生活所作出的努力，体现出政府的人文关怀，这也体现了国家媒体的立场。

人民网英文版对外传播话语的生产围绕中国官方主流价值观铺陈开来，涉及百姓日常生活的内容明显偏少，涉及中国争议性的内容明显偏少，话语的多元化未能体现。这些可能导致人民网英文版的国际影响力偏弱，虽然技术呈现亦为制约性要素，但更重要的是，对外报道中的话语过于单一，人民网英文版新闻被转载次数总量少、被评论数几近为零，与其内容生产的体量明显不符。当然，从被转发的情况来看，大多数的转发来自美国境内的新闻网站，这在一定程度上也符合人民网英文版对外传播的主要目的的设定。

第六章

新华网：国际传播中的议程设置分析

新华网成立于1997年，2009年下半年新华网进行转企改制，全面转向运用企业化、资本化和市场化进行内容生产和技术创新的互联网文化企业。国际传播一直是新华网引以为傲的竞争产品，第五章人民网对外传播的研究表明，新华网是其他中央新闻网站英文版新闻的主要提供者。新华网也一直将"具有全球竞争力的一流网络媒体和具有较强创新能力的互联网文化企业"作为自己的发展目标[①]。为此，新华网进行大量的媒体融合尝试，希望形成覆盖全媒体产品链的综合性传播平台（详情参见第二章相关内容）。

基于新华网在中国新闻网站对外传播中的独特地位，本书将议程设置理论与新华网国际传播影响力研究结合起来，探讨新华网在对外传播议程设置的特点。本书从2010年2月1日到6月10日，进行共计130天的网站跟踪，执行方法如下：

以新华网英文站点头条所出现的新闻内容为研究对象，头条版块作为网页中最显著的位置，其内容可认定为新华网对外传播的重点。跟踪通过定时（每晚9：30）进行每日记录。记录内容主要包括：①报道标题；②报道形式；③报道时间；④报道涉及主旨/内容/议题；⑤报道中涉及的信息来源；⑥报道从属网站版块；⑦网址链接等。对于新华网英文站点所记录的信息进行检索，记录转载情况：被多少海外网站关注、引用、转载、讨论的数量，并阅读西方网站的讨论、跟帖，记录海外网

[①] 新华网：《新华网加强国际传播能力建设 向世界一流网络媒体迈进》，2012年9月4日（http://www.scio.gov.cn/zhzc/3/32765/Document/1426710/1426710.htm）。

友留下评论的主要观点。记录内容主要包括：①转载数量；②评论数量；③被西方哪些网站引用，记录站名；④文章的态度与网友态度的异同；⑤总结观点的种类、内容，讨论的焦点。

本章研究方法与第五章保持一致，研究问题主要包括：

1. 新华网对外报道的议题是什么？
2. 新华网对外报道的话语框架是什么？
3. 新华网议程设置有哪些特点？

第一节　网络媒体的议程设置

目前尚无将议程设置理论与新华网国际传播影响力研究相结合的作品，相关性较高的研究主要有陈钦的《从西方修辞的角度评析新华网对外报道的有效性》、李英的《中美国际新闻的叙事学比较分析》，主要是从修辞学和叙事学角度展开研究。于是，本书将新闻网站的特定对象研究拓展到广义的网络媒体，观察现有网络媒体议程设置研究与新华网研究结合的可能性。

一　网络传播环境下议程设置理论的可行性

议程设置理论的正式提出来自1972年麦库姆斯和肖的论文《大众传播的议程设置功能》，研究发现1968年美国总统在选举期间当地媒体议程和公众议程之间的相关指数高达0.97[①]，由此提出大众传播媒体具有一种为公众设置议事日程的功能，媒介议程影响公众议程，二者存在因果关系。此后，议程设置理论在传统媒体内容与社会生活的相关性研究中多次被使用。

20世纪90年代以后，伴随着信息技术、网络技术的迅猛发展，议程设置理论面临着一些质疑：网络传播环境作为不同于传统传播的信息环境，议程设置功能是否还会存在？对此，议程设置理论的创始人麦库姆斯认为至此下定论还尚早，"在媒介系统持续变化的

---

① ［美］麦克斯韦尔·麦库姆斯：《议程设置：大众媒介与舆论》，郭镇之等译，北京大学出版社2010年版，第17页。

情况下，无论新闻媒介的议程设置基本效果是否会与几十年前基本相同，还是会最终消失，检验议程设置效果都将至少是未来一段时间里重要的研究议程"。他指出的理由包括：①从信息社会的数字鸿沟现状来看，还有很多人不能利用网络媒体；②对能够上网的网民来说，还没有形成类似阅读传统媒体的习惯；③网络媒体的议题虽然是多元化的，但是相对于印刷媒介，网络媒介的注意力甚至更为集中；④传统媒体在网络传播中是主流，新闻网站的内容与传统媒体有相当高的同质化。①

国外学者 Marilyn Roberts 通过对 1996 年美国秋季选举中五家媒体在四个议题上的网络报道进行分析，检验了议程设置的过程以及在网络尤其是电子公告板中扮演的角色，认为媒体的网络报道很显然为个人在电子公告板上的讨论提供了资讯。② 由此得出，新媒体环境下媒体对受众仍具有议程设置的功能。而学者 Choi、Doo-Hun 和 Kim、Sei-Hill 采用了交叉时滞相关方法分析了电视与门户网站之间的议程设置。他们选取了韩国两家电视台（KBS 和 MBC）黄金时段的新闻节目作为传统媒体代表，选择了两家门户网站作为网站的代表，对其进行内容分析，检验电视新闻议程与门户网站新闻议程之间是否具有相关性以及谁占据了设置议题的主导权。其研究结果表明，电视新闻议程与网站新闻议程之间存在相关性，门户网站为电视设置了新闻议程。③

根据中国传播学者彭兰的研究，他认为"网络以下特点决定了它会具有议程设置的功能"：①网络传播结构可以使某些信息的传播就像计算机病毒一样，快速地进行繁殖。议程设置假设认为，人们对某些议题的关注程度，主要来源于这些议题被报道的频率和强度。而无疑，网

---

① ［美］麦克斯韦尔·麦库姆斯：《议程设置理论概览：过去，现在与未来》，郭镇之、邓理峰译，《新闻大学》2007 年第 3 期。

② Roberts M., Wanye W., Dzwo T. H. D., "Agenda Setting and Issue Salience Online", *Commnicationg Research*, No. 4, 2002.

③ Choi, D.-H., Kim, S.-H., "Cross-lagged analysis of intermedia agenda-setting: An interplay between television news and internet portals in South Korea", *Paper presented at the annual meeting of the International Communication Association*, San Francisco, 2007.

络传播可以轻易地做到提高对某些事件的报道频率和强度。②在网络中大众传播与人际传播以及群体传播是相互交织的，在议程设置方面，议程融合理论表明人际传播、群体传播等其他传播形态对大众传播是一个有力的补充。③利用互动技术，传播者、报道对象与受众可以建立直接联系，同时当事人的影响会更直接地传递给受众，这对于提高一个事件的受注目程度，也是非常有利的。① 学者屠忠俊、吴廷俊认为："网络媒体与传统媒体不同，它是一种'弱控制'的传媒，一部分传播权力由少数人手中分散到了广大网民手中，多元化的传播者、开放的传播渠道、复合式的传播形态都弱化了传媒为公众设置议程的效果。"同时他们也认识到"这种弱化会使网民在漫无边际的网上信息面前不知所措"仍然需要网络大众媒体为网上讨论设置议程②。

基于上述观点综述表明：议程设置理论在网络环境中虽受挑战，但依旧适用。

二 新闻网站议程设置新特点

网络传播环境议程设置理论仍发挥作用已经被普遍认可，因此，需进一步探讨网络环境中议程设置理论发生的具体变化。主要研究发展有：

（一）议程融合理论

基于网络传播时代的到来，麦库姆斯和肖于1999年提出了议程融合（agenda melding）理论，该理论认为，媒体设置的议程具有一种聚集社会群体的功能。在现代社会中，个人需要通过加入某个社会群体来降低认知不协调，获得安全感和确定性。为了融入自己想要加入的群体，个人必须接触与该群体相关的媒体，使自己的议程与这一群体的议程相一致。③ 该理论表明了人们在面对媒介设置的议程并不是被动接受的，而是会根据自己所属社群来进行积极的选择。这也将人际传播、群体传播等其他形态列入了议程设置理论主体中。

---

① 参见彭兰《网络传播概论》，中国人民大学出版社2009年版，第344页。
② 屠忠俊、吴廷俊：《网络传播概论》，华中科技大学出版社2007年版，第13页。
③ 彭兰：《网络传播概论》，中国人民大学出版社2009年版，第340—342页。

(二) 网络传播环境下的"舆论引导"变迁

根据学者郭镇之研究,"在中国'正确的舆论导向'不仅是媒介报道的方针之一,也是政府对媒介的首选要求。用宣传去影响人的思想和行为,这在中国是不言而喻的事实,议程设置研究在中国没有多大用武之地"[①]。这主要是因为传统议程设置的主体大众传媒,在强大的话语权控制下,即使有不一样的声音,也会产生"沉默的螺旋"效应,议程发展趋向统一,从而成功引导公众舆论。但是网络传播环境下,网络信息的海量传播,受众拥有无限的自由,传播者很难控制网络受众对信息的选择。同时网络的交互性也使受众能够及时、自由地进行交流,在交流中,不同观点得到融合,很难按照媒体原本设定的议程进行舆论的引导。[②] 在网络传播中,不应该进行直接的舆论引导,而可考虑通过特定议程的设置加以影响和诱导。

(三) 网络媒体应针对目标受众设定有用议程

有研究提出新兴的网络新闻正在不易察觉地但却必然改变新闻媒介设置公众议程的方式,该文通过比较《纽约时报》网络版读者与纸质版读者对国际议题显要性的感知,得出用户面对丰富的议题内容,可创建属于自己的信息环境,实现新闻获取个性化。但这样的媒介环境可能使公众对于一些热点议题反应冷淡,但也有可能对一些议题出现极大兴趣,即媒介议程设置引导逐渐失效。因此,网络媒体必须组织其内容,确定目标受众,设置有用的议程。[③]

(四) 报道公共议题时传播影响力更大

韩国学者 Yonghoi Song 以 2002 年两名美军官兵碾死韩国少女后被判无罪激起了韩国民众示威游行的新闻案例,比较韩国传统主流新闻媒体与网络新闻媒体对此事件的议题设置过程,研究发现,设置有关意识形态等公共议题时,网络新闻比保守的主流媒体能够更有价值、更有时效地对议题加以报道,网络媒体可通过论坛、图片、虚拟投票等形式有

---

① 郭镇之:《关于大众传播的议程设置功能》,《国际新闻界》1997 年第 3 期。
② 李敏:《网络环境中议程设置的新特点》,《青年记者》2008 年第 23 期。
③ Scott L. Althaus, David Tewksbury, "Agenda Setting and the 'New' News: Patterns of Issue Importance Among Readers of the Paper and Online Versions of the New York Times", *Communication Research*, No. 29, 2002.

效设置议程。这进一步证明,网络媒体在国际传播中涉及国家、民族利益议题时能够利用其自身优势发挥重要的作用。

由此,本书发现以新闻为主要产品的新闻网站在议程设置时至少具有以下特点:

1. 多元化的议程设置更有利于传播的广度。新闻网站全天候的实时报道在网络传播环境中能实现快速传播和繁殖,能大大增加对各类议题的曝光次数,进而极大地提高对某些事件的报道频率与强度。[①]

2. 新闻网站议程设置功能的弱化。由于传播形态的多样化,网络用户可根据自身的兴趣和爱好自主选择媒体、议程,同时作为生产者、传播者,用户在新闻传播中的地位得到不断上升。这必然弱化新闻网站的议程设置效果。相比其他网络新媒体,新闻网站的特色在于其大众传播模式,其在议程设置方面的垄断地位必然受到挑战。

3. 特定议程设置制约新闻内容的多样性。中国新闻网站的政治属性要求其担负宣传和舆论引导的政治任务,其报道方针、立场和政治话语表述是既定且高度一致的。因此,中国新闻网站的议程设置会针对特定目标进行特定的议程设置,这在一定程度上会制约其内容生产的多样性,而抑制国际影响力。

4. 新闻网站议程设置面对相对明确的目标用户。基于议程融合与个性化传播的研究发现,网友如果对某一群体或议题感兴趣,则需要接触相应的网络媒体。由此假设,阅读新闻网站的用户是对政治、经济等国家议题具有较浓厚兴趣的人和组织,新闻网站应针对性地设置有用议程。

5. 新闻网站议程设置应更趋全球化,国际影响力应更高。网络新闻全时、海量、灵活等诸多优势能更便利地进行涉及国家、民族利益的话语生产。此外,与传统媒体相比,新闻网站天生就具备了国际传播的可能性,这使得某些本属于某个国家的"议程"得以在全球传播,从而成为公众议程。[②] 当然,这同样也促使处于世界舆论场强势地位的西

[①] 姚岚:《中国网络媒体议程设置特点探究——以人民网、新华网国庆 60 周年网络专题为例》,硕士学位论文,广西大学,2010 年。

[②] 甘露:《浅析网络议程设置的特色》,《国际新闻界》2003 年第 4 期。

方国家新闻网站所设置的议程成为世界议程。

第二节 对外报道议题分析

议程设置理论表明可依据出现频率来判断其相应内容的显要性，本书通过话语分析，对新华网英文头条新闻报道进行议题及内容判断，研究涉及的对象具体为报道篇数、议题，从而从整体上确定新华网议程设置的特点。

一 对外报道篇数

网站跟踪发现，新华网英文站点总报道篇数为497篇。网络新闻的更新速度远远超过传统媒体，新华网英文版头条版块可放置4条新闻，本书在研究中主要统计1小时内出现的新闻，包括在这个时间段更新的新闻。具体统计信息见图6-1。

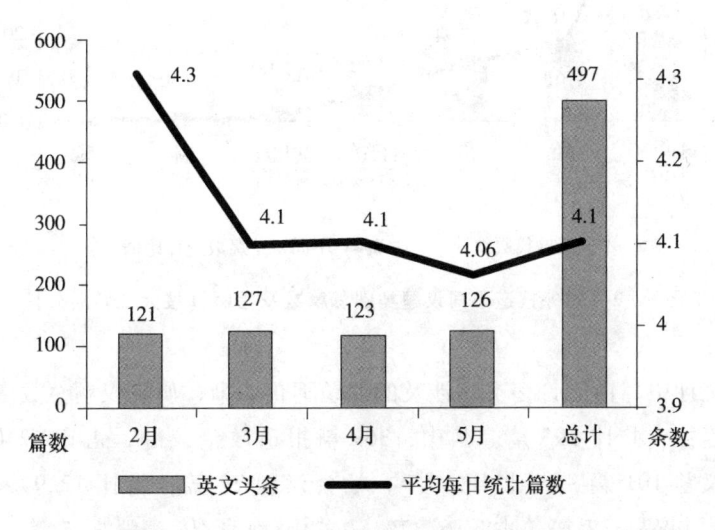

图6-1 对外报道各月份及每日平均篇数统计

如图6-1所示，新华网英文头条报道各月份的报道篇数分别为2月121篇，3月127篇，4月123篇，5月126篇。根据记录，平均每日所统计的篇数均超过可放置4篇新闻的头条版块，这表明新华网英文版新闻处于实时更新状态中，生产较为活跃。

二 对外报道新闻议题

497篇头条报道中，按报道内容主要划分为七大方面的议题：①政治议题（如政局更换、国际关系等）；②经济议题（如人民币汇率、房地产）；③社会议题（如犯罪事件、劳工权利）；④自然/环境议题（如地震、干旱）；⑤文化/教育/体育议题（如世博、校园安全）；⑥科技议题（如物理网、生物基因技术等）；⑦其他（是指不属于上述的议题）。具体议题篇数统计见图6-2。

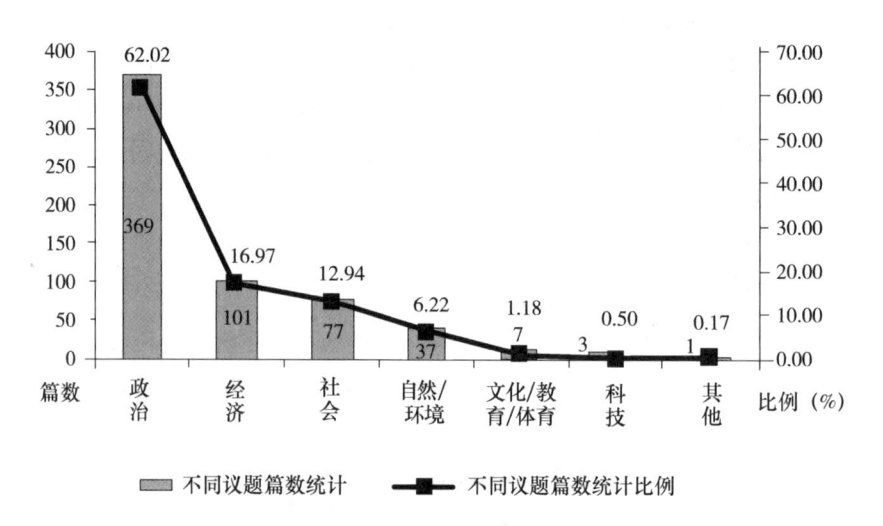

图6-2 对外报道不同议题类别总篇数及比例（按大议题划分）

统计中，由于许多文章涉及的议题不止一个，所以议题总数多于报道的篇数，共计595篇。其中，369篇报道政治议题，占比62.02%；经济议题101篇，占比16.97%；社会议题77篇，占比12.94%；自然/环境议题37篇，占比6.22%；文化/教育/体育议题7篇，占比1.18%。可见，新华网英文版头条以政治议题为最重要的内容，经济、社会议题涉及略多，其他议题内容则较少。

按照大议题下的具体内容细分，选择对篇数达12篇以上的新闻议题进行统计，主要是因为议程研究理论认为可通过出现频率来判断议题的显要性,篇数达 12 篇以上的新闻议题表明在 4 个月的头条报道中,平均每月最少有 2 篇报道。因此可推定,篇数达 12 篇以上的议题是新华网对外报道的重点,新闻价值显著。数据分析发现 14 类重要新闻事件:

(1) 国外政局(主要是外国的政局动荡以及外国间的国际交往,且中国未表态,与中国无关议题,如泰国红衫军事件、乌克兰大选等)。

(2) 国际经济(主要指外国经济形势、全球经济,如希腊财政危机等)。

(3) 韩国"天安"号沉船事件(主要指该事件的报道及朝韩两国的关系的报道)。

(4) 外国暴力/犯罪(如发生在外国的爆炸袭击、谋杀案,主要与政治利益有关,如迪拜谋杀案等)。

(5) 中美关系(主要以政治关系为主)。

(6) 伊朗核问题(伊朗核动态以及除中国以外各国对此事的态度)。

(7) 中国地震(主要指青海玉树地震和汶川地震)。

(8) 中国经济形势(主要指宏观经济形势,如经济增长率、进出口总额、对外贸易、经济政策等)。

(9) 国外自然灾害(主要指各国发生的自然灾害,如海地地震等)。

(10) 中国外交(主要指有中国参与的会议、有中国表态的国际事件以及中国的外交政策)。

(11) 美国外交(主要指美国政府的表态和动态,如美国参与的国际事件)。

(12) 国外企业(主要指针对性报道某个具体企业的内容,如丰田召回等)。

(13) 墨西哥湾漏油(主要指美国墨西哥湾漏油事件的动态)。

(14) 国外意外事故(如波兰总统客机失事、火车相撞等)。

具体议题篇数统计见图 6-3。

议题	篇数
国外意外事故	13
墨西哥湾漏油	15
国外企业	13
美国外交	17
中国外交	17
国外自然灾害	20
中国经济形势	22
中国地震	23
伊朗核问题	23
中美关系	24
外国暴力/犯罪	27
韩国"天安"号沉船事件	28
国际经济	32
国外政局	140

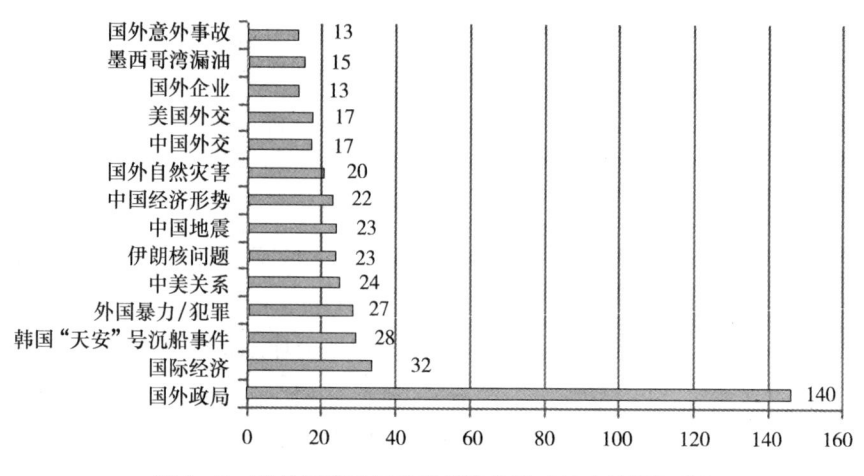

图 6-3 对外报道不同议题篇数统计（按小议题细分）

14 类新闻事件中，与中国相关的新闻议题共有 3 个，其余 11 个议题为国外议题，表明新华网英文版报道重点为国外议题，体现其国际传播定位。本书按照发表篇数顺序，统计与中国相关议题的报道情况，分别是：

（1）高层动态/慰问（主要指中国领导人出访或是慰问基层群众等）。

（2）中美经贸（主要指中美经济贸易合作）。

（3）西藏问题（主要指达赖议题）。

（4）谷歌事件（主要是与谷歌退出中国事件相关的一系列内容）。

（5）人民币汇率事件（主要指美国指责人民币汇率议题）。

（6）中国台湾问题（主要指美国对台军售议题以及两岸发展议题）。

（7）在华外企（主要指外在华企业的相关新闻报道）。

（8）中国互联网环境（主要指中国的互联网言论环境）。

（9）人权问题（主要指美国人权讨论等问题的报道）。

具体议题篇数统计见图 6-4。

总的来看，在细分议题下，报道数量排名前五名的是国外政局（140 篇）、国际经济（32 篇）、韩国"天安"号沉船事件（28 篇）、外国暴力/犯罪（27 篇）、中美关系（24 篇）。可见英文头条对国外

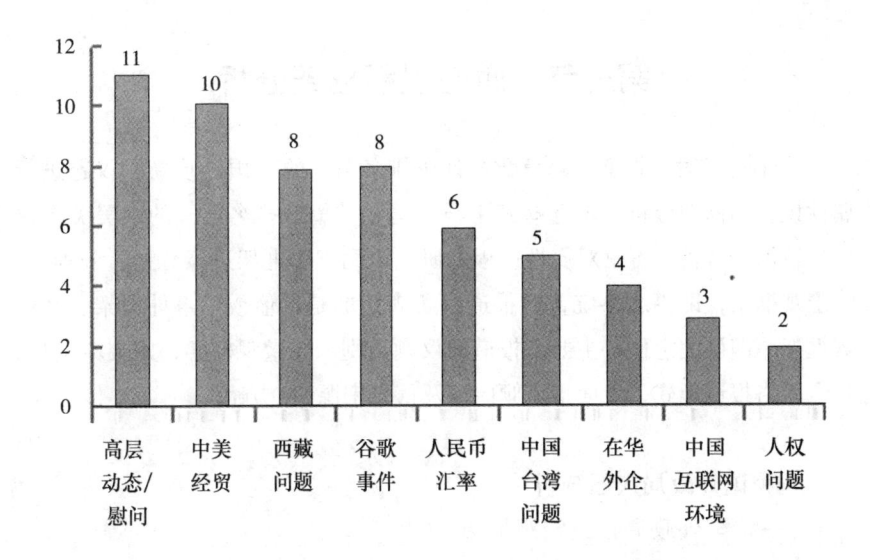

图 6-4　对外报道与中国相关的议题篇数统计（按小议题细分）

政局动态十分关注。随后报道数量为 6—9 名的新闻议题为伊朗核问题（23 篇）、中国地震（23 篇）、中国经济形势（22 篇）、国外自然灾害（20 篇）。这表明英文站点头条主要报道与中国不相关议题。关于一些与中国密切相关的热点议题，英文站点头条仅作了少量集中报道，主要涵盖了高层动态/慰问（11 篇）、中美经贸（10 篇）、西藏问题（8 篇）、谷歌事件（8 篇）、人民币汇率（6 篇）、中国台湾问题（5 篇）、在华外企（4 篇）、中国互联网环境（3 篇）以及人权问题（2 篇）。

三　国际传播议题与中国的相关度

相关度的判断标准是，如该议题中国未参与且未表态，则称为无关事件。按此统计，英文头条中共有 415 篇议题与中国无关，占比 83.5%；仅有 82 篇报道与中国相关，议题涵盖中国国内事件、中国国际交往等。由此可见，新华网英文版头条中的绝对重点是与中国无关的国际事件，这充分体现了新华网在对外传播中的倾向性。

第三节 属性议程框架分析

本书选择对外报道议题篇数统计中排名第一的"国外政局"议题进行属性议程的框架分析,再选择其中与中国相关篇数排名第一的中美关系议题进行深入解析。本书对属性议程的研究采用三个框架进行分析,分别为:①宏观框架,即概念系统,指报道中所表达的是价值或是事件框架。②中观框架,即议题定位,主要指报道的议题类别。③微观框架,即文本结构,包含网络报道形式、负面报道倾向以及信息来源三个方面。

一 国外政局议题分析

（一）国外政局报道宏观框架

在140篇国外政局动态议题的网络报道中,共有3篇采用了价值框架,涉及的概念有"和平""公正""伤痛",其余139篇采用事件框架。3篇价值框架报道的概念陈述及其主要观点见表6-1。

表6-1　　　新华网英文版国外政局议题宏观框架　　　单位:篇

价值概念	篇数	主要观点举例
和平	1	铲除塔利班武装分子以确保持久的和平①
公正	1	英国大选最终达成民主公正②
伤痛	1	阿富汗军事行动给平民带来无尽的伤痛③

由表6-1可见,有关国外政局议题报道主要以事件框架为主,在价值框架报道上,主要采用普世性价值作为新闻内容生产的倾向性立场。

---

① "Marja offensive a test for NATO's ability in uprooting Taliban", 2010.2.14 (http://news.xinhuanet.com/english2010/world/2010-02/14/c_13174859.htm).
② "Day of turmoil leaves UK no nearer new government", 2010.5.11 (http://news.xinhuanet.com/english2010/indepth/2010-05/11/c_13288409.htm).
③ "Civilian casualties cast shadow on offensive on Afghan Taliban", 2010.2.15 (http://news.xinhuanet.com/english2010/indepth/2010-02/15/c_13176011.htm).

(二) 国外政局报道中观框架

网站跟踪数据表明,新华网英文频道国外政局议题中报道篇数排名10篇以上的议题细分为:

(1) 泰国局势(泰国红衫军抗议及政局动荡),31篇。
(2) 阿富汗局势(塔利班军事进攻等),15篇。
(3) 吉尔吉斯斯坦局势(吉尔吉斯斯坦局势动乱),14篇。
(4) 伊拉克局势(如伊拉克大选等),14篇。
(5) 巴基斯坦局势(巴基斯坦遇袭、巴以冲突等),13篇。
(6) 英国选举,11篇。

其中,报道最多的议题为泰国局势,占比22.1%;阿富汗局势占比10.7%;吉尔吉斯斯坦和伊拉克局势均为14篇。可见,新华网英文版对动荡的国外政局更感兴趣。

(三) 国外政局报道微观框架

微观"文本结构"框架包括三方面的统计:新闻报道形式、有(无)明显言语倾向的报道篇数以及新闻来源采用。具体篇数统计见表6-2。

表6-2　　　　新华网英文版国外政局议题微观框架　　　　单位:篇

新闻来源	篇数	报道形式	篇数	体裁	篇数	负面倾向	篇数
外国政府	130	文字	136	专题/系列报道	2	有	9
外国非政府组织	3	非文字	4	评论	2	无	131
外国反政府组织	5			消息	136		
外国学术机构	4						
个人	10						

由表6-2可见,140篇作品中,新华网英文版报道以文字新闻为绝对主体,体裁中出现了专题/系列报道。关于"负面倾向"的判断主要通过话语分析网络新闻作品的标题或正文中的行文,以此分析网络新闻的"言语倾向",比如,评论中出现针对性强的批评国外政局动态或行为的、具有明显感情倾向的用词或语句,如 preposterous[①](荒谬)、

[①] Karzai's election fraud charge "preposterous": U.S. Spokesman. 2010.4.03 (http://news.xinhuanet.com/english2010/world/2010-04/03/c_13235598.htm)。

Civilian casualties cast shadow on offensive on Afghan Taliban①（平民伤亡为塔利班军事打击蒙上阴影）等，发现共有9篇11处出现了负面倾向。新闻来源主要以外国政府为主，个人信源主要是用在发生动乱作为目击者或选举时作为选民感受采用。这表明，新华网在报道国外政局议题上多为客观叙事报道，依赖外国政府提供的素材。

二 中美关系议题分析

（一）中美关系报道宏观框架

24篇中美关系网络报道中，共有14篇采用了价值框架，价值概念包括"利益""主权"，其余10篇采用事件框架。主要采用的宏观框架为"利益"，共有9篇，主要强调健康、稳定的中美关系符合两国的利益，美国应该尊重中方的核心利益和重大关切。其次为"主权"宏观框架，共有5篇，主要是指责奥巴马与达赖会谈侵害了中国主权，希望美国看清西藏问题；另外还指出，谷歌企图侵害中国主权等，见表6-3。

表6-3　　　　　　新华网英文版中美关系议题宏观框架　　　　单位：篇

价值概念	篇数	主要观点举例
利益	9	健康、稳定的中美关系符合两国的利益②
主权	5	奥巴马与达赖会谈侵害中国主权③

可见，新华网英文版对中美关系议题的报道58%采用了价值框架，这表明新华网试图用新闻报道向西方世界传递强有力的价值倾向。这些价值聚焦于利益和主权，一方面不断强调中国的政治主权诉求，另一方面更多地强调中美之间的利益双赢，而且利益的价值叙事高于主权的价值叙事，新华网对外传递出中国政府的外交战略。

---

① Civilian casualties cast shadow on offensive on Afghan Taliban. 2010.2.15（http://news.xinhuanet.com/english2010/indepth/2010-02/15/c_13176011.htm）.

② 33 President Hu says healthy, stable Sino-U.S. trade ties serve both's interests. 2010.04.02（http://news.xinhuanet.com/english2010/china/2010-04/02/c_13234955.htm）.

③ China opposes Obama-Dalai meeting. 2010.02.03（http://news.xinhuanet.com/english2010/china/2010-02/03/c_13161633.htm）.

（二）中美关系报道中观框架

按报道内容可将中美关系议题分为八类：经贸关系、中美关系发展呼吁、西藏问题、人民币汇率、对台军售、谷歌事件、中美军事关系、人权问题。需要指出的是，统计一篇报道时会出现多个议题的情况，因此议题数量（26篇）与报道篇数（24篇）出现差异。具体见表6-4。

表6-4　　　　新华网英文版中美关系议题中观框架

涉及内容	经贸关系	中美关系发展呼吁	西藏问题	人民币汇率	对台军售	谷歌事件	中美军事关系	人权问题
篇数（篇）	6	5	4	4	3	2	1	1
占比（%）	23	19	15	15	12	8	4	4

可见，经贸关系是中美关系报道中的重点，中国政府也不断呼吁积极发展中美关系。新华网英文版报道对中美两国间共同关切的冲突点亦有所涉及，比如，西藏问题、谷歌事件、人权问题等。

（三）中美关系报道微观框架

文本分析包括三方面的统计：各报道形式的篇数、有（无）言语明显倾向的报道篇数、新闻来源。统计情况如表6-5所示。

表6-5　　　　新华网英文版中美关系议题微观框架　　　　单位：篇

新闻来源	篇数	报道形式	篇数	体裁	篇数	负面倾向	篇数
中国政府	23	文字	22	消息	22	有	21
美国政府	5	非文字	2	评论	2	无	3
中国学术机构	2						
外国学术机构	1						

由表6-5可知，报道形式仍以文字新闻为主。在24篇报道中有21篇出现了针对评论或批评美国政府的、对中美关系具有明显感情倾向的用词或语句。如 solemn representations（严正交涉）、This position is consistent and clear（立场一贯且清晰）、Toying with yuan（玩弄人民币）、a colonialist perspective（殖民主义角度）等。从新闻来源看，23

篇报道使用中国政府的信源，主要包括新闻发言人、政府官员等。可以说，相关中美关系的报道有强烈的倾向和立场。

第四节 国际传播的议程设置

一 新华网对外报道实现了全时、大量的议题更新

网站跟踪发现，新华网英文版头条报道130天共计报道595个议题，生产497篇报道，更新时间不固定。这都表明，新华网对外报道的实力较强，能顺畅地实现英文报道的实时更新，及时、大量地进行国际传播。

二 国外政治议题是新华网对外报道的主要内容，海外关注的中国议题少有涉及

作为中国对外传播的主要网络平台，新华网在对外报道中设置了大量的与中国毫无相关的议题，并以政治议题为主。主要以国外政局动态、国际经济、意外事故及国外自然灾害等作为报道重点。在497篇的头条新闻中仅有16.5%的议题与中国相关。就具体议题来看，篇数排名前三的议题为国外政局动态、国际经济形势、韩国"天安"号沉船事件。在篇数排名前十的议题统计中，共有415篇报道国外议题，82篇报道与中国相关议题。而对于与中国相关的如Google退出中国、西藏问题、美国对台军售、美国指责人民币汇率等一度成为外国媒体报道的焦点议题，可新华网在头条中对于上述每个热点仅进行了不多于8篇的新闻报道。

三 属性议程框架"内外"有别

本书结合个案进行了话语分析，发现新华网在报道国际议题时主要以客观叙事为主，其属性议程框架重在叙事。在报道与本国相关的议题时，主要以观点宣传为主，其话语框架主要为观点教化。具体来说，在报道国外政局议题时，新华网采用了大量的事件框架进行叙事报道，在少有的3篇价值框架报道中，主要以普世性价值概念为主，如"公正、和平"，多报道事件动态，较少进行评论和分析。但与此不同的是中美

关系议题报道，24篇报道中共有14篇采用了价值框架，设置与政治相关联的"利益"和"主权"等概念属性；同时21篇报道呈现了明显的倾向性报道，主要表述为：美国应尊重中方的核心利益，应为中美关系的改善和发展创造条件，中美才能继续共享利益，并在西藏问题、对台军售议题问题上强烈谴责美国，认为其严重侵害了中国的主权。

四 新闻来源以政府为主

本书研究发现，新华网英文版头条报道以政府为最主要的新闻来源。在国外政局议题报道中，共130篇新闻采用了外国政府作为信息来源。在中美关系议题研究中，主要信源为中国政府，共有23篇报道引用了中国政府的发言，且很多报道直接以"政府发言人或是政府官员"的发言作为整篇内容。而在对美国政府的消息引用中，其中一篇是以美国财政部长盖茨"认为中美无论何时都应在一起"[①]为信源的议题报道，这表明即使在引用另一国政府的信源时，新华网仍采用价值概念先导的观点选择性使用。新华网英文站点的新闻生产未出现深度调查性报道，价值概念以政治属性为基础，很多时候直接且仅仅将政府官员所说的话作为报道内容，特别是在报道与中国相关议题时，更是如此。

第五节 结论

本书认为，新华网英文版对外报道中形成的议程设置特点大致为：大量、客观地报道国际议题，少量、主观地报道中国议题，且在报道信源构成上以国家政府为主。

一 议程设置方式仍未突破传统媒体框架

新华网作为中央重点新闻网站，其政治属性成为议程设置的基本出发点，网络媒体的多样性等优势并未得到充分展现，从而导致其议程设置方式仍未突破传统媒体框架。如在报道中美关系议题时，24篇报道

---

① U. S. China should "stand together regardless of situation": Geithner, 2010.05.22 (http://news.xinhuanet.com/english2010/indepth/2010-05/22/c_13309669.htm).

中共有 14 篇采用了价值框架，且设置与政治相关联的"利益"和"主权"的概念属性，21 篇报道呈现了负面倾向性报道，占总篇数的 87.5%，平均每篇报道都采用了中国政府的信源，有些报道甚至整篇都是新闻发言人的发言内容。报道中充斥着"严重抗议、严正交涉"等程式化用语。这类新闻内容信息量少，观点先行，体现了新华网在对外报道中试图通过对信息流动的控制，向国外用户进行观点输出，这与传统媒体的内容生产模式完全一致。

缺乏创新的议程设置方式会导致英语世界用户的阅读疲劳和抵制性接触。因为，网络传播中信息流动实际上难以控制，用户拥有更多的自主选择机会，亦可成为集生产者、传播者和消费者于一身的独立主体。不论是对内还是对外报道，新华网如果仍旧沿用传统媒体的话语框架，势必会抑制其国际影响力。

二 国际报道同质化、国内议题模式化会削弱国际影响力

由于网络的跨国界性质，使得某些本属于某个国家的"议程"得以在全球传播。这加剧了国际传播中话语权的争夺，谁能掌握成为世界"议程"的设置权，谁才能引导国际舆论，增加国际影响力。[①] 新华网作为中国进行国际传播的主力军，大量报道国外新闻是国际性媒体的一种表现，能够让世界认识新华网，从而逐步提高国际影响力。然而，在国际传播环境中，西方媒体长期占据舆论霸主地位，特别是掌握了英语世界中的大量国际化议程，已赢得大量用户规模。因此，新华网如要在国际化议程设置中形成影响力，就必须避免同质化，而有所创新或发表高质量的原创深度报道。但本书研究发现，新华网英文版中的国际报道同质化现象比较明显，很多时候单纯对事件加以叙述，引用外国政府官员的发言和报告等信源，与大部分国际媒体的报道内容相似，这显然很难提升新华网的国际影响力。

国际报道同质化的同时，新华网英文版对中国议题的报道又表现出模式化。大部分报道以观点的宣讲为主要模式，多采用文字形式，少有

---

① 郑晓岩：《国际传播语境下〈China Daily〉在中国国家形象塑造中的媒介议程设置研究》，硕士学位论文，东北师范大学，2008 年。

生动、活泼、互动性强的创新方式。通常而言，公众对外国的认知需要不断通过信息接触消除"不确定性"。从话语分析来看，新华网英文版中涉及国家、民族利益议题时应更加积极有效地加以设置，面对英文世界高度关注的中国议题不应回避或弱化，需主动呼应英文用户的新闻需求，进而设置有效而精准的议程。否则，我们的沉默和不确定性信息会直接导致西方世界话语权进一步强化，这会导致中国新闻网站的国际影响力被边缘化。

三　新华网英文报道的议程设置应凸显网络传播的优势

本书认为，新华网对外报道议程设置体系应该加以调整，充分凸显网络传播的优势，从而提高国际传播影响力。

新华网国际传播不应弱化中国议题，反而应该大量增加中国议题的深度报道和形式创新。新华网对中国议题多加强客观性报道，新华网不仅拥有强大的中国报道资源优势，而且往往拥有信息的垄断优势，完全可以打破西方媒体对于中国相关议题的"一家之言"、片面之言。对此，新华网可以增加对中国议题的客观报道满足用户需求，赢得更广泛的关注和信任，话语建构中应减少观点灌输，客观呈现中国社会的多样化观点，从理性批判中建立价值概念框架，从而让用户更易接受，产生互动的黏性。

此外，新华网应努力避免国际报道的同质化，增加更多的原创性报道，挖掘有特色的新闻议题，提高对世界"议程"的设置能力。

第七章

央视网：中美比较视野下的国际传播

区别于人民网、新华网，央视网作为以视频生产和传播为主的新闻网站具有鲜明的内容生产特色。1996年12月10日，中央电视台在中央广电媒体中率先对外发布消息，1999年1月正式开通，并具备了长时间大宽带直播视频节目的技术能力。2000年9月，央视网被列为国家重点新闻网站和外宣重点网站，后在同年12月的改版中，开通英文频道，正式用英语进行国际传播。国际传播是指以民族、国家为主体而进行的跨文化信息交流与沟通[①]。在特定事件背景下，对外传播是某国主导性媒介框架（即新闻框架）在他国受众中的扩散（传播）过程。某国受众对他国媒介框架的接纳或认同，是对外传播力的现实表征。

海外网站转载某媒体的报道，意味着同意（接纳）此种媒介框架。分析某网站新闻被海外网站转载的数量，可以得知其国外影响力及被海外网站的认同程度。普通网友对某篇新闻报道发布评论，则有接纳、反对某种媒介框架或中立的三种情况。通过对网友评论的数量和内容进行分析，可以得知网友对媒介框架的接受情况。因此，在互联网推动的全球传播时代，可以通过分析网站的转载数和网友评论来得知媒体的国际影响力。

为研究央视网的国际影响力，本书对其新闻报道的海外网站转载和网友评论来进行定性和定量的分析。量的判断：被多少（何种）海外网站关注、引用、转载、讨论。质的判断：引发了何种讨论，阅读海外网友的讨论、跟帖，总结观点的种类、内容、讨论的焦点等。网站跟踪

---

① 陈岳、雷伯勇：《国际传播在国际政治中的作用》，《国际新闻界》1997年第4期。

时段为：2010年2月1日至6月10日（共计130天），央视网的中文版及英文版首页新闻报道。具体的跟踪版块为：

（1）中文、英文版面首页右侧文字头条新闻。

（2）中文、英文版面首页左侧图片头条新闻（以下简称头图）。

（3）自4月26日央视网英文版改版后，首页头条新闻下方增设的Opinion版块。

（4）英文版面网友留言版块 Have your say。

根据对网站每天新闻更新频率及时间的观察，统一规定于每晚9：30对网站首页进行跟踪。记录内容主要包括：①报道标题；②报道形式；③报道时间（均以北京时间为准）；④报道涉及主旨/内容/议题；⑤报道中涉及的信息来源；⑥报道被海外网站转载数；⑦报道被网友评论的数量等。

在网站跟踪数据基础上，本书不仅进行框架理论下的话语分析，亦将在后面的章节同时引入案例研究方法。

第一节　中英文网站比较分析

一　网络报道篇数

在2010年2月1日至6月10日间，央视网中英文首页头条及Opinion版块共有新闻1695篇。其中，中文头条共707篇，英文头条851篇，Opinion共137篇。

中文首页头条（包括文字头条及头图），各月份的报道篇数分别为：2月（135篇），3月（155篇），4月（150篇），5月（197篇），6月（只含6.1—6.10日的报道，70篇）。英文首页头条（包括文字头条及头图），各月份报道篇数分别为：2月（163篇），3月（187篇），4月（178篇），5月（241篇），6月（只含6.1—6.10日的报道，81篇）。Opinion版块在4月26日央视网英文版改版后才出现，始计入统计范围，各月份篇数分别为：4月（14篇），5月（93篇），6月（只含6.1—6.10日的报道，30篇）。总体来看，英文版报道篇数多于中文版。具体统计信息见表7-1。

表7-1　　央视网中英文版头条各月份网络报道篇数统计　　单位：篇

统计项目		2月	3月	4月	5月	6月	合计
中文篇数	中文头条	135	155	150	197	70	707
英文篇数	英文头条	163	187	178	241	81	851
	Opinion	0	0	14	93	30	137
	英文合计	163	187	192	334	111	987

二　网络报道形式

网络报道形式包括：专题、视频文字图片新闻（同时含视频、文字及图片）、视频文字新闻（视频配文字）、文字新闻（仅包含文字）、文字图片新闻（带图片的文字新闻）、视频新闻（仅含视频）、图片新闻（仅含图片）、视频图片新闻（仅视频配图，无文字）、Survey（网络在线调查）等多种形式。对央视网中文版首页头条新闻（仅文字头条，不含头图）的报道形式进行统计，具体见表7-2。

表7-2　　央视网中文版头条各月份网络报道形式统计　　单位：篇

中文报道形式	2月	3月	4月	5月	6月	合计	占比（%）
专题	21	35	19	20	6	101	29
视频文字图片	34	38	30	30	10	142	40
视频文字	16	19	16	21	4	76	21
文字图片	0	3	2	5	1	11	3
视频	5	0	8	0	0	13	4
文字	1	3	1	4	3	12	3

对央视网英文版首页头条新闻（包括文字头条、头图和Opinion[1]）的报道形式进行统计，具体见表7-3。

---

[1]　报道形式统计样本中，由于样本量过大，且本报告重点在于研究央视网英文版对外传播，所以，中文头条新闻只统计了文字头条，英文头条新闻含头图和Opinion。但这并不影响中英文首页新闻报道形式整体分布，仅对图片新闻（仅图片）一项有影响。因中文头条报道形式统计时不含头图，故其报道形式中不含图片新闻（仅图片）一项。

第七章　央视网：中美比较视野下的国际传播

表 7-3　　央视网英文版头条各月份网络报道形式统计　　　　单位：篇

英文报道形式	2月	3月	4月	5月	6月	合计	占比（%）
专题	10	20	12	10	3	55	5
视频文字图片	95	99	94	115	26	429	41
视频文字	18	25	43	105	52	243	23
文字图片	32	40	16	40	13	141	14
视频	8	0	1	8	1	18	2
文字	7	6	20	41	12	86	9
图片	3	16	14	18	5	56	5
视频图片	0	0	3	5	2	10	1
Survey	0	2	0	0	0	2	0.2

由表7-2和表7-3可知，央视网对内对外头条报道形式中，均以视频文字图片新闻为主，即新闻中既有视频，又有文字和图片，充分发挥互联网多媒体特性。此外，视频文字新闻在央视网中英文首页头条报道中，也占有很大比例，中文版占21%，英文版占23%。将新闻内文中配有视频的报道（即视频文字图片新闻、视频文字新闻、视频图片新闻、视频新闻）一并统计，可知，央视网中文版头条配视频的新闻占65%，央视网英文版头条配视频的新闻占67%。这充分体现了央视网立足于中央电视台，拥有丰富视频资源的特色。

然而，头条新闻的专题报道上，中文版29%的头条新闻有专题，英文版仅5%的头条配有专题。专题是体现网站对某一新闻事件的整合和再创作能力，反映网站对重大新闻事件报道的成熟度。可知，央视网对于重大事件的报道上，中文版头条具有更加成熟的技巧和优势，制作专题的比例远远大于英文版。

三　网络新闻议题

（一）中英文头条大议题分类

本书按报道内容划分为九大方面的议题，分别为：政治/军事议题（如领导人动态、中国台湾问题、国外政局）；经济议题（如人民币汇率、欧洲财政危机）；社会议题（如飞机失事、爆炸袭击）；自然灾害议题（如地震、洪涝干旱）；节日庆典议题（如世博、春节）；文化/教育/体育议题（如奥斯卡、中国教改、国足）；自然/环境议题（如全球变暖、石油泄漏）；科技议题（如航空航天）；广告议题（如企业春节拜年广告）。由于许多文章涉及的议题不止一个，所以议题总数多于报道的篇数。央视网中文版头条新闻①具体议题篇数统计见表7-4。

表7-4　央视网中文版各月份不同议题网络报道篇数统计
（按大议题划分）　　　　　　　　　　　　单位：篇

议题类型 月份	政治/军事	经济	社会	自然灾害	节日庆典	文化/教育/体育	自然/环境	科技	广告
2月	58	5	3	4	23	3	0	1	3
3月	60	12	9	12	1	2	2	0	0
4月	27	9	17	19	3	0	0	0	8
5月	35	11	11	10	7	3	1	3	0
6月	8	5	1	2	1	6	0	3	0
合计	188	42	41	47	35	14	3	7	11
占比（%）	48	11	11	12	9	4	0	2	3

央视网英文版头条新闻具体议题篇数统计见表7-5。

表7-5　央视网英文版各月份不同议题网络报道篇数统计
（按大议题划分）　　　　　　　　　　　　单位：篇

议题类型 月份	政治/军事	经济	社会	自然灾害	节日庆典	文化/教育/体育	自然/环境	科技	媒体	广告
2月	107	16	16	14	13	17	1	1	0	8
3月	129	21	32	24	21	11	7	5	0	0
4月	84	23	46	42	26	3	15	5	0	0
5月	165	41	63	33	44	22	18	10	2	0
6月	58	16	3	6	4	12	14	10	0	0
合计	543	117	160	119	108	65	55	31	2	8
占比（%）	45	10	13	10	9	5	4	3	0	1

---

①　与报道形式一样，因样本量过大，且本报告重点在于英文版对外报道，故中文版各月议题统计仅包含文字头条，不包含头图。英文版各月议题既统计了文字头条，也包含了头图，以及Opinion评论版块。下同。

第七章 央视网：中美比较视野下的国际传播

由上文统计可知，央视网中英文版头条议题按照大类划分，均以政治/军事议题为主，分别占48%和45%。其次为自然灾害、社会议题、经济议题以及节日庆典议题。而文化/教育/体育、自然/环境、科技议题无论是中文还是英文版头条均占较少比例。英文版面中，将媒体议题划分为一大类，是指央视网（包括中央电视台）在国外的发展，如CCTV News落地斯里兰卡①。央视网中英文首页都曾在头图中置放广告。英文连续七天在头图中放企业拜年广告。中文版头图出现广告频率更高，为央视电视节目做宣传的"广告"暂不计算，只统计为其他企业做宣传的广告，就有11条之多。有的是用央视网平台发布企业软新闻，有的是直接在中英文央视网头图点击进入企业官网。

（二）中英文头条细分议题

按照大议题下的具体内容来细分，分别得出央视网中文版和英文版头条篇数排名前十的新闻议题。中文版前十议题②分别为：①领导人动态（中国领导人发言表态、国内外访问、主持会议等）；②两会；③中国极端灾害天气（暴风雪、洪涝、云南干旱等）；④中外关系（中国同其他国家、地区外交关系等，如中美关系、中日关系、中韩关系等）；⑤春节；⑥中国政策（如工信部推行网络域名实名制等）；⑦中国地震（玉树地震等）；⑧中国房地产、房价（如房价上涨、央企退出房产等）；⑨中国法制（如审议行政强制法草案等）；⑩中国经济（如CPI上涨等）；⑪国内矿难（如河南伊川矿难、山西王家岭矿难）。由于某些议题的彼此交错，所以一篇新闻中可能涉及几个议题，详见表7-6。

表7-6 央视网中文版头条各月份不同议题网络报道篇数统计
（按小议题细分） 单位：篇

议题类型	2月	3月	4月	5月	6月	总计
领导人动态	8	6	12	11	0	37
两会	4	27	0	0	0	31

---

① CCTV NEWS launches in Sri Lanka（http://english.cntv.cn/program/newshour/20100508/101962.shtml）.

② 中国经济和国内矿难这两个议题的篇数相等，并列第十。

续表

议题类型	2月	3月	4月	5月	6月	总计
中国极端灾害天气	2	10	3	8	2	25
中外关系	8	5	4	6	0	23
春节	22	0	0	0	0	22
中国政策	4	1	2	8	4	19
中国地震	1	0	16	1	0	18
中国房地产、房价	2	4	2	6	2	16
中国法制	3	4	1	4	0	12
中国经济	3	1	3	3	1	11
国内矿难	0	2	9	0	0	11

英文版排名前十议题分别为：①中外关系（中国同其他国家、地区外交关系等，如中美关系、中日关系、中韩关系）；②领导人动态（中国领导人发言表态、国内外访问、主持会议等）；③世博；④中国地震（玉树地震等）；⑤外国天灾（如智利地震、德国洪水、冰岛火山灰等）；⑥国外大选、政党更迭（如英国大选、日本社民党退出执政联盟等）；⑦中国极端灾害天气（暴风雪、洪涝、云南干旱等）；⑧两会；⑨春节；⑩泰国红衫军。由于某些议题的彼此交错，所以一篇新闻中可能涉及几个议题，具体参见表7－7。

表7－7　央视网英文版头条各月份不同议题网络报道篇数统计
（按小议题细分）

单位：篇

议题类型	2月	3月	4月	5月	6月	总计
中外关系	21	26	11	55	15	128
领导人动态	16	16	25	23	9	89
世博	9	23	33	1	0	66
中国地震	2	1	35	8	0	46
外国天灾	9	13	10	9	1	42
国外大选、政党更迭	8	3	3	16	11	41
中国极端灾害天气	2	10	5	16	5	38
两会	3	33	0	0	0	36
春节	33	0	0	0	0	33
泰国红衫军	0	8	7	17	0	32

此外，篇数达到10篇以上的报道议题还包括：①墨西哥湾原油泄漏；②节庆、纪念日；③恐怖主义；④国外文化艺术体育；⑤欧洲财政危机；⑥中国文化艺术体育；⑦国际会议；⑧中国经济；⑨西藏问题；⑩朝韩"天安"舰；⑪伊朗核问题；⑫各国军备国防；⑬中国台湾问题；⑭冬奥会；⑮外国航空航天；⑯环球逸事；⑰中国房地产、房价；⑱中国政策；⑲中国矿难；⑳环保。具体统计信息见表7-8。

表7-8 央视网英文版头条篇数达10篇以上的议题（按小议题细分） 单位：篇

报道议题	2月	3月	4月	5月	6月	总计
墨西哥湾原油泄漏	0	0	2	17	8	27
节庆、纪念日	1	9	3	10	3	26
恐怖主义	2	3	8	11	1	25
国外文化艺术体育	11	1	2	5	5	24
欧洲财政危机	2	4	3	15	0	24
中国文化艺术体育	2	7	1	10	1	21
国际会议	3	1	16	0	0	20
中国经济	7	3	4	4	1	19
西藏问题	12	5	0	0	0	17
朝韩"天安"舰	0	3	1	7	5	16
伊朗核问题	8	2	1	3	2	16
各国军备国防	1	1	2	12	0	16
中国台湾问题	7	3	2	1	2	15
冬奥会	12	2	0	0	0	14
外国航空航天	0	1	3	6	4	14
环球逸事	4	4	1	3	1	13
中国房地产、房价	0	2	2	7	1	12
中国政策	1	0	4	4	2	11
国内矿难	0	3	7	0	0	10
环保	1	5	3	0	1	10

（三）中英文头条报道一致议题

网站跟踪发现，有些议题中文版头条加以报道，英文版头条忽略；有些议题中文版头条忽略，而英文版头条重点报道。可见，央视网中英文版头条议题选择是存在差异的。同时，也有些议题在当日中英文版都作为头条报道，即出现了"一致议题"。

通常，中英文一致议题应是央视网对内对外传播共同的重点，是其新闻价值（宣传价值）重要性的表征。本书对一致议题进行了统计，如表7-9所示。

表7-9　　　　　　央视网中英文报道一致议题统计表　　　　　　单位：天

	一致议题	出现天数
2月	1. 春节	13
	2. 领导人春节足迹	5
	3. 达赖	4
	4. 冬奥会	3
	5. 两会	3
3月	1. 两会	14
	2. 西南干旱	5
	3. 山西矿难	2
	4. 人民币汇率	2
4月	1. 玉树地震	11
	2. 山西矿难	6
	3. 博鳌亚洲论坛2010年年会	4
	4. 世博	4
	5. 核安全峰会	3
	6. 波兰总统专机坠机遇难	3
	7. 吉尔吉斯斯坦骚乱	2
	8. 萨马兰奇病逝	2

续表

	一致议题	出现天数
5月	1. 中国极端灾害天气	9
	2. 世博	7
	3. 韩国"天安"舰	5
	4. 领导人动态	5
	5. 俄卫国战争胜利65周年纪念庆典	4
	6. 泰国红衫军	3
	7. 墨西哥湾原油泄漏	2
	8. 纽约时代广场爆炸	2
	9. 南澳一号考古发现	2
	10. 印度飞机失事	2
6月	1. 墨西哥湾原油泄漏	3
	2. 中国高考	3
	3. 中国极端灾害天气	2
	4. 日本政权更迭	2

表7-9中的一致议题，多数情况下为当日头条议题一致。也有少数情况为隔天一致。如3月28日山西王家岭矿难，中文头条在矿难当天予以报道，英文一天后才做报道。中文先后两天报道的标题角度都是矿难被困人数、灾难程度。"山西王家岭煤矿透水 123人被困"[①]"山西王家岭煤矿透水 153人被困"[②]。英文标题为"China's top leaders order all-out effort to save 153 trapped miners"[③] 的报道重点是时任国家主席胡锦涛和时任国务院总理温家宝要求地方政府不遗余力地挽救153名被困矿工。时间上，英文版推迟一天，政府回应后才予以报道。报道侧重点也不同，英文报道更侧重政府表态和政府救援，而矿难原因及灾难程度相对弱化。

---

① http://news.cntv.cn/china/20100328/103045.shtml.
② http://news.cctv.com/china/20100329/100893.shtml.
③ http://english.cctv.com/program/worldwidewatch/20100329/101219.shtml.

即使中英文同日报道同一议题，对该议题的报道角度通常也存在差异。如3月31日，央视网中英文首页头条都有西南干旱议题。中文头条是"国家防总：若旱情持续将转移群众"①，英文头条是"Guizhou: Water available to all households（贵州：家家户户有水用）"②。中文版承认了西南干旱严重现状，提出国家应对方案，若旱情持续，水库蓄水用完，将"不得已"转移群众。英文版则是选择了干旱地区中若干城市能够保证用水的角度。该报道称"确保贵州偏远山区的用水是个巨大的挑战，然而，中央电视台记者发现，贵州用水分发十分充足、及时。消防员把水从30千米远的地方根据需求送到不同地点，保证了居民用水"。相较而言，中文版对灾情严重的报道更为坦承，英文版则是选择旱灾缓解的角度进行内容生产。

（四）议题比较

1. 议题排名比较

英文议题中，可以将同类相似细分议题稍加合并，所得排名更利于研究。如国外犯罪/暴力/骚乱/恐怖主义，均反映国外社会秩序不稳定，可以归为同类。中国极端灾害天气和中国地震，一个是气候灾害，一个是地质灾害，都可以归为中国自然灾害议题。国外大选、执政党变动、红衫军示威要求推翻现任政府，无论是正常换届，还是反政府组织施压要求换届，都属于国外政治局势，即国外政局。国际核安全（伊朗、朝鲜）、区域安全（朝韩"天安"舰、北约阿富汗军事行动），均可以归类于国际安全议题。墨西哥湾原油泄漏与环保议题，同归类于环境污染/环境保护议题。合并后的英文议题篇数排名看得更加清晰。本书将中文排名前十议题、英文排名前十议题以及中英文一致议题前十的对比统计，列表如表7-10所示。

---

① http://news.cntv.cn/china/20100331/101562_4.shtml.
② http://english.cctv.com/program/newshour/20100331/103008.shtml.

第七章 央视网：中美比较视野下的国际传播

表7-10　　　　　　　　央视网中英文议题前十对比统计　　　　　　　单位：篇、天

中文议题前十	篇数	英文议题前十	篇数	一致议题前十	天数
中国自然灾害	43	中外关系	128	两会	17
领导人动态	37	国外犯罪/暴力/骚乱/恐怖主义	99	中国极端灾害天气	16
两会	31	中国自然灾害	84	春节	13
中外关系	23	领导人动态	81	世博	12
春节	22	国际安全	77	玉树地震	11
中国政策	19	国外政局（大选、政变等）	73	领导人动态	10
中国房地产、房价	16	世博	66	山西矿难	8
中国法制	12	环境污染/环境保护	49	韩国"天安"舰	6
中国经济	11	外国天灾	42	墨西哥湾原油泄漏	5
中国矿难	11	国外游行抗议、罢工	41	西藏问题	5

综上，从议题来看，央视网中文版头条排名前十的议题与英文版排名前十的议题存在明显差异。中文议题中，中国的政策、房地产/房价、法制、经济、矿难均有较大比重，而这些议题在英文头条议题中，所占比例相对要小很多。英文议题中，国外犯罪/暴力/骚乱/恐怖主义、国外政局、国际安全、国外游行抗议/罢工等占有很大比重，而这些在中文议题中却很少报道。相较而言，央视网中文版更倾向于国内新闻报道，英文版偏向于国际新闻（多为负面）报道。当然，中英文版也有一致议题，如中外关系、中国自然灾害、领导人动态，这些在中文议题和英文议题篇数排名中，都位居前列。中国自然灾害（含极端天气和玉树地震议题）中英文议题一致天数合并计27天，领导人动态中英文议题一致天数达10天。中外关系的中英文一致天数也有5天（如西藏问题）。由此可知，央视网在对内报道和对外报道中，均认为中国自然灾害、领导人动态、中外关系是最为重要的几个议题。中外关系在英文议题中排名第一，中英文一致议题中出现次数并不高，也再次验证了央视网中文版面中，中外关系议题处于相对次要地位。

值得注意的是，两会议题在中英文一致议题中出现次数最高，在中文议题中也位于第三名，但却并未出现在英文版排名前十的议题中。两

会召开期间（3月3—14日）及会议前后几天，几乎每天中英文版面的头条都会对该议题予以关注，故两会议题共有17天同时在中英文版面出现。然而，中文版多次出现头条和头图的全部或者大半新闻都是两会议题。英文版却只会在每天的6—7篇头条新闻中，报道1—2篇两会议题的新闻。春节议题也是如此。说明在央视网看来，两会、春节议题分别作为中国的政治盛会和传统民俗盛会，偏向于国内新闻，更加适合对内宣传，对外传播价值不大。

2. 议题倾向比较

根据议题所涉及的内容与中国的相关程度可分四类：中国国内事务新闻（纯粹的国内事务，与外国关系不大，如中国经济、中国法制、中国教育等）；与国外相关的国内新闻（虽然是新闻，本质上仍是国内事务，但因各种主客观因素，常常与其他国家一并出现，如中国台湾问题、西藏问题、人民币汇率、中外邦交等）；与中国相关的国际事务新闻（新闻事件本身具有国际性，但与中国也有密切联系，如冬奥会、全球变暖、国际会议、国际核安全等）；国外事务新闻（其他国家发生的，与中国关系无直接联系的新闻，如国外犯罪/暴力/动荡/恐怖主义，国外抗议/罢工，美国原油泄漏等）。对这四类新闻的议题数的统计表明，央视网英文版所有议题中，国外事务议题的新闻比例最高，占34%，其次为中国国内事务议题，占30%，两者比例相差不大。数据同时表明，央视网对外传播中66%的议题均与中国相关，仅只讨论国外事务的议题为34%。

本书认为，新闻的倾向不仅仅表现在内文字词句的主观性，感情色彩强烈，有褒贬义等。媒体对议题的选择，同样可以展现倾向性。通过议题选择来表现媒体倾向，甚至比通过内文字词句的选择更能反映媒体态度。如大量报道泰国红衫军与军警冲突伤亡、外国犯罪暴力、美国原油泄漏等事件，即使内文行文对事件描写十分客观，新闻对于海外受众，尤其是中国受众而言，仍是事件发生国的负面新闻。基于话语分析，议题本身的倾向可以分为正面、中立、负面三大类，统计与中国相关度不同的四类议题的不同倾向，如表7-11所示。

表7-11　　　　　　　　央视网英文版议题倾向　　　　　　　　单位：篇

所有议题	正面倾向	中立倾向	负面倾向	合计
中国国内事务［单项占比（％）］	206（61）	35（10）	99（29）	340
与国外相关的中国事务［单项占比（％）］	94（35）	174（65）	0（0）	268
与中国相关的国际事务［单项占比（％）］	5（4）	131（96）	0（0）	136
国外事务［单项占比（％）］	38（10）	51（13）	292（77）	381
合计	343	391	391	1125
占比（％）	30	35	35	

央视网英文版在进行议题倾向的选择时，中立议题多出现在与中国有关的国际事务和与国外有关的中国事务这两类。在进行国外事务的议题选择时，77%为负面议题。在进行国内事务的议题选择时，61%为正面议题。从倾向性看，与中国相关的议题中，仅中国国内事务有29%的负面倾向，而与国外相关的中国事务、与中国相关的国际事务的负面倾向均为0。可见，就议题而言，央视网英文版对外传播时，国内新闻和国外新闻比例相当，国际新闻比例略高于国内新闻。但多数新闻议题与中国有紧密联系。议题选择倾向性明显，负面议题多出现在国外新闻中，正面议题多报道的是中国国内事务的新闻，对构建媒介现实时的倾向性十分明显。

四　网络新闻信源

本书将网络新闻信息源主要划分为13种，分别为：①中国媒体；②外国媒体；③中国政府；④外国政府；⑤国际组织（如联合国、世界银行、国际货币基金组织）；⑥中国非政府组织（事业单位、NGO等）；⑦外国非政府组织；⑧中国专家/学术机构（主要指中国的学术研究机构，如大学及研究所等，下同）；⑨外国学术机构；⑩中国企业；⑪外国企业；⑫个人；⑬其他（主要指文中未具体指明的信源）。需要指出的是，只要被采访对象主要是以某个媒体/政府/组织/机构/企业的代言人身份出现，那么这个信息源就归类到相应的媒体/政府/组织/机构/企业信源中，而非归类到个人类信源。

具体统计信息见表7-12和表7-13。

表7-12　　　　　　　央视网中文版新闻信源统计表　　　　　　　单位：篇

中文版新闻信源	2月	3月	4月	5月	6月	总计（占比）
来自中国的非个人信息源							273（81%）
中国媒体	8	10	5	6	3	32
中国政府	40	53	45	48	13	199
中国非政府组织	5	4	3	6	2	20
中国专家/学术机构	4	4	1	2	1	12
中国企业	7	3	0	0	0	10
来自国外的非个人信息源							45（13%）
外国媒体	1	4	3	3	2	13
外国政府	3	5	5	5	4	22
外国非政府组织	1	0	1	0	0	2
外国学术机构	0	1	1	0	0	2
外国企业	0	2	0	0	0	2
国际组织	0	0	2	0	2	4
个人及其他信息源							21（6%）
中国个人	11	4	1	2	0	18
外国个人	0	0	0	1	0	1
其他	2	0	0	0	0	2

表7-13　　　　　　　央视网英文版新闻信源统计表　　　　　　　单位：篇

英文版新闻信源	2月	3月	4月	5月	6月	总计（占比）
来自中国的非个人信息源							225（45%）
中国媒体	3	3	7	3	2	18
中国政府	42	50	44	29	14	179
中国非政府组织	1	1	0	3	0	5
中国专家/学术机构	5	5	2	4	2	18
中国企业	1	2	0	0	2	5

续表

英文版新闻信源	2月	3月	4月	5月	6月	总计（占比）
来自国外的非个人信息源						242（49%）
外国媒体	6	6	6	7	0	25
外国政府	32	38	40	36	9	155
外国非政府组织	3	4	7	3	0	17
外国专家/学术机构	4	0	2	1	1	8
外国企业	3	3	0	3	2	11
国际组织	11	4	5	4	2	26
个人及其他信息源						29（6%）
中国个人	1	2	5	2	0	10
外国个人	2	4	2	5	2	15
其他	1	2	0	0	1	4

由表7-12和表7-13可见，央视网中文版头条新闻信源中，中国政府占大多数比例，其次为中国媒体，这两项共占比68%。央视网英文版头条新闻信源中，依旧是中国政府占比（36%）最高，略高于外国政府所占的31%。来自中国政府和外国政府的官方信源的比例共计67%。而无论是央视网的中文版还是英文版，个人信息源都占比很小，不受重视。从信源的国别来看，央视网中文版的中国信源比例远远高于外国信源。央视网英文版的中国信源和外国信源数量基本持平，外国信源比例略高于中国信源。这也与议题中所反映出的中文版更注重国内新闻，英文版偏向于国际新闻相一致。

五 央视网英文版原创/转载分析

央视网属于国家重点新闻网站，拥有独立采编权。本书对央视网英文版首页的原创/转载来源进行了统计，以期展现央视网对外传播中的独立采编能力如何。网站跟踪数据表明，央视网英文首页新闻中，除了CCTV/CNTV原创来源外，还经常转载新华社等来源稿件。对央视网英文版各月份每篇报道原创与否、转载来源进行统计得到表7-14。

表7-14　　央视网英文首页新闻原创/转载来源统计　　　　单位：篇

原创/转载	新闻信源	2月	3月	4月	5月	6月	合计	总计
原创	CCTV/CNTV	126	139	146	244	92	747	747
转载	Xinhua	28	45	38	64	14	189	240
	CRI	1	0	0	3	0	4	
	Tibet.cn	1	0	0	0	0	1	
	China Daily	2	2	4	5	0	13	
	中国海峡网	1	0	0	0	0	1	
	Global Times	0	0	0	10	2	12	
	未知①	4	1	4	8	3	20	
合计		163	187	192	334	111	987	987
原创率（%）		77	74	76	73	83	76	76

由表7-14可见，央视网英文版首页新闻的原创率平均在76%左右，稳定在一个高位。其中，2—6月，出现在央视网中英文版头条的所有新闻视频全部来自央视原创，但从报道形态的话语分析可知，央视网对外报道的图片、文字新闻资源上仍高度依赖新华社（新华网）。这表明，央视网对外传播的高原创率的根源是其依托的母体中央电视台，中央台因其得天独厚的视频资源为央视网供给了差异性的视频优势，这也是人民网、新华网不可比拟的网络资源。同时，本书也发现，央视网自身的原创能力明显不足，比如，在涉及文字、图片等新闻资源时，其对新华网的依赖是很明显的。因此，央视网在对外报道中，一方面依赖母体中央电视台，另一方面依赖新华社（新华网）资源，其原创率高背后的问题不容忽视。

六　网络新闻国际影响力

国际影响力主要采用如下指标进行判断：央视网英文版头条新闻的被转载篇数（多少新闻被海外网站转载）、被转载网站数（新闻被多少

---

① 未知来源，即文中未标注文章来源。但5月24日这两条未知来源，是因当日首页头条有两条死链接，点击查看内文时出现错误，无法得知来源。

海外网站转载）以及被评论数（网友对该新闻报道的评论数量），详见表7-15。

表7-15　央视网英文版头条新闻国际影响力数据统计

统计项目	2月	3月	4月	5月①	6月	合计
CNTV英文版篇数	163	187	192	293	60	895
被转载（篇）	68	71	98	99	45	381
被转载率（%）	42	38	51	34	75	43
被转载网站数（个）②	129	119	193	139	58	638
平均被转载网站数（个）	0.79	0.64	1.01	0.47	1	0.71
被评论数（篇）	0	0	0	0	0	0

央视网统计转载量的篇数共895篇，仅381篇新闻被海外网站转载，被转载率不过半（43%）。被转载海外网站转载638次，平均每篇新闻被海外网站转载不到一次（0.71）。没有任何一篇报道后有网友跟帖，被评论数为0。说明央视网英文版对外传播效果不佳，被转载引用和网友评论量都很小。

本书再次细分分析指标，详细统计了转载网站的情况，详见表7-16。

表7-16　转载央视网英文版头条新闻的海外网站　　　　　　　单位：篇

转载网站名称	2月	3月	4月	5月	6月	合计	备注③
Rightways' blog	0	0	35	76	41	152	美国，个人博客
YouTube	5	5	30	13	2	55	美国，世界最大视频分享网站
Startsiden	8	12	11	12	4	47	挪威，新闻网站
Topix	13	14	8	2	0	37	美国，个人定制新闻网站

---

① 改版后，央视网英文版首页头条从以前每天6条左右升至每天11—12条（头图数量增多，增设Opinion），导致统计量过大。因此，从5月26日起，只记录英文头条新闻前6条的转载情况（3条文字头条，3条头图），与改版前统计量保持一致。因此，此表格中的央视网英文版头条篇数，是指统计时计算了转载情况的新闻篇数。

② 实际上是被海外网站转载次数，某网站多次转载央视网新闻，被重复计算为多个。

③ 用域名检测工具，查询网站归属地。

续表

转载网站名称	2月	3月	4月	5月	6月	合计	备注
Google	0	3	20	0	0	23	美国，Google 新闻
Twitter	3	3	12	2	0	20	美国，社交网络及微博服务的网站
Schema-root	1	9	9	0	1	20	美国，新闻网站
209.160.73.153	18	0	0	0	0	18	美国，新闻聚合类网站
Jingdaily	1	6	7	0	0	14	美国，精日传媒，收集和编撰来自全世界的关于中国奢侈品、商业、艺术和文化市场的最新资讯
AOL	0	8	6	0	0	14	美国在线
Positiveuniverse	4	5	3	0	0	12	美国，新闻网站
Friendfeed	7	2	4	1	0	14	美国，用于聚合个人 Feed 的 Web 2.0 服务
Facebook	4	0	0	0	0	4	美国，著名社交网络服务网站
Dailymail	2	0	0	1	0	3	英国，每日邮报
总计	66	67	145	107	48	433	

由表 7-16 可知，转载央视网英文版头条新闻的海外网站中，美国网站的总数排名第一，仅有一家挪威新闻网站且转载数量排名第三。除转载网站统计外，本书还详细分析了评论数量的问题。

表 7-15 已显示被评论数为 0 的现象，但为何会如此呢？本书跟踪分析表明，央视网英文版在 2010 年 4 月 26 日改版之前，内文新闻页面并未设置网友评论版块，网友无法发布新闻跟帖。但在 4 月 26 日后，央视网英文版在新闻正文后设置了 Comments 版块，开放网友评论，可改版后的 Comments 版块跟帖数仍为 0，这表明，央视网英文版网友的互动积极性极低。

当然，本书网站跟踪中也发现有特殊案例，其一，央视网英文版对热门话题设置的 Have your say（听你说）页面就吸引了一些评论；其二，央视网英文版开设的在线投票功能 Quick Vote（快投票）也吸引了一定的参与度。

第七章　央视网：中美比较视野下的国际传播

Have your say 页面中"2010 年春节"及"奥巴马对华政策"两个话题显示有一定的网友关注度。2010 年春节互动页面①：共有 130 条网友留言评论，写下自己的感慨或新年愿望。奥巴马对华政策页面②：针对 2 月份美对台军售及奥巴马接见达赖问题，Have your say 专门开设了一期"Obama's China Policy"话题，共有 56 条网友讨论跟帖。大多数跟帖指责奥巴马对台军售和接见达赖，认为奥巴马此举对双方都不利。网友称，美国想通过此举牵制中国，让中国在伊朗和朝鲜问题的政策上更加灵活，在人民币汇率等经济问题上妥协。"奥巴马的最大压力不是来自中国，而是来自美国人民"，等等。

Quick Vote 版块③内嵌于专题页面，或在专门的 Vote 投票列表页供网友投票，分析网友态度。观察期间，共有 22 个投票话题，其中两会热点、2010 年春晚、美国核战略等话题的网友参与度比较高。两会热点投票页面④：共有 151 人参与，455 票，是本书观察期内获得投票数最多的页面，网友最关注反腐、房价、贫富差距等问题。美国核战略投票页面⑤：共有 189 人投票，多数网友并不相信美国"无核世界"新核战略可以让世界更加安全。2010 年春晚投票页面⑥：共有 145 人参与，投票数 150，多数网友表示对 2010 年央视春晚表示满意。

但有趣的是，形成互动的 Have your say（听你说）、Quick Vote（快投票）版块在首页导航均没有列出，用户如果不熟悉央视网英文版的布局和架构，很难找到互动和投票页面。

本章第一节"基本数据分析"表明，央视网对内对外报道呈现出不同的议题重要性排序和倾向性选择，其内容生产大量依托中央电视台和新华网信息源，英文版新闻的海外被转载情况不是很理想，但主要转载地是美国。从互动效果来看，虽然在设置的少数几个栏目中存在一定量的互动，但其首页头条重要性新闻议题却没有得到任何互动。

---

① http://www.cctv.com/english/special/say/03/11/index.shtml.
② http://www.cctv.com/english/special/say/03/14/index.shtml.
③ http://english.cntv.cn/say/poll/index.shtml.
④ http://news.cctv.com/vote/see13099.shtml.
⑤ http://app1.vote.cctv.com/viewResult.jsp?voteId=214.
⑥ http://news.cctv.com/vote/see13047.shtml.

· 131 ·

本书产生研究疑问，央视网作为中国外宣重点网站，为何没有展现出足够的国际影响力呢？于是，本书选取了中美关系中的争议性议题，也是观察期内最受海外媒体关注的新闻议题——Google 退出中国事件进行深入的案例分析，从央视网与美国 CNN 网站新闻报道的中美比较视野中进一步探寻。

第二节 央视网与 CNN：Google 退出中国事件报道

一 Google 退出中国事件

Google 是全球最大的互联网搜索引擎公司，2007 年至 2010 年，曾连续四年蝉联 BrandZ 全球品牌价值榜首。[1] 据 Alexa 网站统计，Google 主域名（google.com）是全球访问量最高的站点。Google 自 2000 年起开始提供中文版搜索服务，2006 年接受中国政府要求的自我审查后，正式进入中国。启用中国大陆版 Google 专用域名"google.cn"，随后宣布其中文名为"谷歌"。谷歌向中国用户推出的是过滤版搜索引擎，搜索敏感字符并不会被重置连接，但会在网页下方显示"据当地法律法规和政策，部分搜索结果未予显示"等字样，即表示过滤了搜索结果。谷歌的这种做法引起批评者的质疑，他们认为谷歌拒绝美国司法部让其提供用户资料的要求却接受中国政府的内容审查，是虚伪的自由，违反了该公司标榜的"不作恶"（Don't be evil[2]）原则。谷歌声称，中国版搜索器所过滤的都是政府管制的最低标准。删除搜索结果违背谷歌的服务宗旨，但是不向中国用户提供信息更加违背 Google 的服务宗旨。[3] 谷歌进入中国后，成为市场份额仅次于百度的中国第二大搜索引擎。

---

[1] 参见 BrandZ 网站对全球品牌价值前一百企业所做排行（2007—2010）（http://www.wpp.com/wpp/marketing/brandz/brandz-reports.htm）。

[2] Google Corporate Information, "Our Philosophy, No. 6: You can make money without doing evil", 2012 - 05 - 14 (http://www.google.com/intl/en/corporate/tenthings.html).

[3] Danny Sullivan, "Google Created Evil Rank Scale To Decide On Chinese Censorship", January 30, 2006, Search Engine Watch (http://blog.searchenginewatch.com/blog/060130 - 154414).

然而，2010年1月12日，谷歌首席法律顾问大卫·多姆德（David Drummond）在官方博客上写道，谷歌将考虑完全退出中国市场（以下简称谷歌事件）。这一表态引起了中外媒体的广泛报道。面对谷歌和美国政府的指责，中国政府认为，中国的互联网是开放的，谷歌将商业问题政治化，成为美国的政治工具。该事件引爆了关于互联网信息管制和中国互联网投资环境的大讨论，中外媒体各执一词，报道侧重点完全不同。

二 研究对象与方法

本书选取两个研究对象：央视网英文版和美国CNN网站。CNN网站是美国有线电视新闻网的互联网站点，也是依托于电视的美国最知名新闻网站。本书取样时段为：新闻事件发生为起点，即2010年1月13日（美国当地时间1月12日15时）谷歌在官方博客上表示考虑要退出中国，到3月23日谷歌正式退出中国后媒体热议的一周时间，即取样时段确定为2010年1月12日至2010年3月31日。本书分别以Google China、Google Exit、Google Withdraw、Google Pull Out为关键词，对央视网英文版（english.cctv.com）和CNN网站（cnn.com）进行搜索，整理出研究时段内这两个网站与谷歌事件相关的全部新闻报道。

如前文所述，本书针对案例采用框架理论上的话语分析方法，结合案例特殊性，提出了宏观、中观、微观三个层次的框架结构。宏观框架，即媒体对此事件的定性和价值判断。中观框架，即议题框架。微观框架，即文本结构、语言符号、对字词句的选择等。在谷歌退出中国事件中，从互联网信息流通自由角度解读，则是"言论自由"概念框架；从互联网监管属于国家主权，不容他国干涉的角度解读，则是"主权"概念框架。在谷歌事件中，有黑客袭击、网络审查、跨国公司入华发展、谷歌市场份额、网络侵权等多种议题角度。在谷歌事件中，微观上，可以从消息源、倾向、字词句选择等角度进行文本分析。

三 文献综述

文献研究发现，Google退出中国事件的研究角度主要集中在经济、政治、法律、语言学等多种角度。

从经济学角度进行研究的，多是对谷歌做出退出中国市场这一决策的原因及影响进行分析。有学者认为，谷歌退出是其商业份额萎缩、本土化缓慢以及网络审查和黑客袭击等主客观因素综合作用的结果；也有学者认为，退出看似是谷歌在商业上的"愚蠢"决定，事实上是其战略选择的结果，是一种声誉管理的行为。谷歌为同微软公司和苹果公司竞争，以"网络攻击"为由头，打响了一场公关战。用以向消费者证明谷歌坚守商业原则，甚至超越了商业利益本身。[1] 从政治角度进行分析的，这些文献多着眼于网络主权。认为谷歌事件是美国将商业问题政治化的工具，是美国外交的演练和美国网络霸权的体现。[2] 谷歌事件是跨国公司与国家主权之间的博弈。谷歌退出、谷歌数字图书馆侵权、谷歌"涉黄"等系列事件，侵犯了中国的经济主权、政治主权、文化主权、信息主权。[3] 从葛兰西的"文化霸权理论"分析，即谷歌在华商业领域尝试未果后，只得向中国的文化体制领域问津，挑战文化霸权。[4] 从法律角度进行研究的，根据不同的法律分类有各自不同的侧重点：从民商法角度研究的，认为谷歌侵犯了中国作家的著作权和普通民众的信息权[5]；从网络立法角度研究的，对中国互联网政策分析并建言，认为中国互联网政策的制定缺乏互动，应加强版权保护，发挥 NGO 的第三方作用[6]；从国际法角度研究的，认为中国互联网管理措施并不违反《服务贸易总协定》相关规定，在 WTO 法上具有正当性。[7] 从语言学进行研究的，多是以批评性话语分析为理论依据，对谷歌事件的相关新闻报道进行文本解读。批

---

[1] 屈红林：《谷歌退出："声誉管理"的险棋》，《销售与市场》（评论版）2010 年第 5 期。
[2] 姜飞、张丹、冷淞：《谷歌事件：美国"巧实力"外交的一次演练》，《红旗文稿》2010 年第 7 期。
[3] 曹妤：《全球化背景下跨国公司与国家主权的博弈》，硕士学位论文，上海师范大学，2011 年。
[4] 吴跃赛：《从葛兰西的"文化霸权理论"看谷歌退出中国的思维逻辑》，《新闻世界》2011 年第 1 期。
[5] 廖培宇：《从民商法视角看谷歌退出中国大陆事件》，《决策与信息》2010 年第 2 期。
[6] 曹旭、蔡尚伟：《对中国互联网政策的几点思考与建议——以谷歌事件为例》，《重庆工商大学学报》（社会科学版）2010 年第 3 期。
[7] 黄志雄、万燕霞：《论互联网管理措施在 WTO 法上的合法性——以"谷歌事件"为视角》，"WTO 法与中国论坛"暨中国法学会世界贸易组织法研究会 2010 年年会论文，北京，2010 年。

第七章 央视网：中美比较视野下的国际传播

评性话语分析（Critical Discourse Analysis）兴起于20世纪70年代，是一种通过分析语言形式来揭示语篇中隐含权力、控制、偏见等意识形态的研究方法。这些文献多采用费尔克劳的三维模式以及韩礼德的系统功能语法理论，从文本（描述）、话语实践（阐释）和社会背景（解释）三个层面对谷歌事件的新闻报道进行分析。有单篇分析美国媒体某篇报道的[1]，有对美国媒体谷歌事件多篇报道综合解读的[2]，有进行中外媒体谷歌事件报道对比分析的[3]。认为中美两方对谷歌退出中国这一事件的报道存在明显的差异，不同的意识形态和统治机构会导致不同的新闻语篇，而新闻语篇又同时再现和加强这种意识形态和社会结构。[4] 已有文献中有一篇从国家形象角度解读，认为刻板印象和政治利益影响了此次谷歌事件美国民众对中国国家形象的认知[5]。

本书网站跟踪显示，央视网与CNN网站对此事件的报道存在极大差异，那么，这些差异具体表现在哪些方面，又是如何形成的呢？本书发现，谷歌事件媒体聚焦的问题之一是中国互联网管制和投资环境，那么，是否可以从互联网立法环境本身来反思中美新闻网站报道内容差异的表现形式与原因呢？立法差异与新闻网站报道之间是否存在关联性呢？本书尝试从这个新的角度思考央视网对外传播的制度原因。

四 案例研究

（一）报道篇数

网站跟踪时段内，央视网英文版仅有9篇新闻，CNN有42篇新闻。本书对央视网和CNN的相关报道进行统计，统计包括报道日期和报道篇

---

[1] 刘丽萍：《新闻语篇的批评性话语分析——〈纽约时报〉关于谷歌退出中国大陆报道的个案分析》，福建省外国语文学会2010年年会论文，福州，2010年。

[2] Ge Haiyan, "A Critical discourse Analysis of News on 'Google out of China' in New York Times: An Appraisal Approach", *Heibei Normal University*, April 2011.

[3] 周馥郁：《英语新闻语篇的批评性话语分析——以〈中国日报〉和〈纽约时报〉对谷歌事件的报道为例》，《咸宁学院学报》2011年第5期。

[4] Yao Xiaoju, "A Contrastive Analysis of News Reports on Google's Pullout from China in Chinese and American Newspapers", *Nanjing Normal University*, April 2011.

[5] 蔡尚伟、张恒山：《刻板印象和政治利益影响下的国家形象认知——以"谷歌退出中国"事件为例》，《今传媒》2010年第4期。

数,研究发现:中美新闻网站报道趋势与事件发展阶段是基本一致的。其中,1月13日的3篇报道是谷歌表态考虑关闭在华站点。1月20日至22日的几篇报道都是关于希拉里21日在华盛顿哥伦比亚特区新闻博物馆发表的以网络自由为主题的演讲。2月8日,中国警方关闭了其认定的最大的黑客培训网站。谷歌接受采访表示政府审查和限制是对互联网自由的阻碍。3月2日,美国互联网公司呼吁保护互联网自由。3月17日,中国27家原谷歌合作商发表公开信询问谷歌去留。3月23日,谷歌正式退出中国,形成CNN报道的高潮。在此过程中,央视网在事件前期没有发出任何声音,处于"失语"状态,直到2月21日,才发表第一篇报道,内容是中国驳斥《纽约时报》有关中国黑客袭击谷歌的说法。3月12日,工信部长李毅中对谷歌去留表态。3月22—25日,央视网也进入报道高潮,方才与CNN的报道阶段趋于一致。

因此,从报道篇数上看,央视网报道能力和反应速度均与CNN网站差距明显。CNN网站关于谷歌事件的报道形成了连续的链条,以大覆盖面的新闻报道涵盖丰富的信息。而央视网前期并未发声,丧失了舆论引导的先机,后期发表的少量驳斥和评论类报道显得较为被动,直接导致国际影响力不明显。

(二) 报道来源

报道来源,即媒体所刊发的报道是媒体原创,还是转载自其他媒体。央视网和CNN网站报道来源对比如表7-17所示,CNN报道原创率达95%,央视网原创率为67%,双方有一定差距。

表7-17　　　　　央视网和CNN网站新闻来源分析　　　　　单位:篇

报道来源	CNN	CNN	FT	Scitech	原创率
		40	1	1	95%
	CCTV	CCTV	Xinhua		
		6	3		67%

(三) 框架分析

1. 宏观框架:网络自由价值与守法价值

宏观框架,指媒体对此事件的定性和价值判断,即概念框架。CNN

网站的42篇报道中，共有20篇采用了概念框架。所包含的概念主要有网络自由（18篇）、网络安全（5篇）、人权（8篇）、创新（1篇）等价值理念。央视网的9篇报道中，共有6篇采用了概念框架，涵盖了守法（4篇）、非政治化（4篇）、主权（1篇）等价值理念。

话语分析表明，CNN网站采用概念框架的报道中，几乎所有报道都在提倡网络自由价值观。网络自由的表述中，强调反对互联网审查；网络安全的表述中，主要针对黑客袭击，保护互联网领域内的个人隐私安全以及国家安全不受侵犯；人权的表述中，既有网络自由之意，又不仅仅限于网络自由，比如，互联网公司是否应该给政府提供用户的隐私信息；创新的表述中，是美国提倡的信息时代必需的基本理念，前提也要反对互联网审查对人的思想的禁锢与遏制。比较而言，央视网采用的概念框架中，守法的话语表述多强调跨国公司在华发展应遵守中国法律，中国的互联网监管法律符合国际惯例，谷歌应当遵纪守法；非政治化表述是指央视网认为谷歌退出中国仅仅是商业因素，其市场份额萎缩才是退出的主因，反对将商业问题政治化；主权概念表述为互联网监管是国家主权，不容谷歌及美国政府干涉。

2. 中观框架：网络审查议题与商业因素议题

从中观议题框架来看，CNN网站和央视网的议题分布都较为集中。CNN网站的议题主要分布在网络审查（27篇）、黑客袭击（24篇）、商业因素（9篇）、中美关系（5篇）。央视网的议题主要分布在网络监管（3篇）、黑客袭击（2篇）、商业因素（4篇）、谷歌网络侵权（1篇）。

CNN网站的话语表述一直贯穿其系列报道中。网络审查表述为，网络审查和黑客袭击是谷歌1月13日提出考虑退出中国的两大理由，因此，CNN的多篇报道集中于各方对网络审查的态度和评价，以及谷歌指控的中国黑客袭击是否属实。商业因素表述为，谷歌退出后对中国搜索引擎市场有何影响，谷歌在华广告合作伙伴的损失如何赔偿，是否会影响中美经贸投资环境，中国本地互联网企业百度、阿里巴巴、优酷的发展状况，诸如此类商业因素的次生事件，都是CNN的议题涉及范围。中美关系的话语表述为，在谷歌与中国政府的僵持局面中，美国国会举行了谷歌事件听证会，国务卿发表互联网自由的演讲，这些都令人怀疑美国利用言论自由和人权对中国政府施压,而谷歌事件将与同时期引人关注的西藏问题、对台军售事件一样,严重影响中美关系。因此,中美关系也是 CNN 报道的叙述焦点。

比较而言,央视网的 9 篇报道多为对外界质疑的被动回应,因而网络监管和黑客袭击这两大焦点话题是其中两大议题。央视网也有几篇积极主动的报道,话语表述倾向于商业因素,比如,从谷歌在华经营不善的商业因素分析其退出原因,以此回应美国政府和谷歌关于网络自由和网络安全此类"政治化"问题的质疑,将批评者的视线转向商业。谷歌网络侵权,即谷歌数字图书馆侵犯知识产权,以及谷歌提供大量色情搜索结果,这些都是央视网从谷歌事件先前事实的角度选择议题,为网络监管的合理性提供佐证。

3. 微观框架:倾向性下的话语建构

(1) 消息源

将 CNN 网站和央视网研究样本内的消息源进行分类,有当事方(谷歌、中国政府、美国政府)、专家(中国、外国)、媒体(中国、外国)、企业(中国、外国)、个人(中国、外国)和非政府组织(中国、外国)。此外,本书在分类时,将被称为"异见分子"的信源统计区别于普通个人,单独归类。统计情况如表 7-18 所示。

表 7-18　　央视网和 CNN 网站新闻报道新闻来源　　单位:篇

新闻来源	CNN(占比)	CCTV(占比)
谷歌	18(20%)	5(31%)
中国政府	15(17%)	5(31%)
美国政府	15(17%)	0
外国分析家、专家	10(12%)	0
中国分析家、专家	4(4%)	3(19%)
中国媒体	8(9%)	2(13%)
外国媒体	6(7%)	0
外国企业(谷歌除外)	2(2%)	0
中国企业	2(2%)	0
中国个人	2(2%)	0

第七章 央视网：中美比较视野下的国际传播

续表

新闻来源	CNN（占比）	CCTV（占比）
外国个人	3（3%）	0
中国异见分子	1（1%）	0
外国非政府组织	4（4%）	0
中国非政府组织	0	1（6%）
总计	90	16

从消息源类型来看，CNN网站消息源更为广泛，谷歌作为事件主体出现比例最高，为20%；中国政府和美国政府的比例相等，稍低于谷歌，为17%。从CNN网站的新闻话语建构可见，谷歌、中国政府、美国政府是三个重要的消息源。此外，外国分析家、中国媒体占有较高比例。美国非政府组织（如人权和法律组织委员会）、外国企业（如微软公司）、中国企业（如谷歌在华广告合作商）、中国个人、外国个人等消息源也都有一定比例的出现，仅有1篇将一位中国异见分子视为信源，该信源指责中国没有人权[①]和网络自由。央视网的消息源较为狭隘，分布更为集中。谷歌和中国政府的比例相当，这两个消息源所占比例为62%。此外，中国专家、中国非政府组织（如CNNIC）、中国媒体也是重要消息源。

从中外消息源分布比例而言，CNN报道除了当事三方消息源以外，中国消息源共17个，外国消息源共25个。外国消息源比例略高于中国消息源。央视网除了谷歌以外，全部采纳中国消息源，美国政府、美国企业等消息源均被央视网排除在外。

消息源的均匀分布是平衡报道的表征之一，也是新闻客观性对新闻报道的操作性要求。央视网显然没有达到这一要求，谷歌和中国政府是报道最主要的两个来源，这与中国官方希冀避免商业问题政治化的诉求具有相关性。需要注意的是，新闻来源与话语倾向性不一定具有正相关性，比如，中国消息源的话语不一定倾向于中国，如异见分

---

① Tom Evans. Activist: China trying to silence critics, 2010 - 03 - 17 (http://edition.cnn.com/2010/WORLD/asiapcf/03/16/china.activist/).

子，即使是同样的消息源，同样的话语，在不同的情境中表达的含义也会有所区别。因此，央视网应该也可以拓展新闻来源，实现更平衡的信息源使用。

（2）话语使用及其倾向性

新闻报道倾向分为三种：正面、中立、负面。本书对 CNN 网站新闻话语倾向性的判断包括：负面倾向是指不利于中国的言论倾向，比如，指责中国网络审查、黑客袭击等，正面、中立倾向与此标准对应。央视网报道的负面倾向是指不利于谷歌的言论倾向，指责谷歌网络侵权等。本书对数据进行分析后得到表 7-19。

表 7-19　　　　　　央视网和 CNN 网站新闻报道倾向　　　　　　单位：篇

新闻网站	正面	中立	负面
CNN	0	27	15
CCTV	0	7	2

由表 7-19 可见，CNN 和央视网对谷歌事件的立场鲜明，呈对立状态。除了中立报道之外，CNN 的倾向均是指责中国政府，无一篇正面报道。央视网的负面报道均是对谷歌不遵守中国法律，妄图将商业问题政治化，干涉中国互联网监管法律的指责。当然，中立报道的数量都明显大于负面倾向，表明两个新闻网站均保持了一定的克制。

通过统计高频词，本书发现 CNN 最常用的词语是 censor（审查），与其相对应的央视网最常用的词语是 market（市场）。此外，CNN 还多次使用 human rights（人权）、freedom（自由）、access（"接入"，文中常用来表示互联网可连接性）、blocked（封锁）、control（控制）、dissident（持不同政见者）、activist（激进主义分子）等词语，表示 CNN 对所谓的互联网审查的反对意见。央视网多次使用 legal（合法的）、regulate（监管）、rules（规则，文中用于表述中国互联网法规"China's Internet rules"）、political（政治的）、commercial（商业的）等词汇，表现中国的互联网监管是符合国际惯例的，谷歌应遵守法律，反对商业问题政治化。pornography（色情）、terrorism（恐怖主义）、violation（侵犯，文中用于指网络侵权）、copyright（版

第七章 央视网：中美比较视野下的国际传播

权），这些词语的运用，用于表现互联网侵权现象泛滥，色情、恐怖主义、侵犯版权等内容需要政府进行互联网监管和审查，论证互联网审查的合理性。

在对谷歌和中国政府的形象进行描述时，CNN 认为中国"态度强硬"（play hardball①），"在处理与西方的关系时，越来越往内向、狭隘、对抗性方向发展"（All of this is producing a China that is more parochial, more inward-looking and potentially more adversarial in its relationships with the West②）。描述谷歌为"通过勇敢抵抗共产主义政权的方式，将自己塑造成了捍卫言论自由的战士"（By standing up to the communist regime, Google fashioned itself a champion of free speech③）。央视网对谷歌的表述为，"谷歌挑战中国互联网法规和法律制度的野心，将被证明是荒谬的"（One company's ambition to change China's Internet rules and legal system will only prove to be ridiculous④）；谷歌停止在华内容审查是"完全错误的"（totally wrong⑤）；谷歌不遵守中国法律是"不负责任的和不友好的"（irresponsible and unfriendly⑥）。反对谷歌以威胁（threaten）退出中国市场的方式，将自己政治化（politicalize）。

4. 研究发现

上文从基本数据分析到宏观、中观、微观框架分析均可看出，CNN 和央视网构建的是完全不同的媒介框架，展现了极具差异的媒介现实，但也体现出争论落脚点同为：互联网监管法律和政策，见表 7-20。

---

① John Vause. Analysis：China plays hardball. 2010-01-20（http：//edition.cnn.com/2010/WORLD/asiapcf/01/20/china.economy.policy.analysis/）.

② What's really at stake in Google vs. China. 2010-01-21（http：//edition.cnn.com/2010/OPINION/01/21/zakaria.google.china/index.html?iref=allsearch）.

③ Doug Gross：Google vs. China：Free speech, finances or both. 2010-01-13（http：//www.cnn.com/2010/TECH/01/13/google.china.analysis/index.html）.

④ Google, don't politicalize yourself. 2010-03-22（http：//english.cctv.com/20100322/103067.shtml）.

⑤ China opposes Google's politicization. 2010-03-23（http：//english.cctv.com/program/bizchina/20100323/102714.shtml）.

⑥ Google has freedom to quit or stay：Chinese minister. 2010-03-12（http：//english.cctv.com/20100312/104273.shtml）.

表 7-20　　　　　　央视网和 CNN 网站新闻报道比较

比较		CNN	央视网
差异	宏观	网络自由价值概念	守法价值概念
	中观	网络审查议题	商业因素议题
	微观	谷歌对抗中国政府，是"捍卫言论自由的战士"	谷歌挑战中国互联网法规和法律制度的野心，"将被证明是荒谬的"
	媒介现实	谷歌在中国遭受到严厉的互联网监管，被要求进行自我审查，这是对互联网自由的极大损害。此外，谷歌旗下 Gmail 邮箱的几位人权主义者的账户被来自中国的黑客侵入，中国政府被指控为黑客背后支持者，这一系列媒介事实的展现，将中国政府构建成了专制集权、限制自由、压制人权的形象	世界各国都有对互联网监管的系列措施，中国的互联网审查不是特例。谷歌进入中国市场，自当信守当初的承诺，遵守中国的互联网管理条例，对搜索结果进行审查。此外，谷歌在华提供了大量色情搜索结果，数字图书馆多次侵犯作者知识产权，违反中国法律，应当接受互联网监管
共性		聚焦互联网监管法律和政策	

中美新闻网站共同关注互联网监管法律和政策，但理解和态度却差异巨大，这直接导致双方的话语框架彼此隔绝，比如，如何理解网络审查，本书将中美相关话语表述进行了整理，如表 7-21 所示。

表 7-21　　　　　　央视网和 CNN 网站新闻报道比较

政府话语		
	美国政府	中国政府
言论自由	希拉里 1 月 21 日发表"网络自由"演讲，称限制自由接触信息或违反互联网使用者基本权利的国家，面临着自绝于下一世纪进步潮流的危险。这些国家树立电子屏障，以阻止本国人民接触国外网络。她四次点名提及中国，批评中国网络信息管制，督促中国调查谷歌事件	中国外交部发言人称，中国互联网是开放的。中国宪法保护公民的言论自由，推动互联网的发展是我们的一贯政策。中国对互联网坚持依法管理，符合世界通行做法
企业对抗审查	希拉里鼓励美国的网络公司拒绝审查，称"拒绝支持有政治动机的审查将成为美国科技企业的标志性特征，也应该成为我们的国家商标……"	外资企业在中国应该遵守中国法律法规，尊重中国公众利益和文化传统，承担相应社会责任，谷歌当然也不例外

第七章 央视网：中美比较视野下的国际传播

续表

	政府话语	
	美国政府	中国政府
互联网监管	希拉里认为，从经济角度看，审查政治言论和审查商业言论没有区别，如果一个国家的企业无法接触到政治信息或商业信息，这个国家的经济增长将不可避免地受到损害①	关于互联网监管，外交部副部长何亚非认为，"涉及国家安全、有一些不健康的内容时，监管是很正常的。不论哪一个国家，都有监管"②
	企业话语	
	谷歌	微软
接受审查	2006年谷歌进入中国时，公司高层内部也曾为网络审查有过争议。但最终谷歌接受了自我审查。给出的理由是，谷歌信奉"不作恶"原则，尽管网络审查损害了网络自由，但通过此种"小恶"进入中国市场，给中国网民提供更多的信息，相比之下，也就不算"作恶"了。谷歌期盼通过自己的努力，慢慢改善中国的网络监管环境，使得审查越来越少，网络更加开放（2010年之前）	网络自由固然重要，但跨国企业进入他国，仍需入乡随俗，遵守该国法律，才能得到更好发展。删除内容要有法律依据，如果要删除内容，应通知用户
拒绝审查	2010年，谷歌创始人谢尔盖·布林称，2008年奥运会之后，中国的互联网审查不仅没有减少，反而愈发严格，因而失望之下再度审视在华网络审查举措，做出宁愿退出中国市场，也不再进行自我审查的决定③。此阶段的谷歌宁可牺牲市场利益，也要捍卫言论自由（2010年之后）	

　　CNN和央视网新闻话语中对网络审查的态度差异可以有多种解释，比如，意识形态差异、文化差异、历史差异等。谷歌事件不是孤立的，蕴含了中美两国在意识形态、价值观和政治制度等领域多层面的深度碰撞和冲突④。本书则对中美文本中体现出的共性，即互联网立法差异进行进一步解读。

---

　　① Siobhan Gorman：《希拉里敦促中国调查谷歌事件》，2010年1月22日，华尔街日报网站（http：//cn. wsj. com/gb/20100122/bus121946. asp）。
　　② 张蔚然、何亚非：《不应过多解读谷歌事件　哪个国家都有监管》，2010年1月21日，中国新闻网（http：//www. chinanews. com/gn/news/2010/01－21/2085460. shtml）。
　　③ John D. Sutter, Google "optimistic" it won't pull out of China. 2010－02－12（http：//edition. cnn. com/2010/TECH/02/12/brin. google. china/）.
　　④ 姜飞、张丹、冷淞：《谷歌事件：美国"巧实力"外交的一次演练》，《红旗文稿》2010年第7期。

· 143 ·

5. 结论：互联网立法差异对新闻网站话语的影响

央视网新闻话语中从互联网监管的三个方面反驳谷歌及美国政府的相关批判，分别是知识产权、色情和国家安全，认为中国的网络监管法律法规符合国际惯例，无可指责。而 CNN 框架的核心思想是坚决支持网络言论自由，反对网络审查。那么，互联网立法差异对新闻网站话语会产生影响吗？

（1）立法价值

立法价值上，网络言论自由的法律界限不同。美国将言论分为三种：纯粹言论、象征性言论、附加言论[①]。出于这三种言论给社会秩序造成危害的可能性大小不一，因此法院对它们形成了不同的法律界限。在这三者中，纯粹言论被认为应该受到最高的保护，象征性言论被认为非常近似于"纯语言"，而附加性言论则被认为应受到最严厉的限制[②]。网络言论属于纯粹性言论，出于对纯粹性言论的保护，如果法律对网络言论加以限制，则该法律要受到严格的审查才能合宪。中国宪法保护公民的言论自由，但网络言论自由经常要让位于其他的权利和责任，比如，防范色情内容、保护国家安全等，网络自由表达的权利会伴随更多的责任和限制。

互联网的发展和创新需要网络自由。谷歌作为在美国成长起来的互联网公司，极力主张言论自由，"世界上所有信息均能在此访问到，世界上所有的人都能由此获益"成为其广为人知的招牌。因此，尽管跨国公司理应遵守当地法律，但谷歌对中国的不满也是建立在中美两国网络立法差异的基础之上。谷歌对中国网络监管的严厉程度难以适应，因此，CNN 在谷歌事件的报道中，基于美国互联网立法中对言论自由的保护，认为中国互联网立法审查过严，侵犯了言论自由。

---

① 纯粹言论是指"口语、文字、图像、音像、肢体语言等纯粹用于表达、展现思想、技艺等而不与外界或他人直接发生物理学意义上冲突的形式、手段"；象征性言论则是指"所有目的在于表达、沟通或传播思想、意见等观念性质的因素的行为"，如焚烧国旗等；而附加言论即语言加行动，指"在设置纠察线（或警戒）、游行、示威时，言论混合着行动的情况"。

② 秦前红、陈道英：《网络言论自由法律界限初探——美国相关经验之述评》，《信息网络安全》2006 年第 5 期。

(2) 立法过程

中美互联网立法民主参与程度不同。美国立法过程充满矛盾,民间力量参与较多。例如关闭互联网,相关议案2009年便已提出,出台后立即遭受互联网企业和网民的普遍反对而被搁置。2010年,相关议案再度提出,受到国内国际广泛质疑。2011年,议员再次提交时,对2010年草案进行了修改,明确指出禁止断网。尽管对该法案是否意味着可以"部分"授权关闭互联网仍有争议,但在质疑声中法案的不断修改体现了一定的民主性。中国相关法律法规的制定则不同,互联网监管立法体系中行政法规和规章占了很大一部分,相关法律、法规过于笼统,不利于立法过程中民主的实现。

谷歌等互联网企业就曾在《禁止网络盗版法案》出台时,集体抗议其对言论自由的侵犯,迫使国会暂时将该法案搁置。因此,CNN支持谷歌一定程度上源于其国内法。

互联网监管立法体系所凸显的立法价值亦是跨文化传播需要面对的冲突性议题。立法价值会潜移默化为网络新闻报道的价值理念,进而导致中美网络新闻对同一新闻议题呈现出不同的报道框架和倾向性。

第八章

国际在线：国家形象传播实践

2010年2—6月，本书完成对人民网、新华网、央视网共计130天的网站跟踪，在数据和内容分析的基础上，形成本书第五—第七章。为更充分地了解中央新闻网站国家形象跨文化传播的实践过程，2012年1月，本书使用参与式观察方法对国际在线国际传播的效果进行了研究。国际在线是以广播作为其对外传播差异性产品的中央重点新闻网站，与依托于报纸的人民网、通讯社的新华网、电视台的央视网形成完整的网络新闻产品的研究版图。

国际在线1998年12月26日正式上线，是中国国际广播电台（China Radio International，CRI）主办的中央重点新闻网站。本书采用的参与式观察方法具体执行如下：2012年1月，本书推荐研究助理以实习生的身份进入国际在线新媒体管理中心进行为期15天的参与式观察。研究者选择节目管理部作为观察地点的原因是，新媒体管理中心主要是协调国际在线各语种网站分工合作的部门，负责国际台所有新媒体业务的管理。这里没有具体的内容发布业务，但是可以宏观地了解整个国际台的新媒体业态。节目管理部负责统筹国际在线各新媒体部门的内容生产，能较为便利地接触其他各新闻业务部分。研究助理在参与式观察前，接受了方法训练，清楚地了解观察要点和需要获取的研究素材。进入观察场景后，研究助手较快地融入网站新闻生产团队中，在获得一些从业人员的信任后，辅助进行了访谈。最终获得的相关数据、案例素材和访谈资料共计4万字，形成本章。下文中凡未标注出处的数据等信息均来自参与式观察得到的素材，使用前已确认研究素材可以公开，但应要求，所有涉及人员均不使用实名。

第一节　国际在线国际传播发展

一　中国国际广播电台新媒体发展

中国国际广播电台（CRI）创办于1941年12月3日，其宗旨是"向世界介绍中国，向中国介绍世界，向世界报道世界，增进中国人民与世界人民之间的了解和友谊"，是中国唯一国家级对外广播电台，使用43种语言向全世界广播。CRI的主要节目版块包括新闻、时事评论、文化科技、政治经济、娱乐等。目前，CRI已经成为世界国际广播电台之一，其已拥有报纸、电视、广播、网络及新媒体传播手段，在国内各省、市、自治区、香港、澳门有自己的记者站，在世界各国和地区建有30个记者站。在海外拥有调频电台及境外网络电台等。

2009年，国家级媒体加快国际市场布局的步伐。2009年4月，中共中央办公厅、国务院办公厅印发《2009—2020年中国重点媒体国际传播能力建设总体规划》，对包括CRI在内的重点媒体增强国际传播能力建设进行了具体规划。同年10月，中宣部印发《关于〈2009—2020年中国重点媒体国际传播能力建设总体规划〉实施方案》通知，明确要求国际台构建现代国际传播体系，建成集无线广播、在线广播和多媒体传播于一体的新型媒体。

国家明显加大了对中央级媒体国际传播的政策和资金支持，在这种情况下，CRI提出了"构建现代国际传播体系，打造现代综合新型国际一流媒体"的目标。截至2009年5月底，CRI在境外共有23个整频率调频或中波台，153家调频/中波合作电台（其中119家调频合作台，32家中波合作电台，2家窄带播出电台）。落地节目每天累计播出总时数达754.5小时，除国际台北京本部制作的英语、法语、西语、俄语、德语等30种外语及汉语普通话和4种汉语方言节目外，在北欧还合作制作芬兰语、瑞典语、丹麦语节目。从2012年起，国际台在海外调频台的数量每年都稳步上升，在欧洲、中美洲、澳大利亚和南太平洋地区都进行了节目落地[①]。

---

① 张毓强：《2009：中国国际传播迈出六大步》，《中国记者》2010年第1期。

21世纪以来，CRI始终把发展新媒体作为首要任务，密切跟踪和研究互联网等新兴媒体发展态势，在人力资源配置、资金投放重点、设备更新换代等方面向新媒体业务倾斜，把国际在线打造成为综合实力强、在国内外有广泛影响的知名网络媒体，将中国国际广播电视网络台（CIBN）作为全球新的传播平台，积极发展移动多媒体广播电视、网络广播电视、手机电视等新兴媒体业务，稳步推进IP电视业务，占领网络舆论制高点。继续加速传统媒体升级换代，用新技术、新机制、新思路、新办法，改造、加强和提升传统媒体。在新媒体业务方面，CRI主要涉及四个版块，分别为国际在线网站、网络电台、网络电视以及CRI手机广播电视，本书着重关注国际在线网站部分。

二 国际在线

国际在线是由中国国际广播电台主办的政府重点新闻网站，1998年12月26日正式对外发布。该网站用61种语言发布，旨在介绍中国的政治、经济、体育和文化等各个方面，主要提供新闻、文化和经济类信息，并以丰富的音频节目为特色，现已发展成为囊括了环球网络电台、网络电视和播客平台等新媒体在内的多媒体集群网站。国际在线访问者来自世界180多个国家和地区，网上各类音频节目时长达到每天245小时。此外，据不完全统计，世界范围内链接"国际在线"各语种网站首页的网站数量已经达到15000个。

从2003年起，CRI开始探索落地节目的本土化，2005年7月13日正式开播了4种语言的多语种网络电台Inet Radio[1]；2007年9月14日，Inet Radio升级为由9种语言组成的11家环球网络电台（CRI WebCast），标志着以"本土化"为目标的新型多语种境外网络电台全面启动。到目前为止，国际在线已经陆续开通18家环球网络电台，包括12家境外网络电台，3家中文网络音乐台，2家方言网络电台和1家海峡飞虹网络电台[2]。在移动媒体业务方面，2007年4月和6月，

---

[1] http://gb.cri.cn/radio/.
[2] http://gb.cri.cn/cri/gk.htm.

第八章 国际在线：国家形象传播实践

CRI手机广播电视分别在中国联通和中国移动平台顺利上线。CRI手机广播电视除集成国际台自有的广播、电视、互联网多语种信息资源外，还整合了地方电台、电视台的节目内容，致力于打造最具特色的手机广播电视品牌。2008年8月北京奥运会召开之际，移动国际在线英文版[1]上线试运行[2]，为智能手机和其他移动终端用户提供奥运快讯、各类新闻以及北京旅游实用信息。奥运会后，移动国际在线又根据受众反馈情况，适时推出移动语言教学（以汉语教学为主）、移动视频节目等内容。截至2009年2月，移动国际在线已吸引来自世界99个国家1133个城市的访问者。在2009年的"乌鲁木齐7·5打砸抢烧严重暴力犯罪事件"（以下简称"乌鲁木齐7·5事件"）中，国际在线通过新媒体的方式，对"本土化"战略进行了新的探索和发展。国家在线土耳其中文网与土耳其当地的电台合作，于2009年7月13—17日举办了"来自乌鲁木齐的声音"中土系列网络对话，有效地还原真相，引导了国际舆论。

本书通过参与式观察，从国际在线新闻生产者、管理者等内部人士的评价中选取了3个代表性案例，试图解释本书的研究问题：

（1）国际在线如何在媒体融合背景下传播国家形象。

（2）媒体融合的国家政策对国际在线国际传播的作用。

（3）国际在线国际影响力的实现与制约因素。

国际在线在中国对外宣传中具有不可替代的地位，一位从事年视听率调查工作的节目管理部工作人员曾谈道，"讲到CRI的地位，都是与我们国家的对外政策有关的，胡锦涛主席的讲话中，首先就提到CRI的重要地位。我们国家的媒体和欧洲等不一样，欧洲的电台主要是靠收费，广告少，节目精品。我们国家的央视等仍然还停留在引入的阶段，而真正走出去进行外宣的，只有CRI"。同时，国际在线作为CRI的网络平台，在进行对外传播过程中有其独特的优势。

---

[1] http://m.cri.cn/.

[2] http://gb.cri.cn/17844/2008/08/01/3365s2173969.htm.

第二节　新媒体跨文化传播中的国家形象建构

一　中国城市榜、中国名城网：以城市为载体的国家形象传播

截至2012年，"中国城市榜·全球网民推荐的中国旅游城市"[①] 已举办2010年和2011年两届。2010年的"中国城市榜"是以旅游为主题，2011年的则是以文化为主题。活动推荐一些中国城市，然后由全球网民进行投票，选出他们认为最棒的10个。通过向境外网友推介中国文化名城的方式，以国外受众乐于了解、易于接受的信息为传播内容，对外推介中国的迷人景观、多元文化和淳朴民风，向全球网民展示多姿多彩的中国城市。"中国城市榜"专题的推荐语为"越独特越魅力，越中国越迷人"，网络页面有25种不同语言的版本，外媒记者城市行、短信投票、外交官访谈、城市相册、城市故事、媒体报道、微博互动等版块，页面内容丰富。经过两年的运行，"中国城市榜"就已成为国际在线对外传播的著名品牌。

参与式观察中，时任国际在线新媒体管理中心副总编辑的管理者说道："一说国际在线（国家形象传播）的成功案例，必须要提的就是城市榜和友城之约。"所有在"中国城市榜"活动中获奖的城市又与国际在线共同启动了"中国名城网"[②]。作为子网站，中国名城网整合国家旅游局、文化部、地方政府、海内外媒体等各方资源，深入挖掘中国名城的文化精髓，通过PC、电视、移动等多个终端以图文音视频等多媒体形式，常态化地向全球网友展示一个富有内涵的"中国城市"立体形象[③]。中国名城网页面极具东方特色，页面最顶端写着"在这里，爱上东方"的宣传语。首页有封面故事、我是中国控、旅游、我爱我城、城市有约等版块。首页右端在介绍城市基本概况的同时，提供了城市天

[①] http：//chinesecity.cri.cn/.

[②] http：//www.chinesecity.com.cn/.

[③] 赵光霞：《彭丽：抓住互联网技术发展机遇　传播中国文化》，2011年11月，人民网（http：//media.people.com.cn/GB/22114/234362/235242/16330903.html）。

气预报、机票服务等①。

（一）国家形象传播策略

1. 将城市文化构建为国家形象的基本元素

中国城市榜是以"城市"作为中国文化的基本载体，通过对城市文化的传播塑造中国文化，潜移默化地达到国家形象建构的目的。同时，从中国名城网首页的布局就可以看出，国际在线网站将城市的风景、名片与旅游服务等相结合，力图将其打造成永久性的对外传播渠道。

2. 强调线上线下互动，注重吸纳外媒参与

中国城市榜专题搭建了多语种网络投票专区②，由各国网民推荐自己心目中的最具中国特色的文化名城，以生动活泼的形式吸引了众多海外受众自觉参与其中。值得注意的是，除短信投票、BBS 论坛讨论外，中国城市榜还有其官方认证的微博③，通过微博这种新媒体手段，实时更新，宣传城市信息；并且由于微博传播的即时性，活动举办方可以即时地获取受众的反馈。

同时，为了向世界生动地展现中国城市的多元内涵，国际在线结合线上报道，在中国城市榜活动期间，开展了丰富的支撑性活动。比如，"城市故事"④ 讲述了文化名人眼中的城市风貌和城市渊源；"中华文化名城高端品鉴会"⑤ 以照片、图片展和实物展出的形式让百余名中外受众零距离感受到了中华文化的博大精深；"城市啦啦队"⑥ 汇聚政府官员、专家学者、普通市民，网民代表纵论城市发展和文化传承之道；"外交官眼中的中国"⑦ 邀请了俄罗斯、印度、加拿大、日本、波兰、以色列、泰国、马来西亚、孟加拉、白俄罗斯、克罗地亚、阿尔巴尼亚等国驻华外交官以访谈和照片展示的形式讲述他们眼中的中国文化之美。这些支撑性活动不仅全方位地对外推介了中国城市资源，也为不同

---

① 本书网站跟踪发现，网页中的机票服务为空链接，其他天气、地图等服务信息均可以找到。
② http://english.cri.cn/other/2011city/index.html.
③ http://weibo.com/chengshibang? s=6cm7D0.
④ http://gb.cri.cn/27824/more/38082/more38082.htm.
⑤ http://gb.cri.cn/news/other/2011city/banjiang.htm.
⑥ http://gb.cri.cn/27824/more/35624/more35624.htm.
⑦ http://gb.cri.cn/27824/more/38295/more38295.htm.

层面的用户群体提供了不同角度的参与机会。

其中,联动传播效果最好的要算"外媒记者城市行"活动,活动邀请来自德国、俄罗斯、埃及等11个国家的13位媒体记者赴北京、成都、南京、苏州四城市采访,使参加"中华文化之旅"①的外国媒体记者加深了对中国的了解,以客观友善的方式报道中国城市的发展变化。参加活动的外媒记者普遍表示,此次活动为他们深入了解中国提供了一次很好的契机,特别是消除了此前的一些误解,使他们及其所在媒体更加关注中国,对中国的报道更加客观。

3. 多语种推荐,密切联络政府资源

在城市形象、国家形象的对外传播过程中,语言通常是文化交流的基础性障碍,而这恰好是国际在线的优势,CRI的多语种资源使得中国城市榜生产了25种语言的推荐专题,语言优势成为区别于其他重点新闻网站对外传播的强大优势。

参与式观察中,许多从业者都提到国家形象传播需要密切联络政府资源。中国名城网整合了国家旅游局、文化部、地方政府、海内外媒体等各方资源,因此,在推荐中国城市的过程中获得了中央和地方政府的极大支持,否则,类似"外媒记者城市行"和"外交官眼中的中国"等活动是很难实现的。当然,城市文化国际传播对地方旅游经济的提升亦是地方政府支持国际在线的现实动因。

(二)国际影响力:基于用户反馈的角度

CRI对中国城市榜活动进行了线上用户调查,浏览投票页面的外国网友近千万人次,实际参与投票数达560多万票,投票中92%为境外网民投票。43家境外媒体同步参与活动,境外通讯社、电视台、电台、报纸、杂志、网站刊发相关报道150余篇。一些国家的政府官员、驻华使节、媒体负责人,以及参与活动的网民对中国城市榜活动给予了高度评价,认为该活动为外国人了解中国提供了重要的渠道②。

与上述资料不同,本书参与式观察亦发现有趣的现象。国际在线的在线论坛中也开辟了"2011中国城市榜活动留言讨论专帖",其中留言

---

① http://gb.cri.cn/news/other/2011zhwszl/index.htm.
② http://gb.cri.cn/27824/2011/05/12/1545s3245849.htm.

34条，有效留言22条①。在22条有效留言中，只有一则英文留言，由用户名为"ichengdu"的网友发布，其他均为中文，留言内容均为对某一城市的推荐。同时，在中国城市榜英文版的首页，网友留言有25条，其中有效留言22条，占总留言数的88%。留言内容均为表达自己对某一城市的热爱与支持②。此外，在中国名城网首页的同声传译版块③中，从2011年9月8日到2012年3月13日，共有来自世界各国记者、游客等的29篇评论文章。文章均编译为中文④，28篇均编译自其他媒体，如《环球时报》⑤、英国《卫报》⑥和个人发布的旅游博客⑦。

国际在线新媒体管理中心节目管理部负责人解释网站如何进行国际传播时提到，组织类似"外媒记者城市行"的线下活动时，通常首先是国际在线网站向境外各媒体发邀请函，愿意前往采访的媒体便能够来中国进行采访。因此，只有对中国感兴趣，同时有采访意愿的境外媒体方能进入网站国家形象传播的目标方阵。

上述内容是网站新闻生产中典型的议程设置方式，其国际影响力效果需要多维度讨论。参与式观察表明，国际在线作为生产者、传播者基于投票的活跃度等数据自信地认为，此类议程得到了较大的国际影响力，但本书亦发现，此类花费了巨大线下成本和线上内容生产成本的作品获得的实际用户反馈偏少，少量的新闻报道、网友个人游记对于提升中国国家形象究竟有多大的效果，可能需要设置多重交叉指标进行验证。

二　友城之约、网上中国电影展：文化比较中的国家形象传播

"友城之约——中外友好城市网络对话系列活动"⑧是国际在线利

---

① 本书将纯粹发布表情，无任何实质内容，或与主题毫不相干的贴文称为无效留言。
② http：//english.cri.cn/other/2011city/index.html.
③ http：//www.chinesecity.com.cn/1/more/5/more5.htm.
④ 其中一篇为空链接，其余均可阅读。
⑤ 《澳大利亚记者：成都——中国火辣的一面》，转引自丁襄译，《环球时报》（http：//www.chinesecity.com.cn/1/2012/03/05/82s9621.htm）。
⑥ 《英国记者：原汁原味原生态的丽江》，转引自《卫报》（http：//www.chinesecity.com.cn/117/2011/11/07/82s2996.htm）。
⑦ http：//www.chinesecity.com.cn/60/2011/10/26/82s2490.htm.
⑧ http：//gb.cri.cn/news/other/2011yczy/2011yczy.htm.

用61个语种的优势,立足于中国和世界各国结成的1700多对友好城市,邀请中国城市与海外友好城市的市长、名人、专家等嘉宾,在网民的参与下,通过网络音视频进行不同文化间的交流与对话,展示各自城市在经济建设、城市文化、市民生活等方面的"多元文明之美",面对相同或相似的问题,一起探讨解决之道的一项栏目。

自2010年5月国际在线正式推出"友城之约"品牌活动,截至2011年11月,"友城之约"已经先后制作了"从黄浦江到亚伦湖——中国上海＆克罗地亚萨格勒布"[1]"永生的古城——中国西安对话意大利庞贝"[2]"而立之交——中国广州对话美国洛杉矶"[3]"历史成就的文化名城——中国成都对话法国蒙彼利埃"[4]"海边双城记——中国青岛对话墨西哥阿卡普尔科"[5]"从彩云之南到东瀛小京都——中国丽江对话日本高山"[6]等共12期网络对话。每一次对话活动都有一个主题,比如:西安与庞贝的对话,两个千年古城都面临着发展与保护历史遗迹的矛盾,双方城市的市长及文物局、旅游局的官员和网民们通过远程视频交流了彼此的经验,两个友城之间有了更多的了解;成都与卢布尔雅那的对话,两个城市在各自国家关于幸福指数的调查中都名列榜首,于是两个城市的官员和网民通过通话,交流他们的幸福感。通过这些对话活动,友城之间加强了了解与合作,看到世界经济一体化的趋势虽然日益明显,但大同世界中存在大不同,发现这种大同和大不同,促进城市间民众的求同存异、融通理解、相互借鉴,减少彼此的困惑和误读。

与此类似的作品还有"网上中国电影展"[7]。国际在线网站于2010年推出了"华影在线"子网站。"华影在线"网站由中国国家广电总局电影管理局和中国国际广播电台主办,由中国电影海外推广公司和中国国际广播电台旗下的国际在线网站共同承办。子网站的目标是在全球打

---

[1] http://gb.cri.cn/news/other/yczy/wldh0612.htm.
[2] http://gb.cri.cn/news/other/yczy/duihau726.htm.
[3] http://gb.cri.cn/mmsource/images/2010/09/26/nt100926097.htm.
[4] http://gb.cri.cn/news/other/yczy/yczy_chengdu.htm.
[5] http://gb.cri.cn/news/other/yczy/yczy_qingdao2011.htm.
[6] http://gb.cri.cn/news/other/yczy/yczy_lijiang201105.htm.
[7] http://www.chinesefilms.cn/.

造"永不落幕的网上中国电影展",针对不同国家和地区受众兴趣推出不同内容与风格的"网上电影周"活动。网上电影周在每个合作国家或地区选取一家知名网站合作,通过授权播映,在合作网站上进行为期一周的中国电影展映。合作伙伴不仅能通过中国电影的重量级作品带动网站流量,而且还将通过华影在线与中国电影界搭建一座交流桥梁。2010 网上中国电影周①,面向北美地区网友在线展映 5 部各具特色的中国影片②。2011 网上中国电影周③分别向德国、法国、日本、斯洛文尼亚、阿尔巴尼亚、保加利亚等国网民推介中国电影。

下文就这两个案例讨论国际在线的国家形象传播实践。

(一) 网络跨文化传播策略

1. 公共外交对话新模式下的国家形象传播

"友城之约——中外友好城市网络对话活动"通过新媒体技术手段,让相距千里的两个友好城市的市长足不出户地实现有效沟通,让友城的市民们在网络上无障碍地交流④。"友城之约"利用这样一种新媒体手段,开创了一种低成本、可持续的网络公共外交模式。

其中,网络新闻访谈作品"双座自行车——中国和奥地利"是其中的典型案例。2011 年,中国和奥地利建交 40 周年。作为奥地利政府奥中建交 40 年官方重要文化交流项目之一,国际在线制作了这一系列访谈节目,全年播出 8 集,每集 45 分钟。该节目以社会文化的对比为主线,以跨文化交流的方式介绍两国人文、社会、经济发展所取得的成就和遇到的瓶颈。对话是节目的核心,节目采用异地演播室和双语主持人的方式进行拍摄。两个演播室分别设在北京和维也纳,主持人一中一奥,均可使用中德双语主持。中奥双方主持人从不同视角全面、立体地介绍中奥两国社会文化生活状态,通过中奥两国的跨文化对比,让欧洲观众更好地了解中国人的生活方式和思维方式,由此唤起欧洲电视观众对中国以及中国文化的兴趣,从而提升中国的文化软实力。访谈以"比较"为主线,用对比、提问的方式介绍中奥两国文化的特色和社会

---

① http://gb.cri.cn/ent/chinamovie.htm.
② http://gb.cri.cn/27224/2010/10/28/342s3036993.htm.
③ http://gb.cri.cn/ent/chinamovie2011.htm.
④ http://gb.cri.cn/27824/more/37785/more37785.htm.

生活的状态。八集的选题分别为"北京和维也纳"① "时代的鸿沟"② "东方家庭和西方家庭""教育和价值""城乡差异"③ "经济和全球化" "地球航天站""和谐共处——东西方文化价值的中间道路"。

节目制作中的亮点是邀请中奥两国的普通观众和网民加入节目讨论中,用普通人的话语表述和网友留言互动的公共话语引入,来塑造两国文化比较。

2. 媒体融合提升传播效果

"双座自行车"节目通过较完善的多方会谈视频软件、中奥两地演播室访谈及节目素材的高清录制和互联网传送,使这档低成本制作的远程视频节目能够保证德国电视台高清播出的质量要求。此种做法目前在国内网络视频及电视领域尚属首例,是媒体融合带给新闻网站内容及形式创新和变革的新机遇。此时,媒体融合实质是借助新媒体的手段,低成本地实现传统媒体的节目制作,通过互联网技术实现电视和网络的联动。节目录制完成后,不仅可以实现中国和欧洲的国内、国际传播,还可通过分类编辑制作,同时生产出视频、音频、文字和图片产品。产品既可用于网络呈现,在国际在线和奥地利广播电视台网站上实时收看,或在线点播,同时还可用于无线广播,真正实现节目生产方式的转变,以网络电(视)台的发展带动传统广播的变革。

国际在线新媒体管理中心副总编辑在内部讨论中评价:"友城之约就是用一种新媒体的方式进行外交。而在我看来,双座自行车在利用新媒体方面进一步深入,利用得更好了。这主要体现在,网站和奥地利当地电视台合作时,运用了当地一个远程的视频系统,效果更好,更为清晰,可以直接播出作为成品的节目,这显然就是对新媒体更好的一种运用。"国际在线新媒体中心合作推广部负责人回应道:"双座自行车主要是传统媒体和新媒体的结合,主要利用的是电视平台,而友城之约主要是利用的一个远程互动。两者各有其不同特点。"

网上中国电影展内容生产中同样采用了新媒体技术保护电影知识产

---

① http://gb.cri.cn/27824/2011/06/08/147s3271645.htm.
② http://gb.cri.cn/27824/2011/09/07/147s3364097.htm.
③ http://gb.cri.cn/27824/2011/09/07/147s3364159.htm.

权。为保护参加网上中国电影周活动的制片方的合法权益，网站对参展影片的版权采取了保护措施，通过技术手段限制网民只能在线收看，不能下载，并对访问者进行 IP 限制和时间限制，只允许特定地区特定 IP 段的网民在特定时段访问，活动举办期间未发生一例非法下载情况。实践证明，这种技术控制对版权保护是有效的，网上中国电影周的成功举办也探索了一条既可有效保护电影版权，又可通过新媒体手段传播中国文化的新途径。

3. 跨文化推广的低成本、大反响

网上中国电影周活动依托的国际在线子网站"华影在线"利用与境外合作伙伴长期良好的合作关系，仅向每个境外合作伙伴支付 2000 欧元（合人民币 16800 元）的费用，用于合作方搭建活动专题、提供宽带支持、提供影片网络存储空间等技术费用。此外，通过国内外政府机构的大力支持和境内外媒体的通力合作推广，在德国、阿尔巴尼亚、法国和日本站活动中，境外合作方除通过网站首页等进行重点推荐外，还通过 Facebook、Twitter 和 YouTube 等海外社交媒体分享活动，进行有力的官方宣传推广。更为重要的是，通过网络新媒体手段，活动举办国网友可方便快捷地随时随地收看电影周影片，并可通过论坛和各类社交媒体进行个人留言、分享等活动，用自己对电影周活动和相关影片的亲身感受进行口碑宣传，从而更好地扩大活动的影响。

（二）国际影响力：基于用户反馈的角度

以网上电影周活动为例，可观察文化比较中的国家形象传播的效果。

1. 海外用户的浏览点击量超过预期，提升外国用户对中国的喜爱

德国站活动受到众多德国网民的关注和认可。专题独立 IP 一周访问量近 18 万人次，点击浏览量近 27 万次。活动期间，不少网民对展映的中国影片进行了评论，并留下了近百条建议和意见。网民 Karin S 网络留言说："我非常喜欢这个网上电影周活动，通过那些影片，我可以对你们这个巨大国家多了解一点。真希望我能有更多的时间来看那些影片！"网民 Ralf63 网络留言说："我得知这个电影周活动只持续一周的消息还是太晚了，真遗憾，能否考虑今后多举办类似的活动？"网民 Ralf 网络留言说："我观看了《冈拉梅朵》那部电影，那些美丽的、震

撼人心的风光画面以及感人的歌曲和优美的背景音乐让我印象深刻,太美了!①"

阿尔巴尼亚站网络专题一周访问量比国际在线阿尔巴尼亚文网站(CDN)11月整体访问量还要高,总访问量突破 2 万人次。网友 Agimi 留言,"《云上太阳》是我看到的第一部中国电影,真的很喜欢";网友 Behari 留言,"我看到了中国有这么美的地方,以前只是看见过大城市,让我爱上了中国";网友 Vegim Saiti 留言,"我对现实社会题材的中国电影很好奇,因为之前一直看的都是功夫片";还有网友对所观看的影片发表了具体的评论,如网友 Genti K 留言说,"我想说,通过画面,电影《额尔古纳大篷车》传达出的信息意味深长,电影通俗易懂,是一部脚踏实地的影片"②。

法国站活动③不仅受到了法国境内网友的关注和支持,还得到了身处中国的法国网友们的热烈关注。专题独立 IP 一周访问量近 5 万人次,点击浏览量超过 8 万次。网友 Aurelien. C 表示,"这个活动非常有趣,一定不会错过,还会将观后感转发到自己的私人网站上";网友 Fredi 表示,"这是个有意思的创举,谢谢组织方给我们这个机会体会中国文化";正在中国学习的法国网友 tintin66 说,"非常遗憾不能在法国观看这些优秀的中国电影,要是身在法国就好了"。

2. 网上观影模式打破了地域界限和固有观影模式,提升了中国文化的影响力

日本外务省及总务省均高度评价日本站活动④,电影周活动运行首日即获得日本网友的追捧,专题独立 IP 一周访问量近 20 万人次,点击浏览量超过 31 万次。众多留言显示七部电影从不同侧面反映出的关于中国历史、艺术、少数民族文化等元素是日本大多数网友之前所不曾了解的,引起了他们的极大兴趣和强烈的关注。

参与式观察中,国际在线管理者提到,日方反映,由于电影周活动免费观影的模式打破了日本固有的电影收看习惯,与国际在线的这次合

---

① http://gb.cri.cn/27224/2011/10/28/4945s3417891.htm.
② http://gb.cri.cn/27224/2011/11/14/4945s3435340.htm.
③ http://gb.cri.cn/27224/2011/12/01/4945s3456745.htm.
④ http://gb.cri.cn/27224/2011/12/05/4945s3461621.htm.

作对于日本传统媒体来说是个划时代的举措，甚至会对日本电影产业的运营模式产生一定的影响。合作方之一的文化放送的社长还评价："只要能够充分沟通，任何的合作方式都可能实现"，并对此次电影周的成功举办感到振奋，对今后的合作充满了信心。另一合作方专门负责文化产品制作的日活公司社长表示，希望今后扩大合作内容，在向日本介绍中国电影的同时，也希望中国的观众能够更多地了解日本的电影。

有日本网友留言："在某些媒体的片面的宣传下，很多人并不了解中国，却对中国持有负面印象。观看'电影周'有助于摒弃偏见，更好地了解中国。"对于具体影片的印象，有网友说观看《大明宫》，对唐朝的历史、中国唐代和日本之间的往来又增加了了解。也有网友留言说《冈拉梅朵》是难得的描绘西藏的作品，感受到了西藏壮美的景色、风土人情，其中的音乐也十分美妙。还有不少网友迫切询问下次电影周将在什么时候举办，会播送什么影片，对此非常期待。这都表明，海外网友对中国问题增加了亲近感和好感。

三 来自乌鲁木齐的声音：网络—广播对话模式下的国家形象建构

2009年"乌鲁木齐7·5事件"发生后，国际在线在国际广播电台的统一部署下，立即启动突发事件报道机制。7月6日相继派出多名记者前往乌鲁木齐、喀什、伊犁、阿克苏、和田等地进行采访，跟进局势发展，了解事件真相，掌握确切数据为网站新闻生产奠定事实基础。

当时，土耳其方面出现许多针对性批评报道。在此背景下，国际在线土耳其文网站与土耳其伊斯坦布尔"方向"调频电台合作，于2009年7月13—17日在乌鲁木齐成功举办了"来自乌鲁木齐的声音"中土系列网络对话（下文简称中土对话）。该节目实现了多手段同步直播。从13日开始，中土系列对话每天于北京时间18：00—19：00（土耳其时间13：00—14：00），从乌鲁木齐演播室通过国际在线土耳其网音频直播，土方合作伙伴伊斯坦布尔"方向"电台的其他合作电台予以转播。全部直播节目利用同声传译，实现土耳其语实时播送。在为期5天的对话中，有14位各界代表走进演播间，以自己亲身经历回答土耳其听众的提问。其间还插播大量动态最新消息、国际台记者新疆采访录音和受众反馈，并通过网上留言、当地热线和短信平台等方式，与网络用户，特别是土耳其网友进行了充分互动，具有极强的针对性。

（一）涉外突发事件报道对策

1. 突发事件贵在反应迅速，方能消除偏见

参与式观察中，国际在线的工作者多次提及，针对突发性事件，谁先发出声音，谁就占据了舆论的制高点。因此，在第一时间抢到新闻、发出声音对新闻媒体，尤其是新闻网站来说非常重要。中国传统媒体在应对重大突发事件尤其是比较敏感的事件时，往往表现得较为谨慎，滞后问题较为明显。尤其是当事件涉及中国的国家利益和国家形象时，这种情况显然会使我们处于被动的地位。

从参与式观察中得知，"乌鲁木齐7·5事件"作为特大突发性危机事件，发生后的数小时内，国际台立即派出多名记者在新疆各地展开广泛报道，利用多语言优势，在第一时间内用多种语言向世界传达新疆现状，进而打破国外新闻机构带有偏见的报道和宗教极端组织对信息源的垄断。

2. 网络新闻要突出互动性优势，实现对外精准传播

中土对话将节目的内容选择权完全交给了用户。在线广播的听众和网友可以通过网络留言、热线电话、短信平台的方式自由发问，嘉宾则完全充当回答问题者的角色，一改受众是被动接受者的状态，嘉宾说的每一句话都根据受众的提问而来，减少了大量冗余信息和带有说教和宣传性质的语言，针对性强。

参与这次网站新闻生产的策划者说："中土对话是我们对外精准传播的一个典型案例，具有其独特的针对性。主要是'乌鲁木齐7·5事件'发生后，土耳其的高层以及土耳其的民众对这件事负面的看法较多，针对在土耳其新疆人较多这一现实，我们就推出了这样一个栏目，公布了大量的信息，引起了土耳其高层的一些反思，消除了一些误解。"

（二）国际影响力：基于用户反馈的角度

本次网络对话的土耳其合作伙伴——"方向"电台在土耳其拥有巨大影响力，在对话的峰值时段里，有30万名听众在收听直播。据"方向"电台提供的数据，5场网络对话期间，土方听众超过150万人

次。广播—网络对话还引起了土耳其媒体和官方的广泛关注。土耳其各界人士纷纷通过电子邮件、电话等各种方式表示,网络对话让他们了解了"乌鲁木齐7·5事件"的真相,他们将继续关注国际台的相关报道。土耳其"方向"电视台的合作伙伴"自由电台"、《土耳其新闻报》等数十家主流媒体纷纷加盟直播、转播、转载网络对话的内容。

随着国际在线土耳其语广播—网络对话以及中国其他媒体对事件报道力度的加强,土耳其媒体和受众对事件的态度开始有了明显变化。据"方向"电台的抽样调查显示,许多听众在收听网络对话直播节目后,对当地媒体此前对"乌鲁木齐7·5事件"的片面报道有了新的认识,并开始反思土耳其舆论和政界在事件后的表现。

第三节 广播—网络融合的国际传播

一 网站落地的本土化战略效果显著

从传统广播业发展来看,整频率落地和本土化是广播实现国际传播的基本手段和运作模式。但在整频率落地方面,中国同西方发达国家差距很大,一是由于资金实力限制,二是由于国家制度、意识形态限制。不可否认,历史上由殖民形成的宗主国、附属国关系仍有影响,许多国家在法律上明确规定,禁止社会主义国家或有国家背景的媒体在本国落地。这在制度上给国际台走出去带来了很大的困难,而国际在线的新媒体特点却能突破一些制度障碍。

国际在线网站运用了两个本土化策略:一是使用对象国语言,二是满足对象国用户阅读习惯。在语言方面,国际在线依托国际台这一平台,大多数报道和网络新闻专题均推出多语种版本,多种语言对外传播显然能够取得更好的效果。从参与式观察得知,为更好地满足对象国用户阅读习惯,国际在线英语中心让外籍员工参与内容策划,促使网站内容生产更容易被对象国用户接受,进而最大限度地符合对象国用户心理特点。

本书研究可见,国际在线网站落地的本土化战略总体是成功的。用对象国语言、贴近对象国用户的本土化报道方式,选择合适的报道形式和体裁,提升国际影响力。

二 用户调查和互动反馈机制有所欠缺

用户调查是验证新闻网站国际传播效果的依据。从本书参与式观察和案例分析可见，国际在线缺乏系统、科学的海外用户参与率和传播效果调查。国际在线提供的数据与本书参与式观察、网站跟踪得到的体验不完全相符。国际在线曾组织过几次用户调查问卷活动，但仅针对国内的网民和用户。国际在线作为中国重点新闻网站，应当建立自己的用户数据中心，这样才能根据对象国的用户反馈和需求，调整国际传播策略，以达到更好的传播效果。

参与式观察中也有国际在线管理者提出："我们对外传播的过程中，不能仅采用单向的传播模式，而应该增加互动。比如根据目标国受众的使用习惯设置，用户生成内容，活动的激励机制，微博转发等。国际台现在很多专题设置了微博的转发功能，但是却没有利用好。这种转发缺乏一个整体的规划，缺乏话题设置，只是发挥了一个附带功能的作用。同时，比如我们做一个微博投票，缺乏用户的注册信息，用户黏性不够，还有粉丝管理的问题等。"

可见，中国新闻网站在进行对外传播的过程中，不能以自我议程设置为中心进行内容生产，而一定要密切关注对象国用户的反馈情况，比如，留言、评论、点击率，根据转载率、分享率等数据进行调整和更新。

三 国际传播需更多地关注跨文化议题

文化是构成国家软实力的重要组成部分，也是促进中外交流的优良载体。国际在线对外传播过程一直紧随中国实施的"文化走出去"战略，通过跨文化实现公众外交新模式。

参与式观察中，国际在线的记者编辑们曾热议："CRI做的主要是外宣的工作。外宣需要软着陆的方式，即以文化为突破口，因为对于其他新闻，西方不认同我们的宣传体制和模式，我们需要以文化为突破口，找到一个对接的方式，因为文化是全球的，西方也要了解我们的文化。文化'无关政治，无国界之分'。"在分析为什么我们报道的重点和西方国家对我们关注的热点有所不同时，他们讨论道："这是因为每个国家都有着不同的外宣诉求，比如我们国家，不管是对内报道的央视、新华等，还是对外报道的 CRI，都要遵循国新办的一个'框'，要说这个框对我们的对外报道有无影响，肯定是有的，但是，每个国家都有这样一个'框'的存在。"正是因为这样一个"框"的存在，"走出去"势必是一项复杂的系统工程，对这个复杂性，新闻网站既要有清醒的认识，也应该有创新的举措。

本书研究发现，国际在线尝试通过公司化运作、中外合作的新办法，采取"外圆内方"的"走出去"策略。"外圆内方"是指在坚持核心价值这个"方"的前提下，巧妙结合对象国的实际情况，进行"圆"的软包装，使用户在潜移默化中接受文化思潮和价值观念。本书案例研究中的网上中国电影展、中土对话均采用了这种模式。中国新闻网站在进行对外传播的过程中，可以适当采取国际在线这种"外圆内方"的策略，这样有助于打破意识形态差异的坚冰，使得传播内容更容易被接受。

四　媒体融合技术有助于对外传播

从案例分析中可以看出，国际在线一直比较注重新媒体技术的运用，比如中奥"双座自行车"视频访谈专题等。

参与式观察中，国际在线的部门管理者曾提到国际在线在对外传播中遇到的主要阻碍是新媒体技术："我们做视频，做直播，都是需要强大的技术支撑的。我们要考虑一个海外推送的问题，还有就是资金。""相对于传统媒体，新媒体在这里就有优势，因为我们的传统广播电台，很多的是采取中波调频，在境外落地，这样所需要的外宣费用就更多。新媒体需要的就少一些。就具体案例来说，比如中日电影展，相对于一般性的报道，这个显然更容易被受众所接受，通过电影这样一个途径，当地观众也可以了解到中国发展的状况等情况。花费的费用也相对较少。"但也有工作人员不认同新媒体技术是限制性因素："认为技术阻碍是主要的，这可能是因为在技术方面我们主要是跟台里的技术部合作，但是如果和其他的一些技术部门合作，不就容易很多了吗。我反而认为最大的阻碍是内容方面。因为内容才是最重要的。内容不能太宽泛，要找到双方受众都需要，能够引发双方的兴趣的内容，不能够单纯以宣传为目的，虽然说国际台就是搞外宣工作的，但如果仅以宣传为目的，显然是不行的。"

可见，国际在线国际传播中新媒体技术阻碍是客观存在，但随着对新媒体扶持力度的加大和资金投入的增强，相信技术阻碍会越来越小。当媒体融合技术障碍解决后，内容创新就会成为更重要的突破口。

本书研究发现，国际在线国际传播的成功案例均是运用先进的技术手段扫除了一些障碍。但让海外用户留下深刻印象的还是精练的内容，参与式观察中，有管理者也提出，只要内容好，新媒体在对外传播中也能实现"小投入，大收益"。

五　新闻网站国际传播不能或缺官方支持

参与式观察表明，国际在线国际传播的成功案例均得到中央、地方政府部门的大力支持。从网站落地看，国际在线通过自建、租用、合作办台等方式，在海外建设了70家整频率电台；通过与境外合作伙伴合作，推出本土化节目制作和发布；运用互联网技术，推进新媒体境外落地；采取"借船出海"等方法，通过控股海外公司，拓展境外业务，实现境外整频率落地规模化和可持续发展。这些都不能离开官方的大力支持。同时，在中宣部关于中国重点媒体国际传播能力建设总体规划实施方案中，明确提出，要支持重点媒体成立市场化运作公司，通过多种途径在海外参股、并购或投资创办一批广播影视文化传播企业，通过资本运作等方式迅速壮大实力，允许海外资金、社会资金参与重点媒体海外发展项目。

可以说，中国新闻网站的国际传播如果没有国家的政策和资金支持，难以取得常态性的成效。

下 篇

媒体融合与新闻网站国际影响力

第九章

法国新闻网站中的
中国形象研究

2008年,北京奥运会所引起的外交风波正是自20世纪90年代以来中国政府公共外交活动开始活跃之后的转折点[①],正是在这一年,中法关系也经历了自戴高乐以来的大转折,骤冷的国家间关系表现在一系列的外交对抗中。与以往不同的是,中法外交风波表现为直接的意识形态对抗,中国承受了来自法国方面基于人权、自由等方面的相当大的外交压力,而这些并没有强化经济、军事上的矛盾冲突。面对与法国类似的来自西方社会的外交压力,中国政府积极地、密集地展开公共外交行动,中国新闻网站战略性地挺进西方,正是基于这一国家形象更新的迫切要求。

本书试图解构法国网络空间的中国国家形象浮现的过程及原因,选取法国以生产和传播原创性新闻为主、网络访问量高、品牌效应突出的五家时政类新闻网站:《世界报》网站(www.lemonde.fr,中立偏左派报纸)、《费加罗报》网站(www.lefigaro.fr,右派)、法国电视一台网站新闻栏目(http://lci.tf1.fr/,TF1 info)、Orange.fr公司时政频道[http://actu.orange.fr/(访问量大)]和《观点》杂志网站(www.lepoint.fr,左派)的涉华报道内容,跟踪2010年2月1日至6月10日130天内的相关数据,形成61篇观察日志、统计557篇相关报道。在此基础上,本书采信架构分析(framing analysis)理论(也译为"框架理论"),主要从网络新闻议题选择和文本构建,例如对新闻信息源的

[①] 唐小松:《中国公共外交的发展及其体系构建》,《复旦国际关系评论》2006年第2期。

选择，直接探究：中国新闻网站是否具有对法国网络空间塑造中国国家形象的影响力？从而本书思考：网络社会中的跨文化传播是否可能？问题和出路是什么？

第一节 网络社会的国家形象传播

一 网络社会的跨文化传播

网络社会的"典型特征是战略决策性经济活动的全球化、组织形式的网络化、工作的弹性与不稳定性、劳动的个体化、由一种无处不在的纵横交错的变化多端的媒体系统所构筑的现实虚拟的文化（culture of real virtuality），以及通过形成一种由主导地位的活动和占支配地位的精英所表达出来的流动的空间（space of flows）和无时间的时间（timeless time），而造成的生活、时间和空间的物质基础的转变"①。数字技术对传统世界的颠覆性重构促使文化多样性的不断增生，多元文化的爆炸性释放、文化间的宽容度都使虚拟世界的跨文化传播呈现出雾里看花的神秘景象，尤其有趣的是，虚拟世界中的身份认同与传统世界大相径庭，这些都推动着跨文化传播研究的新探索。

20世纪前半期，伴随复杂系统工程、高科技控制系统的出现，一些学者如传播学者威尔伯·施拉姆（Wilbur Schramm, 1955）②开始乐观地将信息理论与传播理论进行结合。"二战"后，信息理论的普及使得信号传输过程移植到了拥有社会基础的语义内容交换中，即进入有意义的文化王国里。③ 20世纪70年代后，随着丹尼尔·贝尔（Daniel Bell）后工业理论被广泛接受，同时，伴随着西方社会发展中现代产业内部的工作重组、国际劳动分工的变化，以及信息技术的开发和利用，文化观念也经历了一次次的复杂的修正过程。政治和经济的精英们越来越意识到信息的战略重要性，更重要的是，资本主义生

---

① ［美］曼纽尔·卡斯特：《认同的力量》，曹荣湘译，社会科学文献出版社2006年版，第1页。
② Wilbur Schramm, "Information Theory and Mass Communication", *Journalism Quarterly*, Vol. 32, No. 2, 1955.
③ Dan Schiller, *How to Think about Information*, University of Illinois Press, 2007, p. 18.

产体系使得"商品化过程也已经渗入信息生产的新手段中,即信息客体化技术的演进序列",围绕信息构建资本主义发展的新的扩张性的企图,使得西方社会整体迈向"信息化的资本主义的转变",这些都"导致信息和文化产品的独特实现过程最终走上商品化",而且处于持续的加速过程中。[1] 社会交往的全球化和文化的商业化使得人们产生了一种幻觉:网络社会似乎能实现跨文化传播,突破以往殖民主义、种族主义、东方主义、文化霸权主义与文化割据主义、性别主义、全球化与本土化的冲突、群体间语言偏见等人类跨文化交往的困境。

但事实并非如此简单。曼纽尔·卡斯特把网络社会文化的意义定义为"社会行动者对自身行动目的的象征性认可(identification)",认为网络社会的意义是"围绕一种跨越时间和空间而自我维系的原初认同建构起来的,而这种原初认同,就是构造了他者的认同"。基于此,卡斯特把开放时空中的构建认同的形式和来源分为三种。合法性认同(legitimizing identity):由社会的支配性制度所引入,以扩展和合理化它们对社会行动者的支配。抗拒性认同(resistance identity):由那些其地位和环境被支配性逻辑所贬低或污蔑的行动者所拥有。规划性认同(project identity):当社会行动者基于不管什么样的能到手的文化材料,而构建一种新的、重新界定其社会地位并因此寻求全面社会转型的认同。[2] 复杂的跨文化交往中,全球化与文化间矛盾关系表现为三个范式:"文化碰撞"(clash of civilizations)范式,即认为文化间的差异在所难免;"麦当劳化"(McDonaldization),即认为跨国集团影响无处不在,资本主义关系在全球蔓延,在此语境下,文化将趋同;"杂糅"(hybridization)模式,即认为无须放弃原本的文化认同就可实现文化交融和融合。不同范式交织在一起,却仍旧无法避免原教旨主义的复苏。美国学者萨尔兹曼(Michael B. Salzman)指出,原教旨主义者对文化同质化颇为憎恶,因为人们希望生活在富有意义和可预测的世界中,而

---

[1] 整合自[美]丹·席勒《信息拜物教:批判与解构》,邢立军等译,社会科学文献出版社2008年版,前言、第二章。

[2] [美]曼纽尔·卡斯特:《认同的力量》,曹荣湘译,社会科学文献出版社2006年版,第6—7页。

全球化可能泯灭这种富有意义的世界，伤害人们所依托的优良传统和价值观，因此，原教旨主义者对此深恶痛绝。信念体系（belief systems）和意识形态（ideologies）共同构成意义体系，它为人们提供心理寄托，亦成为自尊形成的基础。许多案例研究表明，网络社会的跨文化传播仍然难以推倒人性深处的文化藩篱，"抗拒性认同"随处可见。

二 国家形象与中国国家形象

"国家形象"作为一个学术概念一直处于辩争的旋涡之中，学者们主要围绕"自我形象""他者形象""他国眼中的本国形象""本国所努力建构的自我形象"等方面阐释这一概念，形成了风格各异的学说。早在1959年，美国政治学家布丁提出：国家形象是一个国家对自己的认知以及国际体系中其他行为体对它的认知的结合；它是一系列信息输入和输出产生的结果，是一个"结构十分明确的信息资本"。作为这一思路的延伸，一些欧美学者将"国家形象"纳入品牌研究的领域，较多地从市场营销学和品牌研究角度进行界定。与此同时，一些学者从心理学层面研究国家形象，比较普遍的观点是将国家形象视为一个多方面的社会心理建构，包含国家的自身概念和域外民众对它的态度两个方面，将国家形象定义为一个国家所表现或被认知的特征，国家形象是否是"客观的事实"并不重要，因为"形象是我们对一事物的事实的感知，它既包含了认知因素也包含了情感的因素"。中国的相关研究倾向于从国际交往层面对国家形象进行界定，因此，相关的研究出现在"国际传播""对外传播""国际关系"的研究中。有的学者认为，国家形象是"一个主权国家和民族在世界舞台上所展示的形状相貌及国际环境中的舆论反映"，或者认为国家形象是指"国际性媒体通过新闻报道和言论（也即国际信息流动）所塑造的某国国家形象，也就是说，是关于某国的媒体国家形象，是国际舆论对某国的总体评价或总体印象"。也有学者把"国家形象"划分为"国际实体形象、国家虚拟形象和公众认知形象"三个层面，国家形象是存在于对外传播或国际传播中外部社会公众对某一国家的认识和把握，是外部公众作为主体感受某一国家客体而形成的复合体，也即某一国家行为表现、性状特征、精神面貌等在外部公众心目中的抽象反映和外部公众对某一国家

第九章 法国新闻网站中的中国形象研究

的总体评价和解读。上述文献梳理表明,对"国家形象"概念界定的出发点大致有四个:国际关系、心理感知、品牌营销和国际传播,表现出"国家形象"研究的技术化倾向,包括商业化的品牌策略、单向度的舆论管理、支配性的形象感知。但从现实的情况来看,技术化的界定无法面对国家形象建构的现实问题,即技术主义在追求国家形象的完美表现的同时,忽略了国家形象建构存在于多元、开放与互动的语境,简单对待正面与负面、偏差与误读,从而使内群体和外群体都产生对国家形象的厌倦与抵制。

关于中国国家形象的研究显示,媒介版图的扩张与国家形象的传播效果并未呈现理想化的正相关,即并未广泛地消除国际社会对于中国国家形象的负面消极印象。尽管伴随中国渐渐步入世界重要大国的行列,涉华新闻报道的总量在他国国际新闻报道中逐渐居于主流地位,但是,海外涉华报道呈现出国际社会对中国的复杂感情。究其原因,既有海外媒体在报道力度、方法、态度等方面的综合原因,更重要的是,中国媒体在国家形象塑造和传播过程中的跨文化能力缺失。对《中国日报》2006年对外报道的研究发现,媒体在以下三个方面的能力缺失容易导致跨文化解读的偏离:①中国媒体对外报道更偏重社会新闻,无法充分回应国际社会对中国政治问题的关注;②中国媒体对外报道中对权力机关几乎趋同的正面报道,容易让国际社会形成统一口径的印象,从而大大降低中国媒体的可信度;③中国媒体在对社会新闻的对外报道中,经常单纯引用政府官员的话语,从而造成缺乏客观性的媒体现象。[①] 中国媒介可信度的下降直接制约国家形象的跨文化传播效果。2011年,美国著名的中国问题专家乔舒亚·库珀·雷默在谈到其中国研究读本《淡色中国》(*Brand China*)时指出:西方世界的人们对中国的理解并不充分,最大的问题在于他们不仅仅不理解中国,而且还不信任中国。这才是真正的问题所在,因为信任是国际事务中非常重要的元素。对于中国来说,获得更多的信任可能

---

① 整理自段鹏《国家形象建构中的传播策略》,中国传媒大学出版社2007年版,第47—48页。

是国家安全面临的最重要挑战。① 这些研究表明，中国媒介的全球化战略转型固然重要，但培养在跨文化语境下生产、传播媒介内容的能力更加迫切，它将成为制约国家形象传播效果的重要因素。

三　法国视野中的中国国家形象研究

总体而言，法国对涉华报道和中国国家形象的研究相对较少。相关度最高的分别是 Hotier Hugues②, Dominique Colomb③ 被收录到 2010 年出版的《信任和中欧关系》中的《从世界报和巴黎报看中国在法国日报中的形象》和《中法媒体面对代表权危机，法国媒体对北京奥运会的歇斯底里》两篇研究。文中提到："不可否认，中国经济的繁荣发展对欧洲人来说是个很大的震撼。"一方面，法国人觉得中国是个时尚的国度，但另一方面，法国的媒体仍然保持对中国人权、民主制度、新闻自由等问题的质疑和批评。

Hagmann Pierre 在《中国官方话语被付诸实施研究》④ 中指出："中国官方话语利用社会达尔文主义（源自于清末民初）逻辑宣扬传媒国际化的积极扩张性方向及必要性，这种逻辑源自于对中国经济发展的研究，并受到新自由主义思潮影响。"文章认为："官方话语对内通过对媒体编辑方针的控制得以在中国媒体被传播，而对外，因特网成了新的重要的控制、利用工具，但网络同样成了非官方话语的传播场。"

---

①　参见［美］乔舒亚·库珀·雷默《中国形象：外国学者眼里的中国》（第 2 版），沈晓雷译，社会科学文献出版社 2008 年版；田晓玲《"北京共识"首倡者：国家形象塑造不可能一蹴而就》，2011 年 6 月 13 日，《文汇报》（http://www.chinadaily.com.cn/hqsj/shbt/2011-06-13/content_2886552.html）；俞可平《雷默的"淡色中国"观》，2007 年 5 月 4 日，《北京日报》（http://news.sohu.com/20070504/n249846654.shtml）。

②　Hugues Hotier, "Etude de la confiance qu'inspire la Chine au quotidian Le Monde," in *Le Monde et la Chine: confiance, mefiance, defiance*, (s/dir) Lihua Zheng, Xiaomin Yang, Harmattan, 2010.

③　Clomb Dominique, "Les médias français et chinois face à la crise de la représentation. A propos de l'hystérie médiatique française face aux J. O. de Beijing," in *La confiance et les relations sino-européennes*, (s/dir) Zheng Lihua, Yang Xiaomin, Paris, L'Harmattan, 2010.

④　Hagmann Pierre, *Regard sur la mise en scène du discours officiel chinois*, In: Perspectives Chinoises. No. 69, 2002.

Frédérick Douzet 则在《中国网络的界限》① 中认为："中国互联网很大程度上是基于中国经济和庞大社会发展的要求而发展起来的，并且中国政府对于网络可能导致的自由问题相当自信其能控制好。"② 他同时观察到《中国日报》、新华社、《人民日报》、中新社网站的大规模发展及政治人物在使用其英文网站作为宣传工具的态度。还有些学者关注中国网络过滤和防火墙的问题，认为：西方（美国、欧盟）大型电信、网络技术公司因经济利益驱使在这一问题上同中国政府合作，互联网作为一种技术并不必然带来民主。在分析法国媒体对中国国家形象认知的原因时，Hotier Hugues 发现："法国媒体很少使用由中国媒体提供的信息"，否则，"就可能会被认为是在进行政治宣传"。这一方面是与法国新闻专业主义精神的一贯传统有关，但另一方面，也带来了对中国的偏见。Dominique Colomb 指出："不论是西方学者还是记者，都需要超越因近距离产生的误解和单一的西方视角来认识中国的复杂性、矛盾性。"

法国社会对中国媒体有清晰的分类：将官方媒体（新华社、中央电视台、《人民日报》《中国日报》《环球时报》等）新闻报道纳入"宣传"分类，对于地方报纸媒体则从具体案例或记者出发研究其新闻实践活动。而具体到中国网站则整体缺乏研究，零星的作品也主要是从网络控制等宏观层面上进行分析。③ 这表明：法国学界对中国媒介发展现状的研究主要集中在批评中国政府的新闻宣传和媒介控制上，而对中国新闻现状的研究则较为匮乏。

由此，本书提出以下研究问题：

（1）基于网络社会的跨文化传播是否改善了法国媒介以往的中国国家形象认知？

---

① Frédérick Douzet, *Les frontières chinoises de l'Internet*, Hérodote, No. 125. 2007/2.
② 他指出，美国网络公司巨头 Yahoo!、Google、Skype、Microsoft 都出于商业利益接受中国政府的安装防火墙和过滤软件的要求。
③ 相较于法语学术界，同华人研究者合作较多的英文学术界在对中国网络媒体的实证主义研究更加丰富，Joseph M. Chan, Francis L. F. Lee 和潘忠党合作研究了中国记者对网络的使用和态度。Joseph M. Chan, Francis L. F. Lee, Zhongdang Pan, "Online News Meets Established Journalism: How China's Journalists Evaluate the Credibility of News Websites," *New Media Society*, Vol. 8, No. 6, 2006.

(2) 中国新闻网站着力发展的网络对外传播是否改变了法国新闻网站报道中国时的行为选择？比如，对信源的选择。

第二节 信源视角下的法国新闻网站中的中国形象

一 研究对象的选择

本书选择法国以原创性新闻为其主要传播内容的网站，它们作为连接新旧媒体的传媒新形态，具有重要的研究价值。本研究选择了五个访问率高的法国时政新闻网站：《世界报》网站、《费加罗报》网站、法国电视一台网站新闻栏目、Orange.fr 公司时政频道和《观点》杂志网站。在考虑到网站访问量的同时，本研究在选择媒体时同时考虑到其品牌效应。《世界报》《费加罗报》《观点》杂志均属于法国主流综合性新闻时政媒介，并且分别拥有不同的政治立场，相较之下拥有较强大的新闻采访能力和编辑能力，特别是在国际新闻的报道上。法国电视一台"TF1"为法国市场占有率最大的私营电视台，并且在欧洲亦居于领先地位。选择 Orange.fr 时政频道的理由在于其访问量大，该网站以转载法新社文章为主，其编辑能体现出法新社的报道逻辑。

二 网站跟踪方法

本书跟踪的时间段为：随机抽取的 130 天[①]，即 2010 年 2 月 1 日至 6 月 10 日，并完成日志 61 篇，统计 557 篇相关报道。本书采用每周随机抽取三天进行跟踪记录，在时段选择上，考虑到中法时差（冬令时 7 个小时，夏令时 6 个小时）和网站更新时间与频率（法国网站采取实时更新），研究日志记录时段确定在巴黎时间 22 点。

网站跟踪时，既依托信息聚合软件，也依靠人工记录，尽可能避免内容的遗漏。网站跟踪的基本流程包括：

(1) 网站首页头条更新，观察是否与中国议题有关，如有关，

---

① 本意抽取全年的 1/3 时段，约 120 天进行网站跟踪。后因网站跟踪初期的调试和磨合，故将观察时段增加了 10 天。

记录。

（2）International/monde（world）版块的头条更新是否为中国议题；如不是中国议题，点击进入 Asia 版块（如有），观察是否中国议题为头条，如有，浏览、记录。

（3）搜索关于当日中国报道，采用网站内关键搜索，关键词为"中国"（Chine），浏览、记录。

（4）统计同一主题报道数量。

（5）收集网友评论数量、评论内容。

（6）统计报道采用形式：图片、视频等。

（7）统计新闻报道的来源。

网站跟踪的观察细节包括：

（1）版面设计，图片、视频、读者评论、链接（发表评论限制、形式等）。

（2）记录报道作者相关信息，包括姓名、身份（记者/通讯员/学者教授）、报道来源地（是否由驻中国记者发出）。

（3）体裁。

（4）报道主题。

（5）报道概要。

（6）报道倾向。

（7）信息源。

三　跟踪结果的分析方法

本书采信架构分析理论（也译为"框架理论"），主要从网络新闻议题选择和文本构建，例如对新闻信息源的选择，直接探究中国新闻网站是否具有对法国网络空间塑造中国国家形象的影响力。架构分析起源于社会学、人类学的研究方法，"是一个关于人们建构社会现实中如何交往的研究领域"[1]，"它被用以考察话语、议题与意义如何准确地建构、组织并得以展开"。通过架构分析，传媒生产/制作产品

---

[1] 潘忠党：《架构分析：一个亟需理论澄清的领域》，《传播与社会学刊》2006 年第 1 期。

的过程和方法被解构，人们试图还原其生产流程来对社会组织过程进行分析。潘忠党将架构理论划分为三个主要分析范畴：话语（文本为再现的体系）、话语的建构（框架建构的行动与过程）以及话语的接收（框架效果及其心理机制）。

在对网站跟踪结果的分析中，本书倾向于将之划分为两个流程：话语的建构（包括文本建构和文本结构建构，框架建构的行动和过程直接反映在文本结构的组织模式上，如对新闻信息源的选择）和话语的接收。毫无疑问，话语建构的上游空间指向教育，价值观在话语构建中居于金字塔地位，但这并不是本书分析的重点，本书落脚于围绕价值观的文本构建过程。Tankard、Hendrickson、Silberman、Bliss 与 Ghanem 认为"新闻报道中所描绘的情境与主体，均需透过选择、强调、排除与详述等手法，才得以呈现"①。简洁而言，这是一个选择与再构建的过程，价值观是灵魂，由议题与新闻源组成血肉，"修辞"成为表皮。

据此，本书对网站跟踪结果的分析指向四大主要指标——议题、体裁、信源、报道偏向进行统计，从而从宏观上进行勾勒，本书主要呈现对"信源"的跟踪结果，并对文本细节进行话语分析。

四 信源跟踪的主要发现

信源在促成媒介议题选择时起着重要作用，信源的参与是话语竞争的重要战场。从政治、经济、文化议题到媒介议题再到公共议题，都经历信息的重组与架构，信源被排除或被选择、被排序（强调）都凸显话语权力的争夺。对新闻网站而言，网站转载、共享信息是其重要特征之一，在这种情况下，信源问题的困扰首先来源于原创网站对于通讯社通讯报道的转载或利用；同时，由于涉华报道的国际报道性质，其信息通常经由多家媒体转载。基于这两大原因，对于信源的分类需要确立标准。

（一）信源采信比例的基本分析

本书涉及的法国五大网站除原创新闻外，均会对法新社、路透社文

---

① 转引自陈静茹、蔡美瑛《全球暖化与京都议定书议题框架之研究——以 2001—2007 年纽约时报新闻为例》，《新闻学研究》2009 年总第 100 期。

第九章 法国新闻网站中的中国形象研究

章进行直接转载或者编辑，此类文章信源将被归入"通讯社"一类。在确立一级目录后，本书将对所有原创和来源于通讯社的网站新闻信源进行二级分类统计，进而得以观察信源在法国新闻网站塑造中国国家形象时所占的地位和角色，详见表9-1。

表9-1　　法国新闻网站中国议题报道信源统计　　单位:%

信源	2月 网站	2月 通讯社	3月 网站	3月 通讯社	4月 网站	4月 通讯社	5月 网站	5月 通讯社	6月 网站	6月 通讯社
政治	17.19	39.95	14.2	32.61	11.32	34.48	6.77	18.60	9.09	16.00
专家学者	8.77	3.87	10.49	8.69	8.18	4.60	1.69	6.98	9.09	12.00
国外传媒	44.56	2.58	38.27	7.60	54.09	2.30	66.10	4.66	63.64	6.00
中国传媒	5.26	16.13	6.18	14.13	1.26	21.84	0	39.53	0	20.00
商业公司	14.03	10.97	12.96	22.83	10.69	25.29	8.47	16.28	7.27	28.00
普通公众	7.37	9.68	14.19	5.43	3.77	9.20	1.69	9.32	0	6.00

从上述数据中可以看出：

（1）政治性信源（政治人物等）出现比例最高。

（2）中国传媒引用比例很低。对中国传媒的直接引用比例分别为5.26%、6.18%、1.26%、0和0，在同时期六大信源类型中居末位，低于政治商业公司、普通公众的引用比例。由此可见，外国通讯社成为时政网站新闻信息的第一大来源，这表明法国新闻网站对国际通讯社的依赖性。此外，数据还表明，中国传媒所占比例甚至低于普通中国公民，这也反映出法国网络新闻报道缺少对中国新闻网站的信任。

（3）商业信源较为重要。这些商业信源主要来自与中国大陆有商业往来的跨国公司，它们仅次于政治信源，高于专家学者和普通公众信源。跟踪数据显示，中国商业公司的引用比例远远低于外国商业公司。

（4）普通公众中的中国公众与外国公众。网站跟踪数据显示，对中国公众的采访比例要高于对外国普通公众的采访比例。

除以上数据外，本书在对信源的网站跟踪中还发现：

（1）中国传媒中的中央级、地方级媒体作为信源的不同表现。根据对被引用中国传媒具体来源的统计，新华社和《中国日报》（英文版）是第一大信源，《人民日报》出现4次，中央电视台出现3次。地方媒体中，被引用的媒体名称和频率为：《经济时报》1次，《南方都市报》2次，《新京报》2次，《中国经济日报》1次，《财经》1次，《武汉晚报》1次，《城市晚报》（吉林）1次，《上海晚报》1次，《南华早报》（中国香港英文报）4次。落实到明确标示来源的中国网络媒体，则包括：地方政府网1次，公安部网站1次，商务部网站1次，发改委网站1次，凤凰网1次。由此可见，中国新闻网站在法国影响力极低。值得注意的是，法国外交部下属传媒部门会制作每月中国新闻媒体简报（Revue des presse Chine），可供法国媒体订阅。

（2）法国新闻网站在报道中国议题时还出现了另外的信源，如国际组织、NGO 和异见人士，它们出现的次数分别是12次、15次和20次。

（3）商业公司、人物活动被纳入政治议程，成为政治议题的重要信源。在对多个中国议题的报道中，法国新闻网站将商业公司、人物活动纳入政治议程报道中，其结果使得中国外交争端中经济问题政治化，这成为中国近年来外交问题的一大特点。例如，Google 退出中国大陆事件中中美外交部的口头交锋，力拓间谍案引发的中澳外交关系紧张（尽管双方都试图弱化这一事件的影响力），中国限制稀土出口引发国际社会对中国崛起的不安和批评。简而言之，即经济性问题经常被纳入政治性议题中，经济争端而引发的政治性争议（尤以 Google 事件为例）在媒体议程中占有重要地位。

（4）法国网络媒介更加信任通讯社和报纸，中国新闻网站尚未成为法国网络媒体的信息源。从所有信源所占比例来看，中国传媒被直接作为信源（即法国新闻网站/记者直接引用）的比例低于其他类型。从被引用的中国媒体类型来看：法国网络媒介更加信任通讯社和报纸；电视媒体 CCTV 和凤凰卫视是唯一被引用的两大电视媒体；中国大陆新闻网站，除了凤凰网没有出现在信源中，或者被提及，地方政府和公安部、商务部、发改委网站反而成为直接信息源，这表明中国新闻网站尚未成为法国网络媒体的信息源。

（5）英语仍然是主要的信源语言。从语言类型来看，信源的选择仍旧依赖英文媒介，比如，新华社、《中国日报》英文版被引用的比例最高，这表明语言是法国新闻网站选择信源的重要因素。

此外，需要注意的是，记者对信源的使用习惯。依托法国传统媒体的新闻网站在国际报道领域具有绝对优势，它们采写的新闻成为新闻网站信任的来源。中国大陆的商业网站不具备新闻采访权，这与法国记者的职业要求——记者必须引用能够保证信息真实的信源——相去甚远，因此，法国新闻网站直接将中国商业网站排除在外。

（二）Google 退出中国大陆事件的信源分析

Google 事件从 2010 年 1 月中旬开始发酵一直到 3 月 23 日 Google 正式退出中国大陆并将服务器转移至中国香港，这期间法国新闻网站的报道不曾间断。本书以 3 月 23 日，Google 正式离开中国当日的 9 则新闻报道为例（详见表 9-2）进行分析。

表 9-2　Google 退出中国大陆当天的法国新闻网站报道分析

网站	标题	作者	体裁	信源	偏向
世界报网	中国网络：随意、虚伪而扭曲的查禁（政策）(Internet en Chine: "Une censure aléatoire, hypocrite et contournable"①)	世界报	访谈	10 名在华法国人	消极
世界报网	Google 从中国撤退不会影响网民搜索（Le retrait de Google de Chine n'a pas d'impact sur les requêtes des internautes②）	法新社	通讯	秦刚；Google	中立偏消极
世界报网	为了逃避审查，Google 向中国香港撤退（Pour contourner la censure chinoise, Google se replie vers Hongkong③）	Brice Pedroletti	通讯	新华社（一政府网络主管部门负责人）；Duncan Clark，BDA 主席；David Drummond	中立偏消极

---

① http://www.lemonde.fr/technologies/article/2010/03/23/pour-les-occidentaux-le-grand-firewall-est-plus-ennuyant-qu-autre-chose_1323490_651865.html.

② http://www.lemonde.fr/technologies/article/2010/03/23/le-retrait-de-google-de-chine-n-a-pas-d-impact-sur-les-requetes-des-internautes_1323041_651865.html.

③ http://www.lemonde.fr/technologies/article/2010/03/23/google-se-replie-a-hongkong-pour-ne-pas-ceder-face-a-pekin_1323236_651865.html.

下篇 媒体融合与新闻网站国际影响力

续表

网站	标题	作者	体裁	信源	偏向
费加罗报网	Google 试图逃离中国审查（Google tente d'échapper à la censure chinoise①）	Benjamin Ferran	通讯	秦刚；姚坚；李毅中；白宫；Google 法律负责人；Google 财务经理；路透社；中国官方新闻社	中立偏消极
费加罗报网	Google 和中国：巨人之间的碰撞（Google et la Chine：un choc de titans②）	Arnaud de La Grange，驻北京通讯员	评论	杨洁篪；希拉里；纽约时报；Hu Xingdou，北京工业大学教授；清华大学学生；社科院研究员；南华早报社论作者；伯克利大学中国项目研究主任	消极
观点网	Google 结束在中国的审查（Google met fin à la censure en Chine③）	新闻社	通讯	国务院新闻办公室网络负责人；新华社；白宫；David Drummond；人权中国负责人 Sharon Hom	中立偏批评
观点网	为什么 Google 要逃离中国（Comment Google veut contourner la Chine④）	Guerric Poncet	通讯	Google；普林斯顿大学中国研究专家	中立偏批评
电视一台网	Google 转移其中文服务器至中国香港（Google transfère ses services chinois à Hong Kong⑤）	法新社	通讯	David Drummond 博客	中立偏批评
Orange 网	北京和华盛顿不准备在 Google 问题上争吵（Pékin et Washington pas prêts à se bagarrer au sujet de Google⑥）	法新社	通讯+视频	香港科技大学社会学教授 Barry Sautman；中国外交部发言人；两普通中国公众；北京一政治研究人员 Russell Leigh Moses；中国香港政治学教授 Yu-Shek Cheng	中立偏批评

---

① http：//www. lefigaro. fr/web/2010/03/22/01022 – 20100322ARTFIG00823 – google-tente-d-echapper-a-la-censure-chinoise-. php.

② http：//www. lefigaro. fr/web/2010/03/24/01022 – 20100324ARTFIG00040 – google-et-la-chine-un-choc-de-titans-. php.

③ http：//www. lepoint. fr/actualites-economie/2010 – 03 – 23/internet-google-defie-la-chine/916/0/436489.

④ http：//www. lepoint. fr/actualites-technologie-internet/2010 – 03 – 23/censure-comment-google-veut-contourner-la-chine/1387/0/436839.

⑤ http：//lci. tf1. fr/high-tech/2010 – 03/google – fin-de-la-censure-en-chine – 5781640. html.

⑥ http：//reunion. orange. fr/news/monde/pekin-et-washington-pas-prets-a-se-bagarrer-au-sujet-de-google，558189. html？var_ recherche = afp.

上述跟踪数据表明：

（1）法国新闻网站基本持消极态度。从报道倾向来看，所有9篇报道均持中立偏消极或消极态度，所有涉及的五家不同网站的立场差别不大。

（2）信源丰富程度和平衡性不一。五家新闻网站都引用了争议一方或者双方的信源。从信源分类上来看，世界报除引用新华社和外交部发言人作为直接信源外，大量用外国人士作为信源，如在华生活的法籍人士成为其重要信源。

（3）法国驻华记者更青睐学者和普通公众作为信源。费加罗报驻北京记者 Arnaud de La Grange 大量用中国独立学者、媒介人士、普通公众等作为信源。Orange 转载的法新社报道同样使用大量的研究中国或对中国有深入了解的人士作为信源，包括中国香港学者、在华外国学者、普通中国公众等。这表明外国驻华记者在信源选择上的偏好：除了主动提供信源的政界负责人，比较青睐于学者和普通公众。

（4）法国新闻网站有独立的价值框架。从信源同偏向的关系上再次印证：法国新闻网站与本国传统媒体类似，对中国议题的报道有自己的能动的独立的价值框架，用来指导和构建针对某一议题的不同框架表述，形成判断和倾向。也就是说，在对中国议题的报道中，议题、信源对媒介框架的形成不构成直接的必然的作用力。

第三节　结论

一　中国新闻网站国家形象塑造：跨文化传播的幻象？

本节试图回答前文提出的研究问题：

（1）中国新闻网站是否具有对法国网络空间塑造中国国家形象的影响力？

从网站跟踪的数据来看，中国新闻网站虽然进行了硬件的大举投资，加大对外传播的力度，但其对法国网络空间塑造中国形象的影响力十分微小，本书所呈现的信源研究数据十分清楚地表明了这一事实。中国新闻网站着力发展的网络对外传播似乎并未改变法国新闻网站报道中国时的行为选择，比如，信源的选择。

（2）基于网络社会的跨文化传播是否改善了法国媒介以往的中国国家形象认知？

总的来看，法国新闻网站涉华报道具有比较稳定的价值立场和行为选择模式，并未因网络社会跨文化传播的技术优势而出现重大改变。

第一，本书发现：法国新闻网站中国议题报道中的价值框架具有强大的聚合能力。新闻事件发生后经过媒介挑选进入媒介议程，挑选的标准即由媒介对某一事件的性质、影响、意义等基本判断组成，被纳入统一议题框架的新闻事件分享这一议题的价值框架。事实上，一般的价值框架早于新闻事件发生前已经存在于某一媒体内部。一方面，不同新闻网站对新闻事件挑选的高度的一致性反映出媒体在某一议题上价值框架的一致性，比如，Google退出中国大陆事件。另一方面，也会出现对某一议题不存在高度统一的价值框架，直接导致了报道倾向的差异。比如，对中美争端的报道表明，法国新闻网站尚未达成统一的价值框架。当然，在此类事件中，法国作为中立的第三国，媒体隐含的价值观判断并没有过于影响法国新闻网站对其他两国关系的判断。

第二，本书关注的重点是信源对议题框架形成的影响。不同信源提供不同的新闻事件或者同一事件的不同侧面（也就是不同的新闻事实），并进行相互竞争，竞争的结果就是议题框架的形成。但是，本书进行网站跟踪后发现，在对中国议题的报道中，信源对媒介价值判断的影响力并没有人们想象中的大。话语被听见不一定会被采纳，话语的霸权只存在于话语产生和被分享承认的场域中。在政治事件的报道中，政治话语离开政治场域，只能成为传媒话语切割的对象。此时，一心试图扭转西方"误读"的中国新闻网站，在作为信源的时候就被切割了，而失去其跨文化沟通的对外传播功能。

第三，本书发现，法国新闻网站中的中国国家形象较为消极。根据统计，在全部涉华报道中对中国持中立偏消极或消极态度的占19.57%，而持积极或中立偏积极态度的仅占3.24%，持中立态度的占到70%。作为网络媒体，在传媒报道的体裁类型上，可以看出五家新闻网站并没有大量使用视频作为吸引读者的手段，相反，着力利用新技术开发读者互动空间（包括 SNS、RSS 技术①和评论服务）表达其价值内涵。在某些议题上（例如 Google 退出中国问题、中国网络自由问题），法国新闻网站具有较为统一的价值框架和媒介议程，其报道倾向受信源影响不大。

第四，法国新闻网站涉华报道的信源结构较为单一。五大新闻网站涉华报道大量依赖国际新闻社，特别是法新社报道，只有少数两家媒体（世界报和费加罗报）有固定的驻华记者，能够采访中国公众。而在媒介议程设置上，除了政治事件、政治人物外，跨国公司占据第二重要位置。例如，在同法国相关的议题上，讨论中法政治外交关系的共 13 篇，而讨论法国企业在中国发展的有 20 篇，企业、企业家及其活动为媒介提供了重要的经济议题，同时也成为重要的信息源。而中国媒体在被引用度上非常之低，即使是中央媒体等具有发布英文信息的媒体，其被应用量也远远小于法新社被引用量，其他地方性媒体更加弱小。

（3）网络社会中的跨文化传播是否可能？问题和出路是什么？

跨文化传播最初作为一种精神交往现象而存在。20 世纪中叶，伴随全球化与媒介新技术的普遍应用，卫星技术、网络技术等现代化技术制造出"人体延伸"的景观，使得跨文化传播成为根植于人的物质生活生产与精神交往需要之中的历史现象。总的来看，起源于西方的跨文化传播研究的核心问题是我们与他者如何交流的问题，不同文化背景的人与人之间的理解与误解如何形成的问题，以及交流如何跨越性别、国籍、种族、民族、语言与文化的鸿沟问题。几十年来，尽管跨文化传播研究与实践或多或少地存在不同观点间的碰撞或交锋、不同文化间的隔阂或冲突、不同体制间的排斥或摩擦等，但跨文化传播的终极关怀始终如一，即最终实现文化融合，从而达致和谐的最高价值理念。本书的分析似乎提出了一个反例：中国政府的"大外宣"政策似乎没有对法国新闻网站中的中国国家形象建构形成正面的、符合中国国家利益的影响。那么，网络社会中的跨文化传播是否可能？

---

① SNS（Social Networking Services/ Social Network Software）指社交网络服务，包括了社交软件和社交网站，也指社交现在已成熟普及的信息载体；RSS（Really Simple Syndication），简易信息聚合，也称聚合内容。

回答这个问题需要反思，为什么中国新闻网站无法形成对法国新闻网站价值立场的影响呢？为什么每天通过网站外语频道向外输出的中国新闻难以成为他者的信息来源呢？

二　法国新闻网站弱化中国新闻网站信源的原因分析

（一）中国新闻网站内容生产往往无法充分呼应法国涉华报道的需求

法国五大新闻网站承袭传统媒体的价值框架，即对自由、民主、人权等基本价值观的坚持。因此，它们对中国政治问题特别是外交问题给予了高度关注。政治议题和经济议题比例合计超过50%，2月份、3月份均超过75%。其中，Google问题和中国网络自由问题占据了两大热门。此外，人权问题等也是持续关注的议题。但面对法国网络社会的关切，中国新闻网站不是无能，而是无力供给丰富的内容与西方社会的价值立场进行交流和对话。

（二）中国新闻网站的"宣传"烙印限制其作为西方媒介信源的合法性

在涉及国际问题上，中国新闻网站中只有新华网、人民网、央视网等具有权利和实力表达中国立场，但它们均被法国网络媒体称为"官方媒体"（média officiel），被认为是中国政府的喉舌，表达政府立场。而法国媒体对中国政府态度消极、在重大国际事务上通常持批评态度，因此，对有"宣传"烙印的媒体同样持批评态度。因此，中国网络媒体（或者说中国媒体）在对外报道上影响力低下不难推测。中国媒体的声音如何才能被听到？更重要的是，中国媒体如何才能站在一个平等的位置同外国传媒展开真正的辩论，而不是其声音简单地被作为信源材料被处理在已构造成形的、具有相对稳定性的传媒架构中？这是需要思考的问题。但需要呼吁的是，中国新闻网站身份地位的转型在国家形象塑造中具有重大意义，身份的全球合法性是中国在塑造、传播国家形象时首要考虑的问题。

（三）全球化与地方化、商业与文化的矛盾和冲突直接影响中国国家形象的跨文化传播效果

学者指出：国际媒体在报道上取悦其阅读对象是新闻商业化、文

化分享逻辑驱使下的必然结果,这也验证了本书关于价值架构的分析。另外,开放性网络媒体同样给新闻记者带来压力,读者参与权的扩大,甚至直接参与媒介架构对整个新闻编辑室、新闻媒体带来影响,这即暗示着记者报道独立性承受的又一强大挑战。互联网使公民在文化权上要求更多分享、参与的平等[1](价值判断的一致性是沟通、分享顺畅的重要因子),因此,当面对网络使用者群体相对确定、利益相对一致(在涉及群体之外报道——外国的在这里是一个重要的划分标准)时,人们很难听到不同的声音,这样的结果正是反全球化者的论据。本书认为,法国新闻网站固守既有的价值立场,并在一定程度上拒绝通过中国新闻网站了解中国的最新发展或问题,这实际上也可能是一种媒介偏见。

曼纽尔·卡斯特对"网络社会"(network society)的描述基于其连续不断地观察不同文化和制度背景下的社会运动,他的研究提示人们,"网络社会"是全球化的当代表述,在信息技术革命和资本力量双重推动下,生活、时间和空间的物质基础的转变重新塑造了我们的世界。新技术下的跨文化传播置身于"网络社会",既有的民族国家(nation-state)框架势必遭遇合法性危机,从而出现"网络国家"的新型政治机构:它由一系列互动主体的复杂网络所构成,这些互动主体包括民族国家、各种"多国家的"和"超国家的"机构、区域的(regional)或地方的(local)政府,甚至也包括各种非政府组织,因为地方的和全球的公民社会很快变成了民族国家的挑战者,同时也很快变成了民族国家的合作者。[2] 这样,跨文化传播研究视角经历了从帝国主义传播的单向流动向世界范围文化流动的历史转向,研究者对世界范围内普遍存在的文化混合、冲突现象有了更深入的观察和思考,但人们还是无法阻止媒介所产生的消极作用。两位经济学家的最近研究结果甚至认为,媒体的聚焦与日益增加的恐怖活动彼此相关。他们声称:有两类人从恐怖袭

---

[1] Golding, P., Murdock, G., "Digital divides: communications policy and its contradictions", *New Economy*, Vol. 8, No. 2, 2002.

[2] [美]曼纽尔·卡斯特:《2003年版序言与致谢》,载《认同的力量》(第二版),曹荣湘译,社会科学文献出版社2006年版,第3页。

击中受益,一类是恐怖分子,而另一类则是媒体。[1] 铺天盖地的媒介不仅没有缩小,反而拉大了文化间的疏离与敌视。新技术的广泛普及加速了跨文化事件的全球传播。当今世界彼此互联,以致牵一发而动全身,新媒体技术的出现和应用导致事件发生的因果之间几乎没有间隔。这不仅为跨文化交流带来积极影响,也同时服务于使用暴力者,手机、互联网、实时媒介在一定程度上提高了暴力事件在世界范围内几乎同时发生的概率。面对这些纠缠在一起的时代特点,新技术与跨文化传播正在经历诸多的现实困境。

---

[1] Frey, B. S. and D. Rohner (2006), "Blood and Ink! The Common Interest Game Between Terrorists and the Media", *Working Paper*, No. 2006-08, Centre for Research in Economics, Management and the Arts. URL (consulted August 2006): http://www.crema-research.ch/papers/2006-08.pdf.

第十章

媒体融合与媒介事件的跨文化传播

伴随着传播全球化和新技术应用的共同推动,媒介融合成为各国媒介发展的必然趋势。在中国,传统媒体和新媒体融合所搭建的舆论平台逐步成长为重要的公共领域,在许多重大的、突发的新闻事件中成为广大公民参与公共事务的场所,媒介融合下的公众诉求表达呈现出多元、开放、包容的新特点。融合后的多媒介场域成为中国公众建构我们与他者文化关系的全新途径,他们在大范围、深入参与国内公共事件的同时,借由媒介融合的技术手段主动、积极地接近、了解和参与国际讨论,而涉及中国利益的跨文化事件尤其受关注。2008年5月,美国影星莎朗·斯通(Sharon Stone)对中国地震的"报应"(Karma)言论所引发的巨大争议(人性、宗教、民族主义)就是其中的典型案例。本书通过对莎朗·斯通案例的分析试图探讨,媒介融合之于媒介事件跨文化传播的意义,即它是缩小了我们与他者文化间的冲突,还是激化了彼此间的文化偏见呢?

第一节 媒体融合与跨文化传播

一 跨文化传播

20世纪50年代,跨文化传播研究在美国兴起,其研究的核心问题是我们与他者如何交流、不同文化背景的人与人之间的理解与误解如何形成,以及交流如何跨越性别、国籍、种族、民族、语言与文化的鸿沟等多个层面。斯图尔特·霍尔的研究表明,我们用符号建构自我的文化边界,从而成为一种定型化的排他实践,这种实践通过不同的表征(学术、展览、文学、绘画)生产出一种有关他者的形式,并深深地卷入权力的运作。① 以自我言说为中心的跨文化理解可能会导致文化间的误读、偏见和冲突,从而表现出文化民族中心主义(ethnocentrism)的倾向,即每一种文化都试图用自己的文化价值去观察和评价他者,特别是在文化冲突发生的时候,每一种文化都习惯于抬高自己的文化价值,以凝聚文化群体的信念,取得对他者文化的支配权。② 随着人口流动、权力斗争、信息和通信技术的变化以及文化研究和人类学研究的发展,跨文化传播研究正承受着国际化的压力。面对如此繁复、激烈的跨文化现实,已有的文化适应(acculturation)、同化(assimilation)、整合(integration)、多元文化主义(multiculturalism)、世界主义(cosmopolitanlism)等概念面临新的问题和挑战。比如,人们需要更新对跨文化能力(intercultural competence)的理解和实践。跨文化能力可被定义为文化普遍的技能。这种技能为来自不同人类团体的人的互动所必需,这些人由于对他们之间的差异范围相互不了解而经历陌生感,跨文化能力作为一种技能,通过制造熟悉感而创造文化以及因此制造人与人之间的凝聚力,从而使他们实现相互作用的目标。此外,语言之间通过翻译实现彼此沟通,但沟通是否必然带来彼此的跨文化理解呢? 戴维·潘(David Pan)直率地提出,跨文化叙事是不可能的。因为,符号系统具有文化的特性,它构成了认知的结构,所以不同的符号系统就会导致对世界的不同认知。③ 还有学者通过对少数族群的研究指出,人们的看法会受到有偏见的媒体报道的强烈影响,这也许间接地导致了日益增长的少数族群的异化(alienation)。人们身处媒介化的社会场景中,相比意识形态、社会及人口因素等变量,敌对性媒介感知(hostile media perceptions)和媒介报道的感知性对人们,特别是少数族群有更多的影响,进而导致他们的社会边缘化,将自己定位于他者文化的陌生人。

---

① [英]斯图尔特·霍尔:《表征:文化表现与意指实践》,徐亮、陆兴华译,商务印书馆2003年版,第261页。
② W. G. Sumner, "Folkways",转引自单波、薛晓峰《西方跨文化传播研究中的和谐理念》,《国外社会科学》2008年第6期。
③ 转引自Jonathan P. A. Sell. "A Metaphorical Basis for Transcultural Narrative: A Response to David Pan", *Language and Intercultural Communication*, Vol. 7, No. 1, 2007。

第十章 媒体融合与媒介事件的跨文化传播

20世纪90年代，中国学术界开始发表跨文化传播的相关论文。中国跨文化传播研究经历了最初的概念化运用、西方跨文化传播理论引进到对跨文化传播系统思辨的发展。单波的研究指出，跨文化传播有两个核心心理问题，分别是文化适应和文化焦虑，特别是文化身份（cultural identity）的焦虑，跨文化传播的最终目的则是文化融合，从而达致和谐的最高价值理念。和谐的跨文化传播表现为人类的各种文化都通过对话而获得思想的新资源，进而开始某种文化的生成过程。文化融合就是在不同的文化观念、价值彼此影响和交流的互动中实现人类文化共同发展的主要形式。这在一定程度上抛弃了民族偏见，在尊重各文化实体差异性的基础上消解群体间的语言偏见（linguistic intergroup bias），以进取的姿态致力于将人类文化的发展提升到一个全新的水平。有学者则认为，跨文化传播是两种以上异质文化间的互动过程，其间误读现象不仅普遍存在而且不可避免。基于对跨文化传播中文化差异的理解，中国学者指出，新时期中国的对外宣传必须了解跨文化传播理论，需要充分虑及民族性格、思维方式和价值观念的差异。

中西跨文化传播研究都充分考虑到文化差异所带来的问题，文化所涵盖的层面之多也导致了跨文化交流的诸多障碍。尽管研究者们在跨文化传播是否能带来文化融合的最终目标上存在分歧，但都寄望于跨文化传播带来文化间的沟通与理解，从而消弭文化自我中心的彼此疏离和对抗。

二 媒体融合与跨文化传播

近年来，跨文化传播研究面临全新的时代背景：全球信息传播技术突飞猛进、电子网络社区形成、全球和区域经济组织与跨国公司的作用在某些方面超过了民族国家、信息技术对军事冲突的控制能力增强、大规模的移民、急速推进的城市化、网络技术和自然语言的结合、全球文化市场扩张、国际品牌的形象认同。这些改变直接反映在媒介融合和传播全球化的进程中，媒介融合使得信息更快、更多、更立体地汇通世界各地，语言障碍在某些不同文化群体间也伴随着翻译软件的使用、语言学习等逐渐弱化。跨文化传播的表象越来越直接地通过媒介本身扩散出来，数量越来越大，影像越来越多，速度越来越快。① 那么，媒介融合能带来更好的跨文化传播吗？文化间的陌生、紧张和对抗能在媒介融合的技术框架下解决吗？

有学者对此持乐观态度。中国学者在谈到电视与网络传播技术手段融合所带来的变化时认为，这种融合"客观上加速了不同传播语境界限的消解，促进了同域文化（同质或异质）、异域文化的相互交流与认同，使后传媒时代文化呈现出多元化结构"。基于对媒介融合跨文化能力的推崇，世界各地的很多机构（政府、非政府）、媒介（传统、新媒体）和个人都在进行着文化融合的尝试。2007年9月，中国国际广播电台（CRI）与日本广播协会（NHK）联合举办中日网络对话，主办方和参与嘉宾都认可，科技缩短了交流的距离，跨国网络的直播对话可以实现不走出家门的文化交流，加深中日理解。②

但大部分学者对媒介融合的跨文化能力给予质疑。有学者认为，网络和传播技术的广泛使用创造了一个可以即刻实现跨越文化和地理障碍交流的环境，为语言和文化差异制造了新的机遇和挑战。与面对面的互动交流不同，网络交流缺乏身体和口头的提示，因而这种互动很容易受到参与者超文本解析活动的影响（hyperanalysis by participants），从而提高了对内容和意图解释的敏感性和主观性。在中国，西方学者所揭示的人们在跨文化交流中的敏感性和主观性在某些媒介事件中转化为十分明显的网络民族主义（nationalism）倾向。20世纪90年代的中国，由于互联网成了宣泄民族主义情绪的场所，有论者将这种社会现象称为"网络民族主义"③。一批以人民网强国论坛④为代表的论坛迅速崛起，成为网络民族主义传播的平台。当时，中国网

---

① 陈卫星：《跨文化传播的全球化背景》，《国际新闻界》2001年第2期。
② 参见网络新闻专题《中日邦交正常化35周年特别策划、CRI & NHK国际广播电台再度联手——中日网络对话》，http://gb.cri.cn/news/other/07chi-jp3/，2007年9月29日。
③ 朱学勤：《这一年：基于自由的创造》，《南方周末》2004年12月31日。
④ 人民网的强国论坛（bbs.people.com.cn）创办于1999年，是中国新闻网站最早开办的时政论坛之一。强国论坛现已发展成为拥有45个分论坛以及网摘、辩论、博客、掘客，拥有71万注册用户的大型综合性社区。由于人民网是《人民日报》网络平台，强国论坛运用官方资源的嘉宾访谈是它的最大看点。2008年6月20日，胡锦涛总书记在强国论坛与网友在线交流时，网民总数达到200万人。此外，强国论坛不回避敏感话题，发帖相对自由，被称为中国的网络"言论特区"，也成为国外人士观察中国政情的"晴雨表"。

络舆论的指向有两个鲜明的特征，就是对外呈现民族主义，对内呈现批判现实主义。作为一种社会政治力量，网络民族主义展示了它的破坏性和建设性。其破坏性主要体现在极端言语、排外以及捣乱行为。其建设性则在于它表现了中国社会力量的政治参与意识，它刺激了中国网络市民社会的形成，也不断表达、塑造和凝聚着中国人的国家和民族认同。

媒体融合下的跨文化传播现象十分复杂，它突破了媒介融合原有的技术认知层面，将人与技术的融合、文化与技术的动态交叉、文化间的多维镜像囊括其中。此外，学者也提醒人们，媒介融合并不一定促进文化融合，相反，它可能强化自我言说，导致我们与他者间文化交流的困境，网络民族主义的出现就是一例。

第二节　莎朗·斯通地震言论风波

2008年5月24日，美国影星莎朗·斯通在法国出席第61届戛纳国际电影节公开活动时回答中国香港记者关于中国四川地震的提问，这位在中国非常知名的好莱坞明星使用了"Is that Karma?"来表达她的感受。Karma[①]一词在最初的新闻翻译中，中国香港电视媒体选用了"报应"这一中文表示，在媒介融合的立体推动下，这则新闻迅速在中、英文世界传播。由于，"报应"一词在中文世界专指种恶因得恶果，因此，在全球华人正在承受四川地震的巨大悲痛时，"Karma"一词的使

---

① Karma 在英文中指佛教词语：羯磨、业、因果报应，是个人在其轮回生命中之行为，被视为可决定其来生之命运。（*Oxford Advanced Learner's Dictionary of Current English with Chinese Translation*，1984）但 Karma 一词在中文世界对应三种常用表述：报应、因果循环、业报。"报应"原指种善因得善果，种恶因得恶果，后来专指种恶因得恶果。"因果循环"是比较中立的词，指事物的起因和结果，今生种什么因，来生结什么果。（《现代汉语词典》，1996）"业报"，类似于"报应"，但不如"报应"口语化和感情强烈。有学者指出，中国佛教的因果报应理论既不同于西方的因果报应观念（借助于上帝的奖惩），也不同于印度佛教的因果报应理论（具有较为严格的戒律性、个体性、出世性和精神性），中国佛教的因果报应理论有自己的特色。比如，将中国传统的家族性纳入印度佛教体系的个体性，认为因果报应不仅是个体的自作自受，还会给家庭、家族带来报应，给子孙后代带来祸福。综上，当代中国文化中对"报应"一词的使用十分敏感，它一般指罪恶言行所致的应得恶果，这种恶果不仅由个体承担，还会波及家人、家族或整个族群。

用在中文世界引发了几乎一边倒的强烈批判和质疑。由于这一事件传播范围广、波及程度深，它被纳入 2008 年中国网络大事件。① 截至 2009 年 3 月 27 日，本书通过 Google（中英文）搜索引擎检索了关键词为"莎朗·斯通 Sharon Stone 报应 Karma 中国 China"的相关网页，检索结果为：Google（英文 www.google.com）119000 条、Google（中文 www.google.cn）94200 条。通过对中英文网页的比较发现，中文检索量少于英文的原因正是源于对 Karma 一词的不同翻译。当中文检索关键词 Karma 分别替换为"因果循环""业报"两词时，相关页面分别还有 3960 条和 65400 条，因此，Google 中文相关页面的总量多于英文达 44560 条。这意味着，该媒介事件不仅是中英文世界关注的新闻热点，而且中文世界的关注程度高于英文世界。

本书对案例采用定性研究方法，对媒介事件中出现的文本内容进行检索和分析。本书按照媒介事件发生的时间先后顺序搜索被关注度最高的中英文关键报道和评论，进而将莎朗·斯通案例划分为三大阶段，即媒介事件生产、扩散期；媒介事件爆发、争论期；媒介事件冷却期。下文将对三大阶段中出现的标志性事件和话语进行中英文语境下的比较分析。

一 媒介事件生产、扩散期

5 月 24 日

香港有线娱乐电视（CEN）将记者在戛纳采访莎朗·斯通的地震言论进行剪辑后播出。② 播出时，原时长为 3 分钟的现场采访被剪辑为约 1 分钟的内容③，针对关键词"Is that Karma?"的翻译出现了两种文本，新闻主播在现场采访视频播放前将"Karma"一词译为"因果循环"，她说："莎朗·斯通在戛纳电影节上称四川地震可能是个因果循环，她说不喜欢看到有人对其他人不好，但她这样的讲法会不会有些不

---

① 人民网：《2008 年中国互联网事件盘点》，http://media.people.com.cn/GB/137684/8591314.html，2008 年 12 月 29 日。
② 播出视频见 http://www.YouTube.com/watch?v=DYoZEn9vlzE。
③ 2008 年 6 月 1 日，CEN 公开播映莎朗·斯通全程 3 分钟的访问。见 http://ent.163.com/08/0601/20/4DCLEQU100032MTM.html。

友善呢?"在其后播出的现场采访视频所采用的中文字幕中,"Is that Karma?"又被译为陈述句"这该是报应吧"。

这段电视新闻很快被上传至 YouTube 网站,视频标题被上传者编辑为:"莎朗·斯通针对中国地震的冷血言论"(Sharon Stone's cold blooded speech about China earthquake)。此时,这段视频仅在网友间传递,在 YouTube 最初的跟帖中,有不少人用英文的侮辱性词汇开始表达强烈的不满情绪。还有露骨的讽刺直接针对莎朗·斯通的智商和她已过时的演艺生活。另有些评论则主要批评莎朗·斯通不了解地震的情况,混乱使用 Karma 一词。

5月24日,是该媒介事件的生产阶段,莎朗·斯通中国地震"报应"说被中国香港电视媒体制作完成后,被上传至全球最知名的视频分享网站 YouTube,并迅速引起了一些网友的强烈批评。

5月25日

莎朗·斯通中国地震"报应"说的媒介事件并未被中外其他传统媒体和网站重点报道,因此没有引发广泛关注。英文世界只有少量关注好莱坞明星动向的聚合类网站[1]转载了相关新闻,而中文世界的关注体现在少量的个人博客中[2]。

5月26日

中国香港《太阳报》娱乐版刊登了各方声讨,并指出"曾与莎朗做访问的部分电视台,已决定删减该片段,因担心该片段播出后,会变成电视台的立场"。传统媒体的谨慎,促使相关报道和评论迅速向网络媒体转化。同天上午10点,中国大陆知名网络娱乐频道——搜狐娱乐播报转载了 CEN 的视频、《太阳报》报道,并附上精简版的组图新闻,将 CEN 的几个关键视频截图和字幕放在网上。[3] 15点45分,人民网强国论坛也发表了就此事件的第一篇帖子《从莎朗·斯通的言论中,我想了解佛教徒对于地震的心态!》,表达了个人从情感上对莎朗·斯通

---

[1] http://www.theinsider.com/sitemap/news-20080525-3.html,该网站专门聚合关于明星的新闻、照片和视频,然后通过网站、手机等渠道传播。

[2] 黄奕:《无视生命者,没有资格讨论生命》,http://blog.sina.com.cn/s/blog_4852f30a010095f6.html。

[3] 见 http://yule.sohu.com/20080526/n257074185.shtml。

的"厌恶至极"。①

有最酷娱乐网站之称的美国 tmz.com② 上有数百名网友针对莎朗·斯通"报应"说发表评论："多么愚蠢、无知和自私的言论"（what a stupid, ignorant, selfish thing to say.）③；"名人应该远离政治和宗教……有些人只是利用名人事件将他们的思想和信仰强加给我们"（Celebrities need to stay OUT of politics and religion... they use that celeb thing to project there thoughts and beliefs on us!）④。

5月27日

国内很多传统媒体仍大篇幅回顾戛纳电影节的盛况，对莎朗·斯通的"报应"说只字未提。⑤ 只有部分中国大陆报纸开始详细介绍莎朗·斯通的"报应"说和其他国家记者对此言论的批评，而这些内容全部翻译自 CEN 的英文采访片段。⑥ 与此相反，国内各类网络媒体纷纷转发新闻、发表评论，人民网强国论坛发出14篇网友评论帖，网友直斥莎朗·斯通的"无耻""冷血""失去了一个人应有的人文关怀"。也有评论认为，这"只是她一个人的声音……这并不能代表一个族群或是一个国家的声音"。⑦《广州日报》旗下的大洋网顺势推出网友辩论：莎朗·斯通"报应论"，你还会看她的电影吗？当天的讨论呈现出不同观点，大部分人直斥莎朗·斯通，要"抵制她代言的所有产品"；很少部分人表达出"这个还是要分开来看"，"不应为她一个人而冤枉了好电影"。⑧ 还有网

---

① Onlyyou：《从莎朗·斯通的言论中，我想了解佛教徒对于地震的心态！》（转载），2008年5月26日（http：//bbs1.people.com.cn/postDetail.do? view = 1&id = 86418020&bid = 27）。

② http：//www.tmz.com/about/.

③ http：//www.tmz.com/2008/05/26/sharon-stone-calls-chinese-earthquake-karma/1 # comments.

④ http：//www.tmz.com/2008/05/26/sharon-stone-calls-chinese-earthquake-karma/2 # comments.

⑤ 《华人明星展示"中国力量"》，《楚天都市报》2008年5月27日C33版。

⑥ 邱俪华：《莎朗·斯通这女人，智商真有154？》，《新闻晨报》2008年5月27日，转引自 http：//www.jfdaily.com/gb/jfxww/node8816/node8817/userobject1ai2052997.html。

⑦ 王毅：《请原谅一位美国影坛大妈的无知》，2008年5月27日（http：//news.xinhuanet.com/comments/2008 - 05/27/content_ 8262726.htm）。

⑧ 大洋PK台：《莎朗·斯通"报应论"，你还会看她的电影吗？》，2008年5月27日（http：//news.dayoo.com/guangzhou/zhuanti/node_ 39821/2008 - 05/27/index.html）。

友以消费者身份给莎朗·斯通代言的化妆品迪奥（Dior）总部写信，要求企业中止和这位美国影星的合作，否则将抵制该产品，更有网友发起48小时运动，"请Dior在48小时内做出对莎朗·斯通撤销代言的决定，不然，我们除了抵制莎朗·斯通外，我们将开始一律抵制Dior的所有产品"。迪奥上海公司负责人对此表示，"我们完全不赞同，也不理解莎朗·斯通发表的不符合逻辑的言论"，但对法国总部的态度无可奉告。[①]

上述4天中，电视媒体首先采访、编辑、播出莎朗·斯通中国地震"报应"说的新闻，然后通过YouTube扩散媒介事件的影响，接着报纸、中文网站紧跟其后，不过，报道内容全部取自电视新闻最初的传播框架和文本，并对其中的关键词"报应""有趣"（interesting）等进行了提炼和强化。网民开始关注这一事件，并用直白、愤怒的语言表达对莎朗·斯通"报应"说的厌恶，但网民的观点并不统一。此外，网友开始用消费者的身份从经济上打压莎朗·斯通的产品代言活动。总的来看，这一阶段是媒介事件生产、扩散期，传统媒体关于此事件的报道量和深度都显不足，关注这一媒介事件的新媒体规模也未形成，网民数量和讨论力度尚处起始阶段。

二 媒介事件爆发、争论期

5月28日

中国最重要的官方报纸《人民日报》发表了一篇短小的评论，将莎朗·斯通中国地震"报应"说视为"本能的丑陋"，"这种丑陋的背后依然是无知、虚伪、偏见与狂妄"[②]。这篇评论标志着中国主流媒体的正式表态，因《人民日报》的特殊背景，也可视为中国官方对莎朗·斯通言论的回应。《广州日报》则根据其网站进行的在线统计，在头版发表标题新闻：《莎朗·斯通对汶川地震大放厥词挨痛批，93%网友表示拒看其电影，其名牌代言人身份或不保》，这种新闻处理的方式显示出中国传统媒体对此事件的高度关注。同天，所有中国大陆的传统

[①] 姜燕：《网友：48小时内撤销莎朗·斯通代言否则抵制迪奥产品》，2008年5月27日（http://ent.xinmin.cn/bagua/2008/05/27/1170098.html）。

[②] 温宪：《本能的丑陋?!》，《人民日报》2008年5月28日第3版。

媒体都发表了相关报道，有报纸转发新闻网站消息称：莎朗·斯通发表冷血言论，演艺界掀起反"莎"狂潮①。有媒体描述：国内网友通过 YouTube 等视频网站对莎朗·斯通言论进行谴责和批评②。中国大陆网络媒体迅速转发《人民日报》评论和各类媒体报道，以铺天盖地的传播容量将莎朗·斯通事件推向风口浪尖。有些网站不仅制作了新闻专题，并推出了"用臭鸡蛋砸烂莎朗·斯通"的动漫游戏。③ 下午，中国拥有 8.9 亿注册用户的腾讯网④发起了"全球网友签名抵制莎朗·斯通"的大行动，其活动描述中说："我们可以原谅无知，但是我们不能忍受侮辱。""我们有必要表明我们的立场，让全世界知道：中国人很愤怒！"截至 2008 年 11 月 24 日，腾讯集结的签名人数达到 1692318 人。⑤

面对如此汹涌的批评浪潮和消费者强烈的抵制意愿，当晚 20：30，迪奥公司通过网络媒体对外表示，莎朗·斯通授权其经纪人发来致歉信，就其在受访中的不当言行对于中国人民所造成的伤害，向中国人民致歉。信中说："我的错误言行，让中国人民感到悲伤与愤怒，我为此深感歉意。我再次强调，我愿意积极参与任何关于中国地震灾害的援助活动，并尽全力帮助受灾的中国人民。"⑥ 面对经纪人发来的道歉信，中国网民普遍认为态度虚伪、无法接受⑦："是中国人就不能接受这种权宜之计的道歉，她先前说的才是真话，现在是迫于形势说的，不能原

---

① 星兰：《演艺界掀起反"莎"狂潮》，《楚天都市报》2008 年 5 月 28 日 C33 版。
② 杨林、谢来、徐春柳：《莎朗·斯通"地震报应"言论受责》，《新京报》2008 年 5 月 28 日 C04 版。
③ 网易：《莎朗·斯通称四川地震是报应引声讨》，2008 年 5 月 28 日（http：//ent. 163. com/special/00032NOM/SharonStone. html # 1，http：//ent. 163. com/special/000327LU/stslst. html）。
④ 艾瑞：《腾讯 2008 年总营收 71 亿　增值业务成增长动力》，2009 年 3 月 24 日（http：//media. ifeng. com/index/200903/0324_ 4262_ 1074209. shtml）。
⑤ 腾讯：《全球网友签名抵制莎朗·斯通》，2008 年 5 月 28 日（http：//ent. qq. com/zt/2008/btSharon/topic_ html/index. htm）。
⑥ 百度财经：《莎朗·斯通向中国人民致歉并全力支持中国的抗震救灾》，2008 年 5 月 28 日（http：//finance. baidu. com/guonei/2008 - 05 - 28/204048. html）。
⑦ 据腾讯网在线调查统计，有 99% 的网友拒绝接受其道歉。http：//ent. qq. com/zt/2008/btSharon/topic_ html/index. htm。

谅。""拒绝道歉!"①

此外,英文媒体对该事件也有进一步报道。美国 CNN 网站发表新闻《莎朗·斯通发表"报应"评论后其电影在中国被禁》②,文中介绍了中国民众和电影界对莎朗·斯通的抵制。YouTube 和其他一些网络媒体也不断补充了新的内容和评论,有网站将莎朗·斯通的言论称为"愚蠢的评论"(stupid comment),并说她是"真的搬起石头砸自己的脚"(really shot herself in the foot)③。

5 月 29 日

受到《人民日报》等官方媒体评论和新闻报道的支持,腾讯、新浪、搜狐、网易和天涯社区等几大主要的门户网站及论坛上的相关评论和话题呈现爆炸之势,网络媒体上的新闻评论版块和论坛显示出中国网民异常强烈的愤怒情绪。新华网,作为中国国家通讯社网站,连续发表措辞严厉的网络评论,有网友直接称"这个女人不仅是'所有中国人血统的公敌',而且是人类的公敌",因为"她跨越了人类公德的底线"。"莎朗·斯通的妄言妄语倒是可以提醒我们,国际反华势力不会因为四川地震而改变他们的反华立场。"④还有评论将莎朗·斯通事件与将地震称为"天谴"的中国香港报纸和中国内地学者观点等量齐观。⑤

下午,中国外交部发言人秦刚在例行记者会上对该事件发表评论:"我们注意到莎朗·斯通女士日前所发表的言论,也注意到她已经通过她的代理人就此事向中国人民道歉。我们希望中国政府和人民的抗震救灾努力能得到国际社会充分的理解和支持。我们也希望演艺界人士多做

---

① 见天涯来吧的相关评论,2008 年 5 月 28 日(http://laiba.tianya.cn/laiba/CommMsgs?cmm=281&tid=2602665770236701302)。

② CNN. Sharon Stone films banned in China after "Karma" comment. http://www.cnn.com/2008/SHOWBIZ/05/28/stone.karma.ap,May 28,2008.

③ Hollyscoop:*Sharon Stone Movies Banned in China*. athttp://www.hollyscoop.com/sharon-stone/sharon-stone-movies-banned-in-china_16208.asp,May 28,2008.

④ 许博渊:《莎朗·斯通是人类公敌》,2008 年 5 月 29 日(http://www.hq.xinhuanet.com/comments/2008-05/29/content_13396215.htm)。

⑤ 窦含章:《莎朗·斯通和朱学勤为何诅咒中国》,2008 年 5 月 29 日(http://ent.sina.com.cn/r/m/2008-05-29/11382041238.shtml)。

有利于增进各国人民之间相互了解和友好感情的事情。"① 这表明，中国政府相关部门对莎朗·斯通事件一直保持着关切，认为她的言论在一定程度上表现出国际社会对中国政府的误解，破坏了两国人民间的友爱。

中国政府的公开表态和网民大规模的强烈抵制促使迪奥公司通过网络媒体发表声明：立即撤销并停止任何与莎朗·斯通有关的形象广告、市场宣传以及商业活动。② 对迪奥与莎朗·斯通分手的声明，网民并不满意，有的质疑说："只是在中国分手还是在全球分手？如果只是在中国分手，大家继续抵制！"有的愤怒地说："应该封杀她的东西！这是每个中国人现在以及将来都想要、都应该做的一件事！"少有的几个网民表达了宽容的佛教心态："人都要有颗宽容的心，要用这颗心真心对待每一个公民，她所犯的错误我们要去包容她，中国是个有良好品德的国家……我们原谅真心悔过的人。"③

CNN发表新闻《斯通因地震言论得恶报》（Stone reaps bad karma for quake comments）报道莎朗·斯通迪奥广告被撤换的消息，文中说莎朗·斯通的言论点燃了公众和官方的愤怒之火（The statement drew fire from citizens and government officials），并专门引用了中国外交部发言人的最新评论。④ 福克斯新闻网描述莎朗·斯通的言论引起了中国媒体巨大的愤怒（considerable anger），它除了引用中国外交部发言人的评论外，还引用了新华社官方网站发表的一篇文章的标题，莎朗·斯通是"人类公敌"（public enemy of all mankind）。福克斯新闻网认为中国对这一事件爆发式的反应源于两个前期事件，即抵制奥林匹克火炬传递和国际社会对西藏问题的批评态度。⑤ 网民的相关评论则出现了"中国

---

① 《2008年5月29日外交部发言人秦刚举行例行记者会》，http://www.fmprc.gov.cn/ce/cgfuk/chn/fyrth/t459874.htm。

② 百度财经：《迪奥撤销并停止与莎朗·斯通有关一切宣传及商业活动》，2008年5月29日（http://finance.baidu.com/gongsi/2008-05-29/153607.html）。

③ 腾讯相关评论，见http://comment5.qq.com/comment.htm?site=ent&id=251498。

④ CNN：Stone reaps bad karma for quake comments, May 29, 2008（http://www.cnn.com/2008/SHOWBIZ/05/29/stone.karma/index.html?iref=mpstoryview）.

⑤ Foxnews：Dior Drops Sharon Stone From Chinese Ads for "Karma" Remarks；2008年5月29日，Actress Apologizes（http://www.foxnews.com/story/0,2933,359605,00.html/）。

人""美国人"的明显表述:"美国人没有文化和历史。所有美国人!"(American not have civilization and history. All of you!)"所有中国人都恨你。"(You are hated by all chinese.)①

5月30日

这天,中国31家传统和网络娱乐媒体呼吁,"永久封杀莎朗·斯通,把这个名字驱逐出自己的版面"②。封杀意味着今后全面排斥和拒绝与莎朗·斯通相关的娱乐新闻。网友对此大都表达了强烈支持:"大家越来越爱国了,感谢这些媒体。"③ 要给"那种从骨子里鄙视中国的那些异类迎面给予痛击"④。评论中也有孤零零的"异类":"我觉得对方已经道歉了,事情就过去了。我们不能要求人人都喜欢我们。"针对这条留言,网友们展开了不留情面的批评:"……我觉得中国也应该把你这个人也驱逐出去,丢人的中国人,你不配做中国人。"⑤ 新华网发表相对冷静的原创评论《莎朗·斯通恶毒言论只代表她自己》,文中说:"我仍然要提醒愤怒的人们,莎朗·斯通就是在美国也不过是一个过气的电影老演员而已,她并不代表美国政府,更不代表美国人民。我们要将她与其他人区隔,不必让对莎朗·斯通的愤怒演化为民族悲情,更不要产生激烈的对抗和排外情绪。"⑥

《纽约时报》当天发表报道《地震言论之后迪奥撤换广告女主角》(*Dior Drops Actress From Ads After China Remarks*):"迪奥,作为法国时尚品牌,成为最新一个因侵犯中国人自尊心而受到惨痛教训的国际公司。"文中将这一教训的起因归结为:"莎朗·斯通认为四川地震是中

---

① Hollyscoop: Sharon Stone Movies Banned in China. athttp://www.hollyscoop.com/sharon-stone/sharon-stone-movies-banned-in-china_16208.asp.

② 搜狐娱乐:《全国娱乐媒体联名呼吁将莎朗·斯通逐出版面》,2008年5月30日(http://yule.sohu.com/20080530/n257166409.shtml)。

③ http://comment2.news.sohu.com/viewcomments.action?id=257166409&pageNumber=45.

④ http://comment2.news.sohu.com/viewcomments.action?id=257166409&pageNumber=44.

⑤ http://comment2.news.sohu.com/viewcomments.action?id=257166409&pageNumber=42.

⑥ 杨涛:《莎朗·斯通恶毒言论只代表她自己》,2008年5月30日(http://news.xinhuanet.com/comments/2008-05/30/content_8276502.htm)。

国政府对待西藏问题的态度而遭到的因果报应。"文中说："企业家们发现在中国，不论他们如何努力将公众的注意力集中在商业本身，政治也会以意想不到的方式渗透进来。"顺着这个逻辑，报道将此事件与中国人 2005 年对日本的抵制和 2008 年 4 月对家乐福的抗议归为同类事件，称封杀莎朗·斯通的电影是煽动起来的一种民意（provoked a call），文中在引用新华网"人类公敌"的评论时，认为这篇文章措辞尖锐，还专门强调新华社是中国国家通讯社。①

5 月 31 日—6 月 3 日

这四天中美媒体的报道相当有戏剧性。

首先，莎朗·斯通通过两个美国最权威的媒体在前后两天的时间里发表互有冲突的观点。5 月 31 日，CNN 发表新闻《女演员说她就中国问题说错了话》（Actress says she misspoke on China），报道了莎朗·斯通通过其公关人员发表的题为《莎朗·斯通自己的话》（In my own words by Sharon Stone）的声明。声明说："我非常后悔自己所犯的错误。但这是无心之过。我道歉。那些话从未想要伤害任何人。它们是我言论的过失，同样也是新闻追求轰动效应的结果。"（They were an accident of my distraction and a product of news sensationalism.）"媒体就我在戛纳的讲话发表了不计其数的报道。我想通过这个声明直接说出我内心的感受，并终止一切的误解。"② 第二天，6 月 1 日，《纽约时报》发表《女演员斯通与迪奥就道歉问题发生分歧》（Actress Stone and Dior Differ Over Apology）揭示了一段不为公众所知的"秘密"，即莎朗·斯通经纪人 5 月 28 日代表其发表的道歉信并非她本人的意愿，相反，斯通一直表示"相信她没有做错任何事"（She didn't believe she had done anything wrong），"不愿意道歉"（I'm not going to apologize.）。报道说，5 月 29 日夜，斯通接受了记者 45 分钟的电话采访。在采访中，斯通先是说话尖刻，既而又对自己的言论深感懊悔。"她坚持说她在戛纳的言论被曲解了。"她还说迪奥公司以她的名义发表的道歉并未得到她的同意，而

---

① David Jolly：Dior Drops Actress From Ads After China Remarks，2008 年 5 月 30 日（http://www.nytimes.com/2008/05/30/business/worldbusiness/30dior.html）。

② CNN. Actress says she misspoke on China. http://edition.cnn.com/2008/SHOWBIZ/Movies/05/31/sharon.stone/index.html，2008 年 5 月 31 日。

第十章　媒体融合与媒介事件的跨文化传播

且"歪曲了她的话"（distorted her words）。斯通说，她的本意是想告诉记者，她信仰的佛教让她经历了思想的转变，使之正在帮助一个机构鼓励大家为地震捐款，"我的本意是想为中国人民服务"（My intention is to be of service to the Chinese people）。"二十年来我代表国际慈善机构从事慈善服务所积累的声誉被十秒钟粗制滥造的电视报道玷污了。""我非常遗憾发生了这样的事情，我说错了四秒，却使之成为一个国际性的事件。"① 莎朗·斯通的反复态度顿时成为中国媒介和受众最为关注的新闻。

从6月1日开始，中国公众和媒体通过传统媒体和新媒体发表了大量针对莎朗·斯通的新闻和评论，公众与媒体、公众与公众之间展开了前所未有的剧烈争论。

6月1日凌晨，中国一位著名的青年作家在其博客中谈到莎朗·斯通事件时，发表了后来引发巨大轰动的言论，他将矛头直指"错误的媒体"进行的断章取义，文章说："我认为莎朗·斯通是在错误的时间、错误的地点和错误的媒体说了一场错误的表白。其中关键是错误的媒体。""虽然我不喜欢她说话的腔调，但我相信很多人没有看过原话。而这番自己的思想转变在国内被媒体概括成了'地震很有趣，中国遭报应'。"② 针对这一言论，有网站称网友斥责作者"脑残"③。有网友将其视为中国大陆左、右派间的思想辩争。④

上午，被视为中国重要舆论指标之一的《中国青年报》发表评论《我们凭什么要宽容莎朗·斯通》，文章反对有人将对莎朗·斯通的批评与干涉言论自由混为一谈，"对言论自由，中国人有着热切的愿望。但为了维护别人的言论自由，就要自己闭嘴，却很让许多中国人不满和

---

① Cathy Horyn. Actress Stone and Dior Differ Over Apology, 2008年6月1日（http://www.nytimes.com/2008/06/01/fashion/01stone.html）。

② 韩寒：《她在错误的时间，错误的地点和错误的媒体说……》，2008年6月1日（http://blog.sina.com.cn/s/blog_4701280b01009j6d.html）。截至目前，该文的阅读量达到516152次，评论达21990条。

③ 网易跟帖，http://comment.news.163.com/news_shehui6_bbs/4DDGFJ2P00011229.html。

④ 强国论坛，2008年6月1日（http://bbs1.people.com.cn/postDetail.do?view=1&id=86518345&bid=1）。

· 201 ·

困惑——别人有诅咒我的自由，我为什么没有反诅咒的自由？""行政等公权力对言论自由的侵害确实严重存在，但与此事无关，与此类事无关。""需要担心的，是所谓'多数人暴政'对少数人言论自由的侵犯。舆论暴力确实会以一种'拟公权力'的方式，对部分人的言论自由构成伤害，这也是互联网时代精英分子最恐怖的梦魇之一。"①

其后，针对莎朗·斯通和其他对中国香港媒体断章取义的指责，其"报应"说的生产者 CEN 决定于当晚公开播映对莎朗·斯通全程 3 分钟的访问。CEN 高层坚称："CEN 的宗旨，是将事实完完全全呈现在观众眼前，所有报道都是播片形式，不可能歪曲。而且四川地震是整个中国人民的哀痛，我们绝不可能剪裁片段，去炒作新闻。"② 面对莎朗·斯通善变的言论，中国网民异常气愤："永远封杀莎朗吧，不用去想其他的事了，同样是人类，同一个地球，竟然说出那样的话，至今也不承认。把她永远隔离在我们中国人的世界外。"③

6 月 2 日，中国大陆期发行量 200 万份的《环球时报》④ 称，外国媒体在分析莎朗·斯通事件时说："近一个时期，中国民间释放出的爱国情绪已经令世界多个机构和个人就辱华行为作出道歉，这股几乎是突然冒出的力量一次次引起世界观察家的关注和惊讶。"文章援引德国专家的话说："现在，中国政策越来越透明，特别是互联网释放了中国民众的这股力量，让世界不得不重新认识这种力量。莎朗·斯通这件事情发生之后，更多的是普通中国民众在表达愤怒，这是最能让世界感到力量的一种愤怒。"还有美国教授的分析称："这其中有地缘政治的原因，中国毕竟是他们头脑中'遥远的地方'，同时也因为好莱坞……（的影响）。"⑤ 有网友在对此报道的跟帖中说："文化塑造人，我想她的无知、

---

① 张天蔚：《我们凭什么要宽容莎朗·斯通》，《中国青年报》2008 年 6 月 1 日第 2 版。
② 网易娱乐：《莎朗·斯通称言论被断章取义港媒公开完整版驳斥》，2008 年 6 月 1 日（http：//ent.163.com/08/0601/20/4DCLEQU100032MTM.html）。
③ 网易新闻跟帖，见 http：//comment.ent.163.com/star_ent_bbs/4DCLEQU100032MTM.html，2008 年 6 月 1 日。
④ 环球网：《环球时报发行量》，2008 年 1 月 3 日（http：//www.huanqiu.com/www/191/2008-01/42383.html）。
⑤ 高友斌：《莎朗·斯通正式道歉外媒：中国民众力量令人惊讶》，《环球时报》2008 年 6 月 2 日。转引自 http：//ent.163.com/08/0602/10/4DE75P0Q00031H2L.html。

没人性是受周围环境的影响吧。往小了说这是一个人的悲哀,往大了说这是一个民族的悲哀。她和她的民族太可怜了,我们应为他们默哀。"①

中午,一位在中国拍摄纪录片的好莱坞电影公司总裁通过网络媒体发布了《致莎朗·斯通的公开信》(An Open Letter to Sharon Stone),信中认为莎朗·斯通的言论令人"十分反感和痛心"(deeply offend and sadden me),而且"莎朗·斯通言论的背后隐藏着西方媒体对中国恶意的偏见"(behind it all lurks the vicious bias against China by the Western media)。② 有意思的是,这封公开信在中英文世界里均未引起公众和媒体的普遍关注,Google 中文的相关页面仅为 598 条,英文相关报道仅有来自中国网(china.org.cn)英文网站的一篇作品③。此外,中国网络媒体还报道有昆明市民向法院提出诉讼,以侮辱罪追究莎朗·斯通的刑事责任。④

6月3日,中国某知名网站的财经频道公布了"莎朗·斯通发表冷血言论"的调查结果,结果显示:截止到当天17:30,共有334293人参加调查,其中88.67%的网民,约30万人赞同抵制莎朗·斯通代言的产品;并有95.81%的网民认为莎朗·斯通言论会影响自己购买其代言的产品。⑤

6月4日

莎朗·斯通在巨大舆论压力下通过美国《人物》杂志再次就自己的言论道歉,这次道歉信与5月31日发布的如出一辙,只是更加清晰地表明:"是的,我说错了。"文章强调了莎朗·斯通与西藏问题的渊源和长期从事政治激进活动的历史,并公布了上海国际电影节拒绝邀请

---

① 网易新闻跟帖,见 http://comment.ent.163.com/star_ent_bbs/4DE75P0Q00031H2L.html。

② 天山网:《里比先生致信天山网批驳莎朗·斯通恶性言论》,2008年6月2日(http://www.tianshannet.com/news/content/2008-06/02/content_2618336.htm)。

③ *Cable TV exposes full footage to refute Stone*. http://forum.china.org.cn/viewthread.php?tid=1238&extra=page%3D2. 2008年6月4日。

④ 腾讯娱乐:《昆明市民状告莎朗·斯通索偿900万美元捐灾区》,2008年6月3日(http://xian.qq.com/a/20080603/000039.htm)。

⑤ 新浪财经:《近30万网民赞同抵制莎朗·斯通代言产品》,2008年6月3日(http://finance.sina.com.cn/consume/puguangtai/20080603/17244942286.shtml)。

莎朗·斯通的新闻。①

有英文网站专门就上海国际电影节一事发表文章，在网友跟帖中有人写道："谁在乎中国。他们是我们的敌人。"另有许多帖子对中国的政治制度、地震中的危房问题等进行了措辞激烈的抨击。② 还有网站记录了网友间的唇枪舌剑。一位网友认为："论坛里大部分是中国人，因此有很多痛恨莎朗·斯通的人一点也不奇怪，其实，斯通只是说出了很多人都想发表的批评意见，所以，她为什么要因为言论自由而受到报应呢？"对此观点，另一位网友反驳说："许多西方人根本不了解西藏的情况。西方人坦率直言，但却没什么脑子。""你们的言论正好表明你们狭隘的世界观。"③

此时，随着香港 CEN 播出采访原始视频，舆论开始出现对最初新闻报道的质疑。有网站发现，6月1日 CEN 对播出视频的中文翻译字幕与5月24日的完全不同："跟早前播映的两分钟片段的中文字幕相比明显是作出了修改，特别是令人看了最激动的'这该是报应吧'变为'是因果循环吗'。出自莎朗·斯通口讲的'Is that Karma？'有被误译为'That is Karma'之嫌。"CEN 的执行董事长面对质疑也承认报道"可能有瑕疵"，但电视台的"原意与动机并没有错"④。

不论从报道流量，还是关键事件的波及面和深度，2008年5月28日—6月4日无疑是媒介事件爆发、争论期。5月28日，以《人民日报》评论为爆发点，迅速推进国内媒体尤其是网络媒体对该事件报道数量的急剧上升，国内各大门户网站纷纷设立专题报道该事件，网友的愤怒情绪通过网络传播快速蔓延。其后，伴随中国外交部表达、迪奥公司弃用莎朗·斯通和这位女明星三次用意不同的道歉，公众民意密集地出现在网络媒体中，并呈现出明显的愤怒、抵制和责骂。值得注意的

---

① People：Sharon Stone Apologizes-Again-for China Remarks. http://www.people.com/people/article/0,,20204534,00.html, 2008年6月4日。
② http://www.tmz.com/2008/06/04/sharon-moo-goo-gai-banned-by-shanghai-fest/2#comments.
③ http://www.hollyscoop.com/sharon-stone/sharon-stone-movies-banned-in-china_16208.aspx.
④ 网易娱乐：《莎朗·斯通坚称言论被渲染港媒承认翻译有瑕疵》，2008年6月5日（http://ent.163.com/08/0605/09/4DLRB7G800031H2L.html）。

是，不同的民意通过传统媒体和网络媒体得以展现，从而丰富了舆论的内涵和公众表达空间。

三 媒介事件冷却期

6月4日，莎朗·斯通最后一次道歉后，舆论似乎逐渐远离了这一媒介事件，转向冷却期。仅就 CEN 承认翻译失误的新闻报道，网友们积极发表评论。其中转载率、跟帖率最高的是6月5日中午发表的一个帖子说："中国香港记者真恶心，原来是他们先炒作起来的！""媒体的误导很可恶，但盲目跟风、表演爱国更可恶！" "Karma 是个多义词，有命运、缘分、因果循环等意，母语是英语的人对于 Karma 的第一反应是'命运'"，"中国人为什么这么狭隘？"[①] 对中国舆论如此直白的批评，引起了许多网友的关注，对此发表的74篇跟帖中，81%的表示反对、19%的表示支持。

其后，中国媒体关于莎朗·斯通的新闻更新几近为零，仅在后来分别报道其赴四川灾区的计划[②]和一则花边新闻[③]。

第三节 媒介事件的跨文化传播

莎朗·斯通事件形成和论争的焦点是不同文化对于 Karma 一词的理解，基于不同解读的多媒体传播催生了激烈的民意表达和意义冲突，可以说，该事件是媒介融合影响和推动媒介事件跨文化传播的典型案例。本书通过双维度（媒介融合、跨文化传播）的观察和分析该事件中意义表达的途径、话语和倾向，获得以下研究发现。

一 媒体融合极大地推动了跨文化事件的传播

莎朗·斯通案例表明，媒介融合在三个层面上极大地推动了跨文化事件的传播。

---

① http://comment.ent.163.com/star_ent_bbs/4DLRB7G800031H2L.html#middlePages，2008年6月5日。

② http://ent.qq.com/a/20080717/000191.htm。

③ http://ent.moocity.com/om/2009/79800254641034.html。

下篇　媒体融合与新闻网站国际影响力

（一）媒介技术融合的成熟程度决定了跨文化事件传播的速度、广度和深度

电视媒体制作的媒介事件在几小时内就上传到世界知名的视频网站，从而轻易地实现全球传播。进而，以网络媒体为主的新媒体和传统媒体不断汇聚大量观点，再将不同意义传递到全球，重新生成新的观点、争论，产生新的媒介事件。跨文化事件传播的速度、广度和深度是当今媒介融合技术成熟运用的必然结果。

（二）传统媒体与新媒体间的互补、反哺的融合过程非常明显

莎朗·斯通事件的跨文化传播是以传统媒体发布为源头，当新闻产品进入新媒体平台后，其传播过程就呈现出媒介融合的复杂景象。在随后意义生成、传播的过程中，各国传统媒体（电视、报纸、杂志等）和新媒体（网络媒体、博客、手机报、移动电视等）间实现了大量的信息汇聚和交流，互为信源的情况非常普遍。值得一提的是，激烈的网络民意同时被呈现在传统媒体和新媒体的新闻报道中，成为十分重要的生产要素，极端的例子是，网络炮制的谣言竟成为媒体竞相转载的消息来源。

（三）媒体融合在一定程度上避免了跨文化传播的语言障碍

语言障碍是传统媒体时代跨文化传播的重要制约因素，但在莎朗·斯通事件中，这一因素不再是媒介事件跨文化传播的障碍，相反，媒体之间、公众之间、公众与媒体之间的中英文互为表达显得十分通畅，跨国间的传播时滞往往不是因为语言，而是因为时差。不过，这一突破表现出单向度的明显特点，即中文世界积极地进入英文世界，但英文世界对中文世界却异常冷淡且排斥。比如，从发言内容的话语分析[①]中不难判断，英文论坛中的许多发言人具有中国文化背景，他们的观点不时受到其他英语使用者的不信任。此外，除发现一位美国人通过中文网站发表的观点外，本研究没有再发现其他类似案例。可见，莎朗·斯通事件中语言障碍的弱化很大程度上是中文世界努力的结果。

---

① 比如，许多发言人会使用"你们不了解中国""让我来告诉你真实的西藏""你们应该亲自到中国去看一看""中国佛教文化讲求……"等中文世界常用的表达方式和内容，还有一些发言人会将自己的网名取为"爱中国者"（chinalover）等直白的名称。

二 媒体融合重构了媒介事件的传播规律

上述研究发现表明媒介融合促使新闻内容和民意不断地编码、解码、再编码、再解码，这一循环往复的过程直到媒介事件陷入冷却期才逐渐淡化。因此，媒介融合正在重构媒介事件既有的传播规律，传统媒体、新媒体、自媒体（博客等形式）在彼此影响的过程中实现传播方式和内容融合，进而革新传播理念。

（一）新闻传播从单向权威迈向多向权威

大众传播时代的传播规律表现出单向传播的权威性，即在国家、市场和公众共同建构的媒介场域中，传统媒体通过一对多的传播模式建构单向权威。在媒介融合的新传播时代，这种单向权威正在被消解和重构。由于以博客为代表的自媒体、以网络媒体为代表的新媒体的出现，公众、网站也在媒介事件传播中通过意义的生产建构权威，从而与传统媒体共同生成双向权威甚至是多向权威。莎朗·斯通事件中关键事件的生成即为佐证，既有产生于电视、报纸、杂志的新闻报道和评论，也有产生于网络媒体的作品，还有来自个人博客的文章，众多关键事件的生成决定了这一媒介事件的舆论发展。

（二）传统媒体仍扮演着舆论导向的重要作用

值得注意的是，在多向权威的新背景下，传统媒体仍扮演着舆论导向的重要作用。莎朗·斯通事件明显地揭示出：由于媒介融合所形成的信息来源多元、信息流量巨大、信息内容庞杂的特点，公众对权威消息来源的诉求更加迫切。因此，传统媒体在媒介事件中的每次发言均成为关键事件，从而引领舆论的走向。5月28日，莎朗·斯通事件在中国国内引发令人吃惊的关注热潮，就是因为《人民日报》发表的评论文章。这表明，媒介融合不仅不会冲击传统媒体的影响力，反而会提升它们的传播效果。

（三）网络媒体正在成为多向权威的集合场所

对莎朗·斯通案例的分析还表明：网络媒体正在成为多向权威的集合场所，生成无比强大的传播新权威。媒介融合环境下，传统媒体的新闻生产存在难以避免的局限性，包括生产要素（如版面、时间等）的稀缺；传统媒体既有立场的维持（如中国国家媒体的政治立场）；传统媒体对新闻专业主义的坚守（如真实性是新闻传播的基本原则），这些因素的共同作用导致传统媒体无法成为海量信息、多元立场、多重事实（有时是谣言）的集合场所。而网络媒体对传统媒体局限性的颠覆却使它正在成为多向权威的集散地，发挥难以把握的传播影响力。

三 对关键词跨文化解读的弱化是导致跨文化冲突的重要原因

莎朗·斯通事件引起巨大争议的关键是中外文化环境下如何理解和使用 Karma 一词，但遗憾的是，研究发现，媒体和公众并未将注意力集中在 Karma 一词的辨析中，人们的争议（很多时候发展为激烈的冲突）大多建立在对该词感性的理解中。尽管媒介融合在一定程度上避免了跨文化传播的语言障碍，但却难以跨越语言背后的文化冲突，从而将文化差异扩大为民族主义的辩争。不过，令人深思的是，莎朗·斯通事件中由 Karma 一词引发的跨文化冲突不仅仅局限于民族主义的框架下，还延伸至同一民族框架下的次文化冲突。

（一）网络民族主义框架下的文化冲突

基于本书对事件相关评论、网友跟帖中使用的关键词的分析，人们对于莎朗·斯通事件的争论最后变成了"中国人"与"美国人"、"白种人"与"黄种人"以及"亚洲人"与"欧洲人"之间的冲突，类似于"同志们要保持清醒，我们是亚洲人，接受的是儒家文化，他们是欧洲人，接受的是达尔文进化论，很多人不理解我们和我们的国家"[1]的描述比比皆是。此外，很多网络评论和跟帖还使用了极端情绪化的语言。可见，媒体、公众对跨文化媒介事件关注的焦点不再是文化的差异，人们对于 Karma 一词在中、英文语境下的使用差异和背后的文化原因漠不关心，中文世界中仅有一些博客和网民评论涉及零碎而非系统的个人认知，英文世界中仅有英国 BBC 发表《什么是 Karma》一文指出在不同宗教文化中该词令人迷惑的含义[2]。

对于跨文化传播而言，网络民族主义在很大程度上强化了民族自身

---

[1] http://comment5.qq.com/comment.htm?site=ent&id=252344，2008 年 6 月 5 日。
[2] BBC：What is Karma？2008 年 5 月 29 日（http://news.bbc.co.uk/2/hi/uk_news/magazine/7425203.stm）。

的文化主体性,甚至是异化和放大了个体文化身份的优越性,最后加深了文化间的矛盾、冲突和戏剧性的变化,从而无法形成文化间彼此倾听、包容和理解的文化关系,这些使得跨文化传播难以达致文化融合的理想目标。

(二)同一民族框架下的次文化冲突

研究发现,莎朗·斯通案例引发的争论很多集中在同一民族框架下。如本书所提及的青年作家博客事件,当作家因认为媒体对莎朗·斯通言论的解读有误,并发表对媒体错误的批评后,立即招来了潮水般的批评和少得可怜的支持。这一现象不能单纯地解释为网络舆论暴力,实际上,它还是同一民族框架下次文化间的冲突。

次文化概念最初源于大众商业文化研究,一般指人们按照年龄、民族、阶级、地理位置、性别、宗教等不同指标区分的母文化的分支,或指有别于主流文化的文化类型。[1] 中国网民在同一母文化背景下,对莎朗·斯通事件的评论呈现次文化的区分:有人从英文翻译有瑕疵的角度出发,倾向于对西方文化的宽容、理解,相信莎朗·斯通的"报应"说是她话语表达中的无心之过;有人不认同翻译的瑕疵,倾向于认同他文化对我文化固有的误解和偏见,相信莎朗·斯通的"报应"说代表了很多西方人内心真实的想法。两种次文化并非新生事物,实际上,自中国改革开放以来,这两种因对西方文化的不同态度而产生的次文化就一直互相争论,进而出现"左"与"右"的不同群体,莎朗·斯通事件将两种次文化的思想争论再次显现出来。

次文化间的跨文化差异理应比民族主义框架下的矛盾更容易调和,但对莎朗·斯通案例的分析表明,次文化间的冲突异常尖锐,彼此的沟通甚至发展到嘲讽、辱骂、语言恐吓的境地,呈现出对自我言说的固执和对他者言说的敌意,从而降低了社会宽容的程度。

(三)意识形态的对立是跨文化冲突形成的深层次原因

本研究还发现,意识形态的对立是跨文化冲突形成的深层次原因。首先,代表政治力量的表态均演变为影响事态发展的标志,成为各类观

---

[1] David Riesman. "Listening to popular music", *American Quarterly*, No. 2, 1950. From http://en.wikipedia.org/wiki/Subculture.

点形成的来源和基础。比如，中国国家媒体《人民日报》评论和新华社网络评论、中国外交部发言人讲话等均成为国内外媒体、民众关注的焦点。其次，中英文世界关于莎朗·斯通言论的讨论均出现泛政治化的话语，特别是在英文世界中，媒体和网民习惯性地将该事件同中国的民主制度、西藏问题、人权问题等联系起来，进而展开意识形态层面上的评述乃至批判。

第四节　结论

本书的结论是，媒体融合之于媒介事件跨文化传播的意义体现在多个层面。一方面，媒体融合在技术层面上形成了巨大的传播能量，从而极大地推动了跨文化事件的内容传播，缩小了我们与他者文化间的时空距离。另一方面，技术融合尚未实现文化间融合，相反，在民族主义、次文化冲突、意识形态等多重力量的交织中，媒介融合强化、放大和增加了文化间的冲突和偏见，从而生成跨文化传播中新的障碍。

此章案例研究存在三个缺陷。第一，研究方法的缺陷。本书采用定性研究，因此在进行内容分析时，无法统摄更加全面的互联网素材，进而将研究具体到更小的分析单位，从而影响了研究结果的精确性。第二，跨文化解读时的主体性缺陷。研究者也是具体文化中的主体，因此，当对跨文化文本进行解析时，难免受到主体文化的限制，从而体现出无意识的偏向。第三，部分研究尚不深入。囿于案例本身和文章篇幅的局限性，本书就一些问题的研究还不深入，包括媒介融合的具体方式，如 Web 2.0 技术，对跨文化传播的影响；媒介融合如何加深网络民族主义倾向；媒介融合与次文化冲突间的关系等，这些均可成为以后的研究方向。

第十一章

新闻网站跨文化传播的基本生态及其问题

如果说，国家是一个"想象出来的共同体"①，那么这个共同体的形象构建，在现代社会往往是通过大众传媒来完成的，进而连接"国家"与作为受众的"个人"。其中，新闻网站在具备了文字、图形、图像、动画、声音和视频等各种媒体表现手段基础之上进行了不同媒介形态之间的融合，也通过提供多种方式和多种层次的各种传播形态最大化地满足了受众的细分要求。新闻网站在中国的政治经济语境中有特定的语意，它们通常是指与国家媒体不可分割的、血脉相依的互联网站点，这类互联网站不仅可以登载新闻，更重要的是，它们可以自行采写新闻，即拥有新闻的采访权，其原创性的新闻报道成为商业网站进行信息汇编、检索和整合的唯一合法来源，也成为塑造自身国家形象或观察"他者"的重要环节。对新闻网站的考察有助于我们更深入、更细致、更真实地体验跨文化传播生态的种种问题和困境。

在媒介环境的理论表述中，"媒介本身被视为一种环境结构"②，它至少有三个层次的概念：符号环境、感知环境和社会环境。不同的媒介产生不同的符号环境，我们使用某种媒介的同时也适应了它所构建的符号系统，形成了自身的感知环境；多种混合符号产生了多重媒介的环境，即社会环境。从微观层面看，如果将每一种传播媒介视为由一套专门的代码和语法系统组建成的符号环境，那么当我们"使用"媒介，

---

① Althusser, L. "Ideology and ideological state apparatuses (notes towards an investigation)", *The Anthropology of the State: A reader*, 2006.
② 单波、王冰：《西方媒介生态理论的发展及其理论价值问题》，《新闻与传播研究》2006年第3期。

从媒介的内在符号世界中思考、感知、谈论或表现身边世界时，我们就正处于传播媒介的符号结构之中，遵循其内部的逻辑。这种从媒介角度呈现的生态结构，能够并确实从总体上定义或决定的不仅仅是信息的产生，还有该环境中人们的行为。新闻网站表现为以媒体融合为主导的多种媒体呈现手段的综合作用，影响人的感知和理解，也影响人与人、人与媒介和人与社会之间的关系。它一方面以国家叙事为前提，另一方面，传播者和受众是其中隐含的因素。

2010年秋冬之际的广州亚运会是一个意义浓缩的"新闻聚像"（news icon）[①]，一方面通过政治、媒介和民间三者之间的话语博弈得以表达，其中操持和控制话语的语言规则、社会习俗和文化传统交替互动；另一方面，处于一定政治、经济体制和发展语境中的不同言说者，构筑了"聚像"与民族、历史和利益等因素的意义关联，揭示出社会再现（representation）的深层内容，形成独特的跨文化传播生态。同时，当前中国经济体制的变革和社会结构的调整加入了特殊的维度，全球化条件下中西方文化的碰撞和融合为这种跨文化传播生态的更新带来了更多可能。本书以中国、美国和英国三个国家级官方新闻网站，即新华网、美联社网和路透社网为考察对象，从媒介环境的视角进行话语分析，力图反思跨文化新闻话语建构的内在机制和意义建构的不同过程。

第一节　消息源来自哪里

新闻图景就是由新闻报道塑造的新闻符号世界。在关于亚运会相关的文字报道中，新华网共有134篇[②]，路透社网站共有25篇，美联社

[①] 见 W. Lance Bennett, Regina G. Lawrence, "News Icons and the Mainstreaming of Social Change", *Journal of Communication*, Vol. 45, No. 3, 1995。在这里，"新闻聚像"即浓缩了文化意义、集中体现一个新闻事件的叙述中所包含的各种文化价值、主题、张力及其变化取向的生动形象，在新闻话语中成为独立的语意单元而被新闻从业人员使用，具有提携新闻主题的作用。

[②] 为了确保报道来源全部为这三个新闻网站，抽样统计时不将网站中援引其他媒体的报道和图片计入。

第十一章 新闻网站跨文化传播的基本生态及其问题

网共有 32 篇。在对亚运会的所有报道中，消息体是三家新闻网站文字呈现的重头戏，新华网、路透社、美联社分别有 72%、88%、94% 的报道采用消息形式。新华网关于亚运会的消息大多是篇幅较小、一般只提供事实、满足受众"是什么"的报道，并且，新华网的短消息比例比较大，不能满足受众深层次的信息需求。而路透社和美联社的消息题材中，大多都是长篇幅的解释性报道，也就是长消息。新华网对亚运会赛场内外的评论大多短小精悍，格调轻松。路透社则没有专门对于亚运会的评论性文章，而美联社对于亚运会的评论文章中，则多用大篇幅文章进行阐述，分析角度比较宏大，格调比较严肃。由于对于亚运会报道中含有大量有关人物的采访报道，在样本采集中可以发现新华网和美联社在关于亚运会报道内容的选择上，新华网的赛事报道和人物报道占到大部分比例，而路透社和美联社对于不同内容的报道分配比较均匀（如图 11-1 所示）。在图片分类上，三个新闻网站对于各个内容的分配比例比较相似，对于人物特写和赛事的图片占到近 90% 的比例。而视频类的报道，新华网关于亚运会视频一共有 15 个。其中，有 11 个视频是赛事报道，2 个为赛会前期筹备，而有关亚运会开幕式与评论性视频报道各占 1 个，路透社和美联社未提供相关视频。

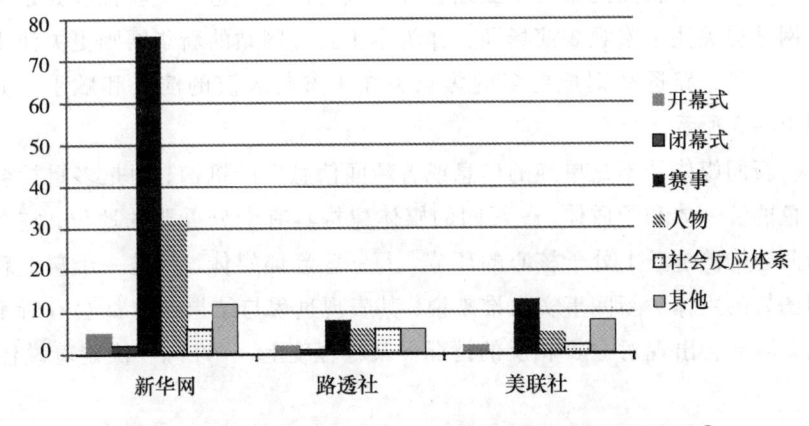

图 11-1　文字报道内容统计（即含某一内容的报道数量）[①]

[①] 数据来源于笔者的统计。

在这一图景中，亚运会不单单是一个时期连续的媒体事件，也表现为一个一个的焦点。媒介事件以典型的现场直播方式，唤起人们的广泛注意，并以区别于其他新的叙事方式构造出庆典仪式。[①] 开幕式就是典型的代表。三个新闻网站有关亚运会开幕式的报道内容涉及场面描写、官方活动、表演人物、观众反应及开幕式评论五个方面，如图 11-2 所示。

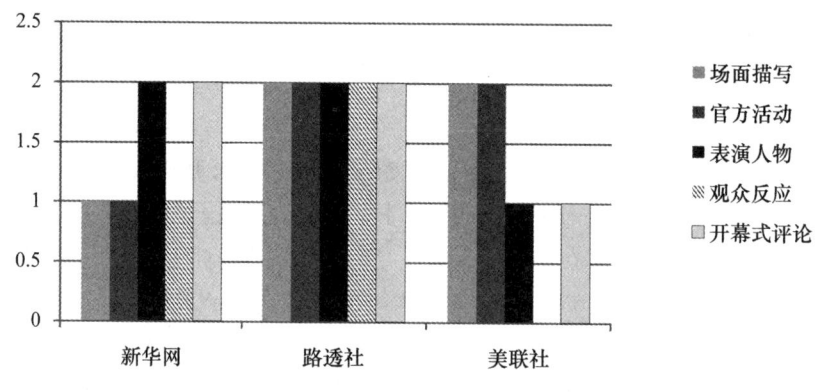

图 11-2 开幕式报道内容分类及数量统计

对比三个新闻网站对于亚运会开幕式的图片报道，美联社较其余两个网站更关注于宏观表演场面，作为本土官方网站的新华网则更关注于与会官员，路透社则把更多的焦点关注于参与表演的演员和歌手。如图 10-3 所示。

新闻媒体并不是单纯的信息或者新闻信息生产机构，而是多重社会角色的统一体和矛盾体。[②] 新闻的媒体建构具有十分重要的地位，它在新闻建构的链条上处于核心的环节。每一家新闻媒体，就是一个塑造新闻图景的主体。新闻事实由谁来说，其表现过程与结果效应都会有所不同，甚至会出现对立、相反的情况。某种程度上，"谁说"决定着说什

[①] [美] 达扬、卡茨：《媒介事件：历史的现场直播》，麻争旗译，北京广播学院出版社 2000 年版。

[②] 杨保军：《新闻理论教程》，中国人民大学出版社 2005 年版，第 138—141 页。

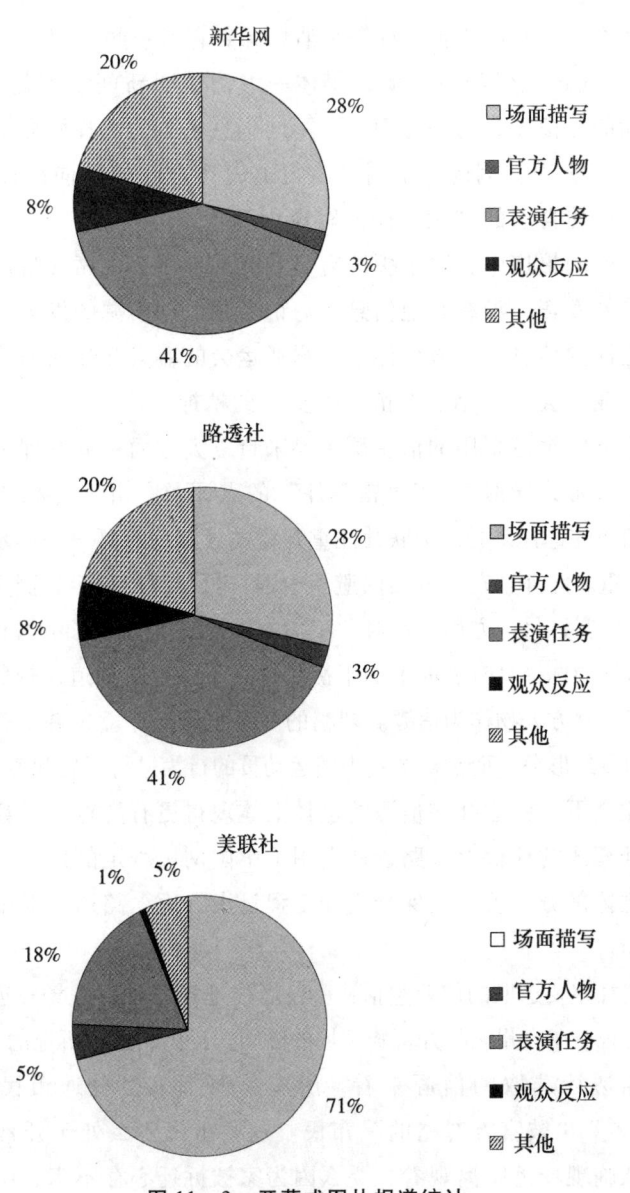

第十一章　新闻网站跨文化传播的基本生态及其问题

新华网

- 场面描写 28%
- 官方人物 3%
- 表演任务 41%
- 观众反应 8%
- 其他 20%

路透社

- 场面描写 28%
- 官方人物 3%
- 表演任务 41%
- 观众反应 8%
- 其他 20%

美联社

- 场面描写 71%
- 官方人物 5%
- 表演任务 18%
- 观众反应 1%
- 其他 5%

图 11-3　开幕式图片报道统计

么和怎么说。① 这个"谁"首先是消息源。它是新闻框架的一个重要组成部分,"通过交代消息来源,媒体一方面表明新闻事实是有根据的,增强新闻的可信度;另一方面,对不同消息来源的选择同样隐含着媒体的态度和立场"②。因此,不同媒体为了表达自己的倾向往往努力寻找信息源,以使自己的"表达倾向客观化"。

新华网的报道中,除了中国官员和亚奥理事会主席艾哈迈德在开幕式上的公开发言,没有其他信息源。记者在处理信源的发言上也刻意选取积极正面的信息,一方面体现广州亚运会的盛大和让人期待,另一方面弘扬了亚运会"团结、友谊、进步"的精神。

美联社的报道采用的信息源主要来自三大方面:亚奥理事会主席艾哈迈德、开幕式导演、"王大雷事件"的点评者广州亚组委主席刘鹏。

从信源的选择来看,美联社注重开幕式导演的意见——体现对个体劳动力的尊重。此外,它一方面回避了中国官员发言的内容,侧重亚奥理事会主席的发言;另一方面,针对"王大雷事件"又选取了中国官员作为点评人。这样的选择具有表面上的平衡作用——外媒在报道比较负面事件上刻意选择了官方人物作为信源。刘鹏的发言也相对中立,并不完全是维护中国运动员的形象,而是对个别中国运动员的行为进行反思和道歉。

相比之下,路透社在信源的选择上体现得更有特点。尽管开篇在对亚运会开幕式的评价上,路透社引用了中国网民肯定的评价,但在作为报道的主体部分:关于安保严密和工程量大方面,路透社引用的信源极其不平衡。

路透社主要选取的信源包括:一位居住地离开幕式现场较近的老年妇女;一名居住在广州亲临开幕式现场的法国人;一名家被拆迁的老者。

从路透社选取的信源来看,所有信源都来自普通市民,而且是"鸣不平的""被官方忽略的"市民。这些市民要么处于开幕式安保工作不能亲临现场近距离观看,要么因为家被拆迁心存不满,所有信源声音一致,基调一致。

---

① 何纯:《新闻叙事学》,岳麓书社 2006 年版,第 28 页。
② 臧国仁:《新闻媒体与消息来源:媒介框架与真实建构之论述》,台湾三民书局股份有限公司 1999 年版。

而记者选取的外国信源则把这个"一致"的声音推向外国审视中国的视角：中国没有自由，不管是亚运会还是奥运会都如此。换句话说，就是记者巧妙地借用外国的评价对中国进行自由和民主的否决——这一点因为信源话语的直接和突兀在文中十分明显。

所有信源都来自普通市民，而且是作为"受害者"市民，一方面能体现外媒对个体的尊重，另一方面也透露出其选取的失衡和报道的倾向性——这是一种隐秘的、"客观化"的对中国自由和民主的批判。

综上，信源的选择体现了媒介的立场。新华网在信源的选择上依然对观众、普通市民直接忽略，而对官方发言进行重笔墨刻画——这显示了中国媒体的官方立场和政治倾向；美联社在开幕式官方活动上截取了亚奥理事会主席的发言进行报道，对于"不和谐"的"王大雷事件"又选择了中国的官员评价作为信源，强调信息的不容置疑；路透社选取的信息则具有明显的倾向性——只选取普通市民作为信源，借抱怨者的口吻传达对中国模式的不满，同时借外国信源站在西方的立场对中国的自由民主加以指责。

第二节 信息如何取舍

信息取舍在一定程度上是媒体立场的反映。在信息选取的层面上，即使媒体选取的信息总体上符合客观事实，但可以过滤某些信息或过于关注某类信息，都会导致报道不平衡。

在信息取舍方面，新华网与外媒的表现截然不同：放弃了细微叙事的层面——观众对开幕式的反应以及"不和谐"的层面——亚运会给市民带来的不便等信息。严格遵循按流程"直播"的文字报道方式，通过突出几个重要时间点的仪式（如"22时09分，国务院总理温家宝宣布""22时19分"取自居庸关长城的亚运圣火抵达开幕式现场），试图将开幕式的全过程以热烈欢快的形式清晰地展现在受众面前，几乎没有"插播"现场外的情况。我们不难理解新华网的信息取舍行为，令人惊异的是，这一行为在以互动作为主要特征的新闻网站被推向了极致，不仅过滤市民受影响这一不和谐的信息，也完全舍弃观众的反应和评价。

而对于美联社的新闻主体和社会反应体系相对比较广泛：既有场面描写，又有运动员入场刻画；既有开幕式导演的评价，也有官方活动报道。美联社在信息选取上的特点还表现在：它提到了印度——作为亚洲另一个大国的参赛情况，这体现了美国对印度的关注；它描写了亚运会给市民的生活带来不便的情况——这是西方媒体惯有的视角：作为社会的"守望者"站在民众的角度看问题，同时也是西方站在自己的立场看"中国特色"——这或许是一场劳民伤财的赛事；在文章最后一部分美联社着重提及中国的一名足球运动员王大雷的粗口事件——从另一个侧面反映中国运动员的素质。

路透社的报道在信息选取上主要有两大点：一方面，截取了开幕式场面进行刻画，同时加入微博上网民的评价；另一方面，从安保的严密和建筑工程对市民的影响角度选取信息源。

中国的媒体在重大赛事面前偏向选取宏大场面和官方立场进行报道，对于官方活动尤其重笔墨，对于个体信息一般舍弃，同时抛弃"不和谐"的信息；外媒在信息的选择上则将宏观场面与微观个体相结合，注重社会反应体系，注意捕捉"不良信息"，喜欢站在西方的立场看"中国特色"，尤其关注损害个体自由、人权之类的信息。新闻事件一般由多个相关事实构成，这些事实有的处于核心地位，有的处于边缘地位。传播者不会将所有的事件都一一介绍，仅仅着眼于那些"相关的、可资利用的、具有对自己有利的争议空间并且可以通过自己力所能及的操控而得到确认的那些事实"[①]。新闻报道本身是媒介通过对事实有选择性地进行组织和再加工后，为受众构建一个媒介想要提供给受众的拟态环境。

第三节　事件如何言说

无论是美国学者李普曼还是尼尔·波兹曼都告诉我们人类生存在两个环境中，有山川树木的现实环境和由语言、技术和其他符号组成的媒介环境，后者塑造了"我们头脑中的图像"。皮尔士（Charles Sanders

---

① 刘亚猛：《追求象征的力量》，生活·读书·新知三联书店 2004 年版，第 76 页。

第十一章　新闻网站跨文化传播的基本生态及其问题

Peirce）关于"对象（object）—符号（sign）—解释项（interpretant）"的三元关系①，提示我们对现实环境的理解受制于作为符号环境的媒介。即使我们接受到对象事物的刺激（index），我们对世界的认识仍然取决于此前受到同样或类似刺激时头脑中激发的图像（icon）以及进行三元联结的倾向或习惯（symbol）。在这一过程中，不同媒介的新闻报道有选择地建构社会中象征意义的话语平衡。荷兰语言学家梵·迪克（Van Dijk）在其《作为话语的新闻》一书中指出，一条新闻从主题到主要词语之间的网状结构，形成新闻话语的框架分析，展示出新闻本身的意义线路。因此，要对新闻话语进行框架分析，必须找出关键词和新闻主题的互动线，寻求它们之间的相互联系②。

一　新闻话语的隐含结构与潜在偏向

在新华网选取的开幕式报道中，中心词汇③有激情盛会、和谐亚洲、亚运精神、精彩纷呈、热烈掌声、圣火、国务院总理温家宝。

在路透社选取的开幕式报道中，中心词汇为亚运会（Asian Games）、光辉的（splendour）、兴奋的（excitement）、闪烁的（glittering）、北京奥运（Beijing Olympics）、严格安检（tightened security）、焰火（fireworks）、圣火（flame）、居民（residents）、围墙高筑（high fences）。

在美联社选取的开幕式报道中，中心词汇为亚运会（Asian Games）、耀眼（dazzling）、焰火（fireworks）、圣火（flame）、北京奥运（Beijing Olympics）、陈维亚（Chen Weiya）、王大雷事件（Wang Dalei incident）、道德标准（moral standard）。

三个不同网站的文字报道在对核心事实的报道中差异并不大，亚运会（Asian Games）、精彩纷呈（splendour, dazzling, glittering）、圣火（flame）、热烈掌声（excitement）、焰火（fireworks）等词汇构成了广州

---

① See *Logic as semiotic: the theory of signs*, The Philosophy of Peirce: Selected Writings, founded by C. K. Ogden, London: Routledge, 2001.
② ［荷］依恩·A. 梵·迪克：《作为话语的新闻》，曾庆香译，华夏出版社2003年版，第43—46页。
③ 本处指出现频次最多的词，并按照出现频次依次排序。以下同。

· 219 ·

亚运会开幕式中表演场面、圣火传递、观众反应等核心事实。但仔细辨认就会发现三类信息的空集——"和谐亚洲""国务院总理温家宝""严格安检"(tightened security)、"居民"(residents)、"高围墙"(high fences)、"北京奥运"(Beijing Olympics)、"道德标准"(moral standard)。显然，中西方新闻网站在开幕式报道的内容选择上，以及理解角度上存在差异。新华网侧重于开幕式现场的盛大场面和到场的中国领导人以及与会的相关人士，而西方则在报道开幕式盛况之外关注了开幕式会场以外的安保问题、居民安置问题与开幕式的关联，以及亚运会与北京奥运会之间的比较和联系。在新华网的报道中，全文出现的词语倾向于表达对开幕式的赞扬意味，例如"灯火绚烂""溢彩流光""震撼""沸腾""美轮美奂"等。而在西方全媒体文字报道中，在对于亚运会开幕式宏大场面的赞扬之外，出现了"催促"(urge)、"服从"(obedience)、"摧毁"(blight)、"无助"(helpless)、"自由"(freedom)、"羞愧"(shame)、"紧张的气氛"(tense atmosphere)等消极词汇。可见，虽然在亚运会开幕式表演场面认同一致，但中西方新闻报道已经隐约表现出一定程度上的话语倾向，内容选择的偏向也暗示着新闻报道的话语缺失。

新华网报道的导语带有鲜明的中国式宏大叙事主题下的叙述特点，在导语中首先凸显了中国政治秩序，点明中国领导人的地位和重要性。此外，导语中已经包含了明显的价值评判，表现在如"这是亚洲冲破国际金融危机的阴霾，奋力前行的又一次启航！"等评论定性句子的使用上。此外，借用中国和亚洲在金融危机中表现出的积极姿态的描述，暗示了中国的国际地位和亚洲在世界经济秩序中的地位。

路透社的导语则没有过多的语言情感倾向，在认可亚运会开幕式场面壮美华丽（glitzy）的同时，用"as"连接了文章叙事的另一个角度，即"加强安检"(security was tightened)，显示了导语对文章的引导和概括核心内容的作用。

美联社报道的导语则更为短小精练，但并不是完全陈述事实，而是在导语中就做出了对于亚运会开幕式的观点评价，表明了对开幕式的赞赏和认同。

如果说，在导语的呈现上，中国媒体一开始就注重了政治秩序，比

第十一章　新闻网站跨文化传播的基本生态及其问题

西方媒体表现得更为突出。西方媒体的表达则较为隐晦，并没有急于在导语中鲜明地突出自己的评断。国家形象是指国际社会对某个国家政治、经济、文化、军事、精神、仪式、观念、习俗、环境等方面的综合评价与总体印象。塑造国家形象的策略主要体现在媒介叙事的修辞上，运用反复、援引、烘托、夸张、象征等修辞手法，或是把自我神圣化。

在对开幕式的报道过程中，新华网采用了多种修辞方法，让受众感受到开幕式现场的喜悦与激昂，提升受众对"国家共同体"的归属感。值得注意的是，新华网用了大量篇幅对温家宝的与会情况进行描述，三次提到国家领导人温家宝，两次运用感叹句描述他出场时的观众反响。"长时间的热烈掌声""欢呼声经久不息"等都反映出政治秩序在中国媒体报道中的重要性，亚运会开幕式不仅作为一场宏大的体育赛事而被纳入新闻叙事，更作为一种政治诉求成为新闻叙事的重要元素。在此，中国媒体的新闻报道体现了其"仪式性"的作用，并用"奋力""热烈""激昂""璀璨"等宏大词语与之相连，体现中国领导人的地位显著性以及影响力，话语呈现与政治诉求联姻，在新闻叙事中体现了"政治场"对"新闻场"的影响方式，以及在特定的政治框架内，新闻报道被建构的方式。

在美联社的报道中，则只有一处提及了与会官员①。只对温家宝宣布亚运会开幕做了简单的客观陈述，而重点突出了国家奥委会主席罗格（Jacques Rogge），用"尊贵的"（dignitaries）凸显其地位的重要性。

中国和传统西方国家，尤其是美国，在亚太地区的地缘政治和双边贸易经济方面始终存在分歧和争议，如朝鲜问题、台湾问题、中印关系、中日关系等。所以西方国家对亚运会开幕式的报道不仅是对一场体育盛事的报道，其中的话语偏向也显示了西方国家对亚洲秩序的看法和立场。中西三个媒介组织围绕运动员进场，展开了较量。新华网在简述了参赛队伍规模和赛事基本情况之后，当然着重描述了中国运动员的进场情况，包括对护旗手金紫薇以及中国代表队参赛规模的陈述。而在路

---

① 具体段落为：Chinese Premier Wen Jiabao declared the games open toward the end of the nearly four-hour ceremony. International Olympic Committee President Jacques Rogge was among the dignitaries on hand。

透社的报道中，对于运动员进场的描述，显得意味深长。① 英国媒体并没有关注东道主中国运动员的情况，而是注意到朝鲜和韩国、中国和日本在开幕式运动员进场时的表现。"fail"一词体现了路透社对于朝韩关系在亚运会开幕式的呈现结果，并且值得注意的是，亚运会开幕期间朝韩矛盾逐步激化，并于11月23日朝鲜向韩国开火，朝韩问题也一直是当时的热点问题。而对于中日关系，"hush"表示"沉寂，安静"，而副词"时刻地"（momentarily）的使用加重了紧张气氛的程度，并点明中日双边关系处于紧张状态。"热闹"（boisterous）与"沉寂"（hushed）进行对比，通过气氛反差体现中方对日本的态度。但是对"双边紧张关系"（bilateral tensions）进行定义时路透社并没有用完全肯定的语气，而是用了"可能的信号"（a possible sign）这一猜测性表达，语气表达较为委婉。美联社其中多次用到动词"命令"（order），"催促"（urge）有表示强制性命令的意味，语气生硬，暗示了中国关于对于运动员言论和行为的控制。差异由此显现。

亚运会开幕式在中国的叙事框架里是关乎民族和集体荣誉感的重要事件，中国的对外传播往往将此类事件上升到国家政治高度，会严肃强调其重要性和政治意义，因此其报道必是在读者心中描绘出一幅"和谐盛世"的美好图景，和谐成为其报道的主基调。新华网在开幕式当天的报道基本援引了新华社通稿的大体框架，只在个别细节上稍做了具体展开。在报道开头，记者对开幕式绚丽的宏大场面做了详尽描述，并赋予其极高的形象定位，"这是亚洲冲破国际金融危机的阴霾，奋力前行的又一次启航"，高昂奋进的情绪得到突出强化体现。"这是奥运会、亚运会历史上首次走出体育场举行的开幕式"，特别指出"首次"，意在强调此次盛会的意义与价值非凡，从侧面展现国力的强大和中国人聪明智慧的伟大形象。全篇报道从场面描写到领导人讲话引用，除去对客观流程的叙述，均为称赞性语言，读来令人心情愉悦，如入和谐美好大家庭。

与之对比鲜明的是美联社的开幕式报道。在一篇题为《亚运会开

---

① 具体段落为：During the parade, rivals North and South Korea failed to march under a reunification flag while an otherwise boisterous Chinese crowd hushed momentarily when the Japanese delegation arrived on stage in a possible sign of recent bilateral tensions。

幕式灯火辉煌，碧水相映》(*Asian Games begin amid light, water and flames*)的开幕式报道中，除去一两句十分简单的场面描写外，报道将关注点放在了周围居民被要求撤出居住场所、地铁停运、未获得大礼包的市民只能通过电视观看开幕式等内容。

值得注意的是，路透社还引用了一位法国居民对于政府举措的看法，暗示在西方媒体对中国政府的认知。当媒介呈现的环境几乎成了比现实世界还要真实的世界时，它也就能制造自身的现实（become the creator of its own reality）。

二 视觉呈现的显性意义与符号选择

学者梅尔文·门彻（Melvin Mencher）教授认为："报道新闻应该进行'展示'而非'陈述'的定律就是：必须把直接引语写入新闻的重要部分。……如果新闻中使用了直接引语，读者就可以这样推断：既然新闻事件的参与者在直接说话，那么这件事必定真实无疑。"[1] 然而，在"有图有真相"的网络传播环境下，真实性还必须通过图片进行表达。本书将亚运会开幕式的图片报道分为两大类别：宏观叙事型与人物特写型。其中，宏观叙事型包括舞台表演全景、观众席全景、辅助仪式全景（如升旗仪式等）等；人物特写型包括与会官员、表演者、运动员、个体观众、志愿者等图片。如果将图片叙事特征概括为视觉冲击、意义渗透和话语建构三个方面，就可以看到，就视觉冲击力这一维度而言，摄影的技术性因素起着主要的影响作用，在对拍摄角度、构图设计问题的选择上，中西摄影记者的新闻图片美感固然有较为巨大的差别，但更大的差异集中表现在意义渗透和话语建构方面。

首先，"聚焦"的运用使得图片具备追求意义渗透、多元扩散的叙事特点。在新闻叙事学中，"聚焦"指的是叙事人和被看对象之间的联系。图片作为新闻传播中的一个重要传播手段，正是叙事人眼光所至，向受众展示出一个"有意义的世界"的窗口。图片叙事与意义的联系是一种本质的联系，文化研究学者霍尔指出，"意义是被表征的系统建构出来的"。一方面，图片在意义的表达上具有传统的"文以载道"的

---

[1] ［美］梅尔文·门彻：《新闻报道与写作》，展江等译，华夏出版社2004年版。

模式,即画面对政治意义、道德规范等内容的阐释。图片的叙事在某种程度上掩藏了一种叫作"潜文本"的东西,这隐身其中的"潜文本"就成了整个图片叙事的核心。另一方面,图片在表达上寻找多元的扩散效应,即受众受叙事人"潜文本"暗示的影响,从一元化的视觉图像模式转化向多元化多层次的文化思考。

其次,新华网在图片新闻的报道中选取的符号与文本有相似之处,多为宏大、色彩艳丽的恢宏场面,在少数对个体的拍摄选取中,有主火炬塔、点燃火炬的时刻等,以点火仪式为拍摄重点。从暗藏的"潜文本"来分析,恢宏场面所表达出的政治意义明显,即为国家综合实力的证明,整个图片叙事的核心就是对民族自豪感的不断渲染。而以点火仪式为核心的个体符号选取,则代表了中国的传统文化特色,更意在体现出中国人的智慧与创新性。从宏观叙事场景到微观点火仪式的选取,拍摄者始终将伟岸的国家形象和优秀的传统文化渗透在拍摄内容中,在一般受众看来,意义较为单一,缺乏多元展现视角与趣味性。

相比中国媒体,以图片作为亚运会报道重点形式的美联社与路透社,则明显将视角扩散在这一大型表演活动的多个方面,既包含绚丽的宏大场面、仪式化的表演过程,更包含演员、礼仪、观众、运动员等个体特写,此外,还有对场外工作人员和环境的选取。如美联社的图片《园艺工为开幕式场地的花卉装饰喷水》(*A gardner sprays water onto a floral decoration at the venue for the opening ceremony*)就将视角放置于与开幕式相关的但易被人忽略的普通劳动者之上,这与西方所推崇的平等价值观相一致,除了光鲜亮丽的表演者外,为亚运会默默付出的劳动者同样值得人敬重。再如路透社的图片中,较多地选取了军人这个符号作为意义表现对象,《中国军人参与开幕式》(*Chinese soldiers take part in the opening ceremony*)、《军乐队参演开幕式》(*Members of a band stand together during the opening ceremony*)、《准军事警察列队开幕式》(*Paramilitary policemen line up before the opening ceremony*),多是集体性的军人形象呈现,整齐划一,将中国集国家之力全力举办亚运会、亚运会上升至国家政治事务高度的这一意义表露无遗。"中国式政治色彩浓厚的亚运会"成为西方媒体有意从不同角度勾勒的对象。

题材的选择、镜头的选取、角度的切入、焦距的把握等无不是图片

第十一章 新闻网站跨文化传播的基本生态及其问题

进行"建构"的材料。约翰·伯格指出:"每一影像都体现一种观看方法,一张照片也如是。因为照片并非只是一种机械性的记录。每次我们观看了一张照片,多少察觉到摄影师是从无数可供选择的景观中,挑选了眼前这角度。摄影师的观看方法,反映在他对题材的选择上。"① 伯格强调的是,每一张照片内在地蕴含了作者的选择,这种选择体现出的表层呈现的是对角度和题材的舍取,但其深层意义则体现了图片话语的建构性。新闻网站正是通过这种图片和文字的共同作用,呈现出自身的新闻格局（news schemata）,在境况→背景→事件→情节→新闻故事→新闻话语的序列②中要对新闻信息进行选择、关注、理解、再现和回顾。这种格局结构的常规性就构成了不同媒介对于新闻话语的默认性认识,提供了跨文化传播过程中对事实的理解框架。

第四节 网络跨文化传播生态如何平衡

美联社、路透社和新华网都通过新闻网站将亚运会呈现在了世界范围内的受众面前,亚洲文化成为三家媒体所呈现的共同主题,亚洲文化符号开始进入更广层面的受众视野中。"运动会"的文化概念在中国与在西方世界的差异,使不同区域的受众对"运动会"有了不同的媒介认知。新华网的所在区域为举办国中国,新华网的所在区域为举办国中国。它强化了国人传统文化观念中的"亚运盛事"概念,赋予其强大的正面宣传效果。它强化了国人传统文化观念中的"亚运盛事"概念,赋予其强大的正面宣传效果。

尽管如此,美联社仍然让它的受众看到了不同于西方传统意义上的"中式运动会",传统道德文化在中国运动会中被提升到了一个远高于西方世界传统的层面,运动会不再仅仅是其文化中的普通竞技活动。路透社向其英国等欧洲国家受众传达出一个信息,中国的运动会已不单纯是一个娱乐竞技的大型活动,而变为了一个国家、一个民族的重要政治

---

① [英]约翰·伯格:《观看之道》,戴行钺译,广西师范大学出版社2003年版,第3页。
② [荷]托伊恩·A. 梵·迪克:《作为话语的新闻》,曾庆香译,华夏出版社2003年版,第52页。

· 225 ·

事务，它需要耗费大量的人力、物力、财力，并需要动用国家力量来保证其顺利进行。

应该承认，不同地区在信息传播手段、信息传播流量和信息传播平台方面存在较大差距，处于不对称的状态。虽然新闻网站综合利用文字、图片、视频等多种表现形式，在某种程度上削弱了不同文化群体的媒介使用差异，使得媒介内容信息尽可能全面详尽地传至受众，但是，新闻网站并不是没有偏向的媒介。技术的融合，并不能防止"他文化"按照自身文化的某些概念被描绘，从而呈现出符合自身传播意图的媒介真实。中国的媒体依旧延续了"喉舌本位"，从国家角度、集体角度来捍卫传统观念的"大同模式"，用宏观视野、一致性的笔法表达集体主义的趋同与和谐。而西方媒体对于重大赛事的报道也一贯刻意地寻找集体活动中的个体表现，表达相异的观点。我们却不能因此简单地指责中西媒介在跨文化传播过程中偏离了专业的操守。因为媒介也处于社会历史意识的链条之中，它基于一定的社会文化和心理来反映现实。没有脱离一定社会情境和意识的纯粹的新闻客观性。媒体报道能否在较大程度上符合当时社会文化的总体特征，融于当时的认识水平，也就成了衡量客观的标准。

加拿大学者英尼斯为我们观察复杂的媒介环境提供了三个观察指向。第一，媒介的物质形式和符号形式从不同的方面聚焦在社会经济和政治力量。第二，传播媒介通过影响人类交往的范围和比例而改变文化概念呈现的真实和社会政治的形式。第三，不同的媒介提供了不同的文化思想体系和认知偏向。[①] 我们解读中西新闻网站对亚运会的跨文化表现，并不是要将其特征直接地与群体利益或权势关系联系起来，其实这种关系复杂、易变和间接，它包括理解模型、知识程式和态度格局的认知，也包括社会、历史、经济、文化和政治等各种力量的博弈。

在中国举办亚运会，对于中国而言，无疑是展现国家力量和民族优越性的重大机会。国家利益和民族自豪感处于优先地位。中国媒体表现出强烈的认知偏向——国家利益高于一切，尽全力展现美好，过滤差

---

① Loris Ramos, "Understanding Literacy: Theoretical Foundations for Research in Media Ecology", *The New Jersey Journal of Communication*, Vol. 8, No. 1, Spring 2000.

异——尽管这种偏向是隐秘的，不自觉的，不带有强迫性质。而西方媒体在报道上则难免表现出"妖魔化"的倾向，由个人上升至国家层面进行批判——尽管这种"妖魔化"也是隐秘的，而且有所平缓。但是，历史毕竟不是一个突然的结果，而是一个连续的过程。中西交流的过程曾经发生甚至至今仍常常发生断裂，这其实也是对中西关系发展的连续过程的断裂。如今，当媒体回归中西跨文化传播过程的时候，不可否认地带着历史与意识形态的惯性。政治力量的强介入，使得中国希望外部世界了解、理解、信任的努力，没有产生完全的正相关效应。换句话说，在对外传播的链条上，起点与落点之间存在明显的错位。

丹尼尔·贝尔（Daniel Bell）曾把现代社会看作由经济—技术体系、政治与文化三个特殊领域组成，"每个领域都服从不同的轴心原则。它们之间并不相互一致，变化节奏亦不相同。它们各有自己的独特模式，并依此形成大相径庭的方式。正是这种领域间的冲突决定了社会的各种矛盾"。[①] 我们把媒介跨文化传播的话语回归到生态层面，其内在价值就是在互动中追求共栖（symbiosis）的整体观念，以达到平衡协调的生存目标。新闻网站需要思考的是，如何放松意识形态的内在紧张关系，超越彼此的独断式的政治话语，求同存异。另外，以商业性的网站为代表的经济力量的介入给这种偏向的调整带来了外部可能。搜狐网于 2004 年 9 月与中国日报网合作运营英文频道（English.sohu.com），设有中国、国际、商业、文化、论坛等栏目，内容均来源于中国日报网。新浪网英文频道（English.sina.com）于 2008 年 5 月 16 日正式推出，栏目设置与搜狐英文频道相似，信息主要来自新华网、中国日报网、国际在线等重点新闻网站。

如果我们都可以从以自我为中心转向从他者的角度思考，那么接下来的问题是，媒介能否因此超越文化与意识形态的限制？跨文化传播的核心归根结底仍然是人与人之间的和谐交流与彼此信任的增强。伴随着中国网民数量、互联网渗透率等指标逐年攀升，这是跨文化传播生态建构的资源和重新开始的起点。

---

① [美] 丹尼尔·贝尔：《资本主义文化矛盾》，赵一凡等译，生活·读书·新知三联书店 1989 年版，第 56 页。

第十二章

国庆60周年中西网络
新闻报道比较

21世纪以来,互联网不仅记录、见证了中国社会的快速发展,还承载和推动了民间活力的蓬勃日兴。伴随互联网在一次又一次社会事件中所扮演的重要角色,人们清晰地认识到,互联网早已不再局限于精英们用于远程联网和国际通信的技术平台,它已成长为普通民众了解社会进程、参与公众讨论的意见市场,互联网业已成为社会各方进行信息传播和社会动员的行动领域,正表现出新兴媒体的社会影响力。2009年,中国互联网世界的国庆报道充分体现了互联网的社会功能和重要性,这些不断冲击人们感官的海量报道向世界描绘出一片红色的欢庆海洋,更试图凸显在这海洋中昂首游弋的国人图谱,这是公众介入后的众民狂欢,更是互联网整合下的幸福景象。但是,网络世界中的狂欢并非中国网络国庆60周年报道的全部。

本书选取以新闻报道为主的网络媒体(含新闻网站和商业网站:新华网、人民网、新浪网、搜狐网、腾讯网)为主要研究对象,观察和分析新兴媒体作为社会机构是如何顺应、发动和组织公众参与,整合各类网络素材进行国庆报道,并努力构建自身特点、实现各类创新的。同时,本书试图通过中西网络新闻报道的比较分析,反思和探讨国庆报道中的缺失。

第一节 国庆报道:民意高度关注下的
新闻策划

中华人民共和国成立60周年大庆是中国民众高度关注的新闻事件,

也是各网络媒体积蓄已久的新闻选题。作为既定的新闻选题，各网站在进行新闻策划时都掌握了充分的资源。

一 数量庞大、热情高涨的网民是互联网国庆报道的能动参与者

截至 2009 年 6 月底，中国网民规模已达 3.38 亿户，其中，宽带网民规模达到了 3.2 亿户，使用手机上网的网民也已达到 1.55 亿户，占网民的 46%。[①] 这些数据表明，中国网民不仅数量庞大，而且已具备了宽带、手机上网等技术路径参与互联网国庆报道。另一组对国内 100 个网络媒体样本的调查显示：国庆前夕（从 6 月到 9 月初），互联网上关于国庆 60 周年的相关话题报道达 2781 篇，网民评论达 23841 条。[②] 这表明，网民早已开始准备并实施对国庆 60 周年互联网报道的参与，他们试图展现个体对国家的深切感情。网民高涨的爱国热情在 10 月 1 日得到极大的释放，仅央视网国庆全天页面浏览量达到 5.03 亿人次，视频观看同时在线人数达 262 万人，创造了全球互联网发展史上视频直播最高同时在线人数的历史纪录，此外手机电视访问数量也创纪录地达到 691 万人次。[③]

二 网络媒体精心组织，并得到各方力量的积极配合

针对国庆的重大选题，各网络媒体都展现报道实力、吸引公众关注。截至 9 月 30 日，重点新闻网站和主要商业网站共开设国庆报道专题 845 个，转载新闻稿件 3.7 万多篇，图片 2.2 万多张，视频 1.2 万段。由国务院新闻办公室组织 60 家网站开展的亿万网友共同记录"中国一日"网络作品大赛，共征集文字、图片、动漫、音视频作品 87 万多件，网民点击量累计 3.6 亿人次，网民跟帖、留言 180 多万条。网站

[①] 整理自中国互联网络信息中心：《第 24 次中国互联网络发展状况统计报告》，2009 年 7 月 16 日，CNNIC（http://research.cnnic.cn/html/1247709553d1049.html）。

[②] 整理自 IRI 网络口碑研究咨询机构：《60 年华诞将至 网民喜迎国庆》，2009 年 9 月 27 日（http://www.iricn.com/hangye/d346.htm）。

[③] 刑立双：《浅析媒介融合视野下的重大主题网络报道——以央视网国庆 60 周年报道为例》，2009 年 10 月 15 日，人民网—传媒频道（http://media.people.com.cn/GB/22114/44110/142321/10198887.html）。

还通过论坛、博客、播客（视频分享）等互动平台，开展各种网络作品征集、网上签名寄语等 60 多个网络互动活动。[①] 此外，中国互联网络信息中心（CNNIC）专门为重点新闻网站的国庆专题配备了专属的". 中国"域名,[②] 拓宽各大新闻网站的国庆专题访问入口，以扩大网站影响力。

三　倾力打造国庆专题，策划总量之大、专题类型之多令人吃惊

本书研究发现，各网络媒体国庆报道的总量巨大，特别是网络新闻专题类型十分丰富。不过，专题类型间边界不清、内容重复、彼此交叉的现象也比较普遍。总的来看，国庆专题类型大致可分为：

（1）回忆类专题：其中有以时间（年份、年代）为主线，梳理 60 年来各时段重要历史人物、事件、年代特征的专题，也有按报道内容划分为政策、经济、军事、外交、科技等各个领域 60 年进步、成就的专题。

（2）访谈类专题：比如企业家、经济学家谈 60 年、历史学家眼中的 60 年、大师访谈、将校大点兵等各种类型。

（3）互动类专题：除了传统的祝福签名、博客集锦、图片征集、视频上传、投票等互动类专题外，还出现了手机上网、小游戏、播客视频秀、虚拟人生等新型的互动类专题，另有少量网站将相关互动专题延伸到网络拍卖等电子商务领域。

上述三种专题中，互动类是各网站展示创意、争夺注意力的重点类型。搜狐网还颇有新意地推出了以畅想未来为主题的《2049：跨越百年的梦想》，让十个有代表性的人物想象新中国成立百年时的中国图景，既让人们思考当前的社会问题，又对未来中国充满梦想。

四　寻找自我特色、突破类型局限，各大网站都试图推陈出新

新华网、人民网、中央电视台网站作为国家重点新闻网站，具备新

[①] 新华网：《各大网站浓墨重彩　亿万网民喜迎国庆》，2009 年 9 月 30 日（http://news. xinhuanet. com/politics/2009 -09/30/content_ 12136744. htm）。

[②] 周文林：《". 中国"域名成国庆互联网亮点》，2009 年 10 月 12 日，新华网（http://news. xinhuanet. com/politics/2009 -10/12/content_ 12218213. htm）。

闻采访的独特资质，它们立足国家媒体的资讯优势推出了许多权威、独家的新闻报道，并强化了多媒体、多终端、多语种的网络新闻报道特色。新华网制作了声势浩大的《大国崛起之甲子华诞》，对国庆庆典进行了全时段、全方位、全领域的立体直播和滚动报道，该网有意识地丰富了多媒体直播专题的表现方式，除了视频直播，还融合了大尺寸图片和文字的实时滚动报道、史料视频集、手机新媒体、评论、网友互动专区等多种报道形式。人民网描绘的《中国图标》充满设计的美感，专题集以坐标的形式出现，横坐标为年份，纵坐标为几大专题页面，用户通过点击坐标上的点得到不同的专题，其原创评论栏目《中国声音》云集了多种类型的媒体和网民言论，集中展示了公众意见。中央电视台网站则充分利用中央电视台作为中国唯一一家全程直播庆典的电视媒体的"垄断特权"，创建了《中国盛典：新中国成立 60 周年网络电视台》，直播、点播多种形式并存，当前、历史各类精彩视频资料十分丰富，特别是 1949 年到 1999 年历次阅兵的视频节目尤其令人欣喜。

新浪网、搜狐网、腾讯网作为商业网站一直在网民中享有很高的声誉，它们延续整合合作网站新闻报道的一贯作风，创新主题设计、强化互动模式，试图在资讯的广度、深度和灵活性方面有所突破。新浪网推出的《百年中国的新生与变革》创新地以岩石的土褐色为基调，区别于绝大部分网站的红色主调。其专题分类和栏目设置非常清晰，形成了以新闻中心为主导，新浪网各频道为辅助报道方阵的整体框架，集体推出的 30 多个子专题有序地呈现在专题主页上，形成了一个历时、完整、全面的报道框架，显示出新浪网在内容设计上出色的把控能力。搜狐网的《追寻现代中国》则表现出形式的全面创新和内容的冷峻反省，西方现代的背景音乐与展现历史的专题页面诡异地结合在一起、《回望历史瞬间》的客观和理性让人在喧哗的欢呼声中神经紧绷、《虚拟人生》和《旧报新读》的时光隧道让历史返回到当下，搜狐国庆的整体报道表现出卓然不群的特质，令人过目不忘。腾讯网《中国传奇》的页面设计现代、耀眼，QQ 个性签名档中的《挂灯笼送祝福》等栏目设计都充分利用了腾讯无人比拟的用户优势，从流动人口看国家风云变幻的《流动中国》创意十足，小人物命运与大时代变迁的患难与共直入人心。

第二节 以人为本：强化互动意识中的报道创新

网民的高度关注、参与热情和多元化选择与网络媒体的海量报道、争夺眼球和创意性报道高度契合，从而使得顺应公众参与热情、拓展网民互动渠道、创新报道呈现形态成为各网站的竞争焦点。本书对新华网、人民网、新浪网、搜狐网、腾讯网的互动类专题形式及数量进行了粗略统计，见表12-1。

表12-1 五大网站国庆报道的互动类专题形式及数量

形式/网站	新浪网	腾讯网	搜狐网	新华网	人民网
BBS	√	√	√	√	√
博客	√	√	√	√	√
播客	√	√	×	√	√
签名留言	√	√	×	√	√
征文	√	√	×	√	√
图片征集	√	√	√	√	√
视频征集	√	√	√	√	√
投票	√	√	√	√	√
互动游戏	×	√	√	√	√
掘客	×	×	×	×	√
知识竞赛	×	×	×	×	√
互动栏目数量	10	7	6	11	11

统计显示，各大网站都十分重视在国庆报道中融入互动技术，体现出"以人为本"的报道理念。从绝对数量上看，新闻网站（新华网、人民网）设置的互动栏目略高于商业网站（新浪网、搜狐网、腾讯网）；但从互动技术呈现和栏目创意上看，新闻网站的表现总体逊于商业网站，特别是搜狐网和腾讯网。下文将重点分析相关报道中的创新之举。

一 技术创新

这次国庆报道涌现出许多独具匠心的互动形式,引领网民全方位了解新中国成立60年的各种成就。人民网推出《武器许愿馆》的在线互动小游戏,① 网民可伴随自己许下的心愿在武器"星空"中遨游。类似全球畅销游戏《模拟人生》(*The Sims*),搜狐网推出了《虚拟人生》的互动游戏,② 网民可将自己化身为某个角色,选择进入自己指定的历史时期,通过对自己身份的设定(比如做商人、工人、党员干部还是知识分子),网友会发现自己的命运与历史进程间的紧密联系。这种类似角色扮演的游戏,让人们在中国政策60年变迁的时空中独自品味"这就是人生"的历史感悟。

二 内容创新

在资讯海量、选题重叠的新闻策划中找准网站定位实在是巨大的挑战,本书研究发现,内容创新是在竞争中胜出的必然路径。面对所有网站均发起的送祝福、发寄语的互动专题,新华网于十一清晨在论坛中发起了《国庆60周年大阅兵,网友向胡锦涛主席致敬》的讨论"欢迎大家一人来一句",③ 引发了热烈跟帖。腾讯网在QQ用户中策划了《我是传奇》的全民日志行动,④ 邀请网友以写文字和上传图片的方式,回忆自己或是家庭的60年。不到2个月,该策划就吸引了2150060个网民的参与,发表了88992篇文字稿件。更难能可贵的是,在内容软化、娱乐充斥的内容创新中,搜狐网推出了一系列以理性反思为主旨的网络专题,如《呐喊:一个民族的救赎》,⑤ 将影响中国历史的不同人物的话语进行了梳理,再配以素描的头像和略显忧伤的背景音乐,不由令人警醒;《回望历史瞬间》⑥ 则定格在1949年以来每一年的历史事件,没

---

① http://www.diancar.cn/ZTDQ/ztkc/200908/893.html.
② http://news.sohu.com/s2009/9616/s266863253/.
③ http://forum.home.news.cn/detail/70718736/1.html.
④ http://news.qq.com/zt/2009/woshichuanqi/index.htm.
⑤ http://news.sohu.com/s2009/9616/s266829759/.
⑥ http://news.sohu.com/s2009/9616/s265629467/.

有闪躲、没有回避,以历史幻灯组图配以解说的方式反省国家曾经走过的道路。这些内敛、反思的严肃报道在一片整齐的欢呼式报道中鹤立鸡群。

三 形式创新

互联网国庆报道已然实现了不同媒体形式间的融合创新,对网民需求的引导和满足成为形式创新的主要动力。①特别重视采用图片和视频报道。网易调查显示,图片报道、视频报道分别以64.2%、46.2%的高票率位列网民"喜欢的国庆专题报道形式"的第一、二位。在喜欢视频的原因中,选择"视频即时性强"的占到51.7%,紧跟其后的就是"画面流畅""播放流畅"。① 可见,对直观性强的图片和视频的浏览喜爱是网民普遍的需求。因此,各大网站不约而同地加大了对图片、视频报道的力度,新华网十一当天发表中英文图片6000余张、视频时长2100分钟;腾讯网发表了千余张高清大图和60组幻灯图,转播和节选的电视视频达200多条。②开发手机互动媒体的报道潜力。各大网站基于手机上网群体的不断扩大,纷纷开始尝试国庆手机报道服务。新华网开辟了《手机访谈》《手机互动台》《非常小编》等栏目实现点播、下载、存储、搜索、分享、互动等手机媒体全功能报道,开辟短信、WAP两大手机互动平台。值得一提的是,新华网还首次向手机用户提供音频服务,用户打开手机里的音频标题,就可收听语音报道,大大增强了手机用户的现场感。

第三节 西方网络新闻报道分析

从上述分析中清晰可见,中国互联网营造的狂欢气氛笼罩着网络世界,类似搜狐网推出的系列理性反思专题十分少见。与此相异,西方互联网世界中却呈现出不同风景。首先,顺应中国狂欢气氛的海外报道总量很少,新华网、人民网分别设立的"海外看中国"专栏收集的相关

---

① 网易科技频道:《数据揭秘网民心中国庆 多维度解读网易国庆专题》,2009年10月16日(http://tech.163.com/09/1016/16/5LOSG8BL000915BF.html)。

报道数量总和为 117 篇。[①] 其次，西方互联网的相关报道无一例外地表现出对中国成就的质疑和批评，但中国互联网却明显缺乏对此的回应和沟通。

本书对英语世界的 5 家网站进行抽样分析，选取持续关注中国的英国经济学人网、金融时报网、英国广播公司（BBC）网，以及美国的纽约时报网、美国有线电视新闻（CNN）网为分析对象，试图一窥西方互联网世界中的中国国庆报道。本书以"中国 60 年"（China 60）和"中国阅兵"（China Parade）为搜索关键词，检索到经济学人网 4 篇、金融时报网 3 篇、BBC 网 2 篇、纽约时报网 6 篇、CNN 网 3 篇，共计 18 篇报道。本书研究发现如下：

一 西方对中国国庆报道文字新闻和评论居多

上述 18 篇报道分别采用了文字新闻、文字评论、图片报道、音频报道、视频报道、文字＋音频报道、文字＋音频＋幻灯片报道、图片互动信息、聚合性报道（聚合了文字、视频、照片、幻灯片等多种形式）九种表现形式，其中以文字新闻和评论最多，共计 10 篇。可见，西方对中国国庆报道主要以文字报道为主，停留在静态报道层面。

以 BBC"中国 60 年以来的改变"[②] 网络新闻生产为例。作品采用的文字＋音频报道的形式，首先简要介绍了国庆阅兵的情况，随即是一段采访布鲁金斯研究所专家的音频，最后是采访旅美诗人的音频。音频是这次 BBC 网络新闻报道的特色，在其文字、音频内容的编播过程中，对于中国国庆更多地呈现出具有争议性的议题，比如报道周久耕事件、物质性社会等。

二 西方网络媒体对国庆报道仅为集中的应景式报道

18 篇报道中共有 12 篇发表在 10 月 1 日、2 日两天，其余均发表在十一前夕，这表明西方网络媒体的相关报道仅为集中的应景式报道，而

---

① 新华网、人民网均在此次国庆报道中设立了"海外看中国"的专栏收集海外媒体的相关报道，但报道数量甚少：新华网 17 篇，http://ww.news.cn/politics/60zn/hwkzg.htm，人民网 100 篇，http://60.people.com.cnGB/168183/index.html。

② http://www.bbc.co.uk/worldservice/news/2009/10/091001_china_60_wt_sl.shtml。

缺失长期的关注。

虽然缺乏长期关注，但西方媒体网络新闻生产却充满了对中国社会议题的批判。以纽约时报网站10月1日当天发表的文字报道[①]为例，报道认为："国庆大阅兵没有什么新意，中国用这种方式展示军事力量对世界来说等于一种震慑。"在文中提到军事、对美国的威胁、新疆和西藏问题等。这篇报道引用了新华社报道，主要是介绍大阅兵中出现的各种武器型号。

三　报道主题多元，多涉及中国社会问题

18篇报道主题中，关注阅兵的报道13篇、中国发展问题的9篇、观点转变现象的6篇，表明西方媒体高度关注中国军事力量的发展。报道内容则涉及中国社会问题的29个不同层面，涉及最多的依次为经济发展、军事、新疆和西藏问题、"文化大革命"、贫富分化、台湾问题、外交事务、气候变化、对美军事威胁等。

四　中国网络报道未成为西方报道的主要信源

从消息来源看，新华社稿件被引用9篇、中国国防部网站2篇、中央电视台1篇，其他报道则未能具体指明中方消息来源。可见，中国网络庞大的报道内容并未成为西方报道的主要信源。

西方互联网报道仍着重强调自身对中国问题的基本判断，它们无一例外地从国庆庆典报道延伸到对中国社会问题的批评。西方视野中的中国国庆系列展示虽然凸现了中国60年来的变化，表现出中国的日益强大，和西方对中国认知的逐渐转变。这些报道对中国社会的物质化、腐败、贫富分化等话题的关注超过了对国庆议题本身的聚焦。

上述分析表明，互联网作为天然的国际性媒体，并未能有效推动跨文化理解。中国互联网世界的国庆报道呈现出热闹的狂欢景象，各大网站均以满足网民需求、服务网民参与为创新出发点，从而争取民众的关注和点击。值得嘉许的是，网站以人为本的互动设计已从理念迈入实际

---

① http：//www.nytimes.com/2009/10/02/world/asia/02china.html? scp = 3&sq = china%20parade&st = cse.

运作，从单一充实到多元化功能，使得互联网成为众民狂欢的公共空间，得以描绘出"中国人"作为集体符号的幸福时空。但不足之处也是明显的。首先，各大网站在新闻策划、主题设计上仍显雷同、创新不足，在内容选择、互动挖掘等方面仍显保守、形式单调。其次，网络作为新兴公共空间的批判精神未有展现，比如，各网络媒体在报道精神上普遍缺乏内省的勇气和展望的理性，类似搜狐网之类的反思性报道未成气候。最后，从国际环境看，中国互联网报道的影响力仍旧偏弱，中西方对话还存在体制、文化等多方面的对接障碍，从而导致两种互联网话语的各自为营。

第十三章

新媒体中的政治报道：
形态演进与内容呈现

20世纪80年代后，伴随网络社会的崛起，数字技术支持下的新媒体成为信息社会中传播最广泛、最受欢迎的信息载体，数字新媒体也逐渐渗透到世界各地的政治报道中。网络社会带给传统政治生活最大的冲击在于，它"是不受某一集中权力机构管制的条条框框束缚即可运行的社会"[1]，全球化、去中心化的网络空间对民族国家内的政治制度、政治决策过程、政府管理等都产生了重大而深刻的影响。国家政治事件的传播与报道也同样受到网络社会信息流动的巨大冲击，网络信息即时生成、即时传播、实时互动、高度共享、内容丰富、观点多元的特性使得传统政治报道时刻面临质疑和被解构的挑战。那么，面对全球化和新媒介技术的双重推动，中国新媒体政治报道的现状如何？这正是本书关注的焦点。

本书选取全国两会报道为中国政治报道的缩影，重点分析2011年两会报道中，新媒体报道的形态演变和内容呈现效果。研究对象包括中国七大网络媒体（新华网、人民网、央视网、新浪网、腾讯网、搜狐网、网易网），试图厘清和思考新媒体政治报道的媒体表现形式、内容选择和传播效果。

第一节 新媒体政治报道形态与生态

两会报道是中国媒体每年的常规选题，也是中国社会最为重要的政

---

[1] ［英］巴雷特：《赛博族状态——因特网的文化、政治和经济》，李新玲译，河北大学出版社1998年版，第7页。

治议题之一，因而，每年的两会报道都会受到国内、国际社会的广泛关注，其新闻选题、传播流程向来是谨慎而敏感的。正是因为两会报道的政治效应，中国直到 20 世纪 90 年代末，才允许网络媒体进入两会报道的媒体行列，而现在，数字新媒体已经成为中国政治报道不可或缺的重要渠道和内容生产商。新媒体利用互联网、无线通信网络等数字化传播渠道，通过计算机、手机等发布和接收终端，向用户提供两会资讯服务、新闻报道和互动平台，从而成为当下最为人所知和及时有效的两会报道载体。

本书通过检索中国两会报道的历史，发现中国新媒体两会报道形态大致经历了三个演进关键点：

一 网络新闻的开创与成熟

网络媒体（含新闻网站、商业网站）介入中国两会报道的元年是 1999 年。当年，中国互联网新闻中心记者采访并报道了两会[1]，新华社正式在互联网推出两会专题网站[2]，新浪网也在国内时事频道中推出了专题列表。此后，网络媒体纷纷将每年两会视为网站的常规报道重点，网络专题、原创或整合类新闻报道已是各网站展现综合实力的有效方式，网络新闻成为最成熟的新媒体两会报道形态。

二 手机报道的出现与普及

2005 年两会期间，人民网与中国移动、中国联通合作，率先推出手机互联网两会专题。[3] 其后，各中央及地方新闻网站、各商业网站陆续推出手机报、手机直播、手机记者跑两会、手机互动专题、手机论坛、手机博客等多种依托手机载体的两会报道方式。目前，通过各类新闻网站与移动服务提供商的全面合作，手机播报两

---

[1] ChinaByte：《1999 中国新闻媒体网上发展回眸》（下），1999 年 12 月 29 日，新浪网 (http://tech.sina.com.cn/news/internet/1999-12-29/14393.shtml)。

[2] 《新华社推出九届全国人大二次会议、全国政协九届二次会议专题网站》，1999 年 3 月 3 日，新浪网（http://news.sina.com.cn/richtalk/news/tech/9903/030309.html）。

[3] 整理自赵文捷《两会报道新闻战落幕 手机媒体力拼"时政大餐"》，2008 年 4 月 1 日，人民网（http://news.sohu.com/20080401/n256039716.shtml）。

会已经成为网络媒体应用娴熟的新媒体报道形态,"掌上"两会报道业已普及。

三 微博直播的兴起与成长

"微博问政"在 2010 年新媒体两会报道中成为最大的亮点,新浪微博顺势崛起成为最具影响力的微博两会报道平台。据报道称:2010 年"有 60 多位代表、委员在人民网、新浪网开通了实名制微博,很多记者和主持人及中央和地方媒体均在新浪网开通微博"[①],在新浪微博中,人气最高的是新华社的两会微博"新华视点"。微博因其平民化、大众化、个性化的即时传播特性,在不到一年的时间内,迅速成长为新媒体两会报道最具生命力的直播形态。

上述分析可见,新媒体作为中国政治报道的新兴力量,经过 12 年的发展,已经形成一个以网络媒体为资源整合核心,以网络新闻、手机报道和微博直播为主要报道形态,以互联网、无线通信网络为传播渠道,以电脑、手机等为终端的政治报道生态。

第二节 新媒体政治报道的形态演进与内容呈现

2011 年,新媒体报道两会的主要形态仍旧集中在网络新闻、手机报道和微博直播三种方式,并未显现新的表现形式。这表明,它们已经成为网络媒体普遍接受和采用的两会报道形态。但不难发现,三种形态由于发展时间的长短、各自不同的传播特性、用户覆盖率的大小等原因,呈现出不同的特点和问题。

本书以三大新闻网站(新华网、人民网、央视网)和四大商业网站(新浪网、腾讯网、搜狐网、网易网)为观察对象,从网络新闻、手机报道和微博直播三个角度进行分析,进而凝练出中国新媒体政治报道的概貌。

---

① 张晋升、黎宇文:《两会报道的微博效应》,《中国记者》2010 年第 4 期。

第十三章　新媒体中的政治报道：形态演进与内容呈现

一　网络新闻：塑造的共识与个性的张扬

以两会为例，中国政治报道的选题与方式选择历来主张主旋律化的舆论引导。对于新媒体政治报道而言，还存在报道资质的限制和报道内容来源规范化的管理问题。网络媒体被划分为具有采访资质的新闻网站和只有转载、编辑资质的商业网站；拥有权威信息发布优势的新华网等中央新闻网站和必须采用规范稿源的商业网站。这些管理制度的设计，演变为网络媒体新闻报道的内在约束性。因此，如何把握网络新闻报道的主旋律，又彰显网络新闻的个性、互动和多元的特征，从而发挥网络媒体的内容优势和品牌效应，成为网络新闻政治报道的首要挑战。本书对七大网络媒体的相关报道进行了比较研究，发现2011年中国网络媒体的两会报道具有明晰的报道主轴和颇具匠心的个性设计。

（一）塑造的共识："幸福/幸福感"的议题设置

"幸福/幸福感"是2011年网络新闻两会报道的明晰主轴，选题的来源始于两会前夕温家宝总理与网友的问答。2月27日，温家宝总理通过中国政府网、新华网回答网友问题时，将"幸福的标准"总结为"让人们生活得舒心、安心、放心，对未来有信心"，并结合"十二五"规划，提出将"提升百姓的幸福感"落实到"使国计民生的一系列重大问题都进一步得到改善，使人民生活感到安全，对未来充满信心"[①]。国家领导人对于"幸福"和"幸福感"的阐释和强调，引发了社会关注和网友热议，并不出意料地成为同年网络新闻策划的基调。

"幸福/幸福感"的塑造弥漫于网络新闻报道的网页设计、议题设置、互动环节、在线调查等各个细节中，配合五家网络媒体以大红和明黄色为主色调的视觉设计（新浪网以灰白色和橘红色为主色调，搜狐网以大红色和灰黑色为主色调），网站所营造的喜庆扑面而来，并逐一展现在网络新闻报道的细节中。

[①] 整理自《温家宝总理与网友在线交谈》，2011年2月27日，新华网、中国政府网（http://www.xinhuanet.com/2011wjbft_index.htm）。

（二）网络新闻专题标题中的角度设计

表 13-1 列举了七大网站两会专题的名称。

表 13-1　　　　　　　　七大网络媒体两会新闻专题名称

网站类型	网站名称	新闻专题名称	链接地址
新闻网站	新华网	2011年全国两会	http：//www. news. cn/politics/2011lh/
	人民网	2011年全国两会	http：//2011lianghui. people. com. cn/GB/index. html
	央视网	2011年全国两会——中国策	http：//news. cntv. cn/special/2011lianghui/home/index. shtml
商业网站	新浪网	公平的幸福——开启新十年的追梦	http：//news. sina. com. cn/z/2011qglh/index. shtml
	搜狐网	2011年全国两会特别报道	http：//news. sohu. com/s2011/11lianghui/
	网易网	中国式改革——2011年全国两会	http：//news. 163. com/special/2011lianghui/
	腾讯网	大国再出发——2011年全国两会专题报道	http：//news. qq. com/zt2011/2011lianghui/index. htm

网络新闻专题名称的确立一般会显现网络媒体对于新闻事件的基本态度或报道角度。三家新闻网站全部采用事件性标题"2011年全国两会"，仅央视网提炼了"中国策"作为次主题词，这表明，中央级新闻网站更强调全景式报道和政策宣讲。四家商业网站的标题不尽相同，除搜狐网直接采用事件性标题外，其他三家都各有特色：新浪网直接用"幸福"作为专题策划的核心词汇，但强调"公平"之于"幸福"的重要性；网易网"中国式改革"体现出专题内容侧重于对两会政策性内容的解读，尤其关心改革的进程；腾讯网"大国再出发"聚焦于"十二五"规划对未来中国的意义。网络专题标题的差异说明，在涉及重大政治事件选题时，商业网站的标题处理更敢于表达出观察立场。

（三）"幸福/幸福感"议题的首页设置

本书还采用关键词检索和内容识别的方式，梳理七大网站专题首页中涉及"幸福/幸福感"议题的新闻报道数量及其来源，见表 13-2。

表13-2 七大网络媒体首页"幸福/幸福感"议题数量及其来源统计

网站类型	网站名称	首页议题数量	原创/比例	转载/比例
新闻网站	新华网	4	3	1
	人民网	4	4	0
	央视网	8	7	1
合计		16	14/87.50%	2/12.50%
商业网站	新浪网	7	1	6
	搜狐网	3	0	3
	网易网	2	0	2
	腾讯网	3	1	2
合计		15	2/13.33%	13/86.67%

从数据可见，三大新闻网站涉及"幸福/幸福感"的议题中，原创作品占据约88%的比例；四大商业网站相关议题中，约87%都是转载作品，两类网络媒体的相关指标完全对立。这说明，2011年两会报道中一致出现的"幸福/幸福感"议题是由新闻网站/传统媒体发起和主导，并通过中国网络媒体的巨大合力不断塑造后形成的共识。

这一共识的形成与两会作为政治报道的高度敏感性和中国网络传播管理规范的层级性密切相关。但同时，新媒体政治报道议题的同质化或相似性又与网络传播分众化、小众化和多元化的本质特征相冲突。面对这一现实挑战，各网站如何才能凸显个性、表达观点呢？

二 新媒体政治报道的创新

（一）个性的张扬：发挥优势与原创突破

在塑造的共识下，七大网络媒体均需面对网络新闻内容同质化的难题。为凸显新媒体政治报道的个性与优势，网络媒体采取的有效方式主要有两个：

首先，发挥新媒体自身强势，在同质化报道中求快、求好、求深。

比如，新华网充分发挥其能独家获取两会权威资讯（如温家宝总理与网友在线交流、政府工作报告的完整版等）的便利条件，在网络新闻报道中表现出全时性、全面性和权威性的独特优势，在三大新闻网站的两会报道（2011年3月2—15日）中稳居访问量之首（见图13-1），每天都是网民访问最频繁的新闻网站。

单位：每百万Alexa安装用户的访问人数×平均每个用户日均访问页面数
时间范围：2011-03-02至2011-03-15

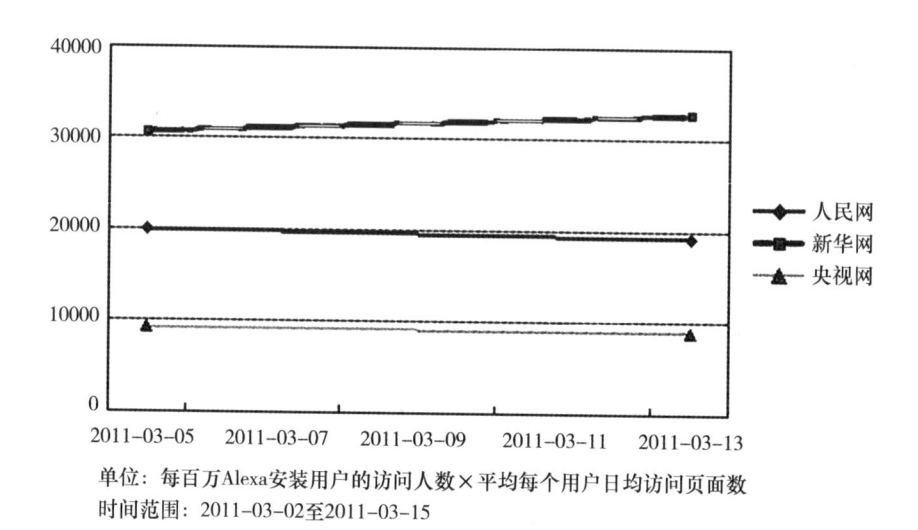

图13-1 两会期间三大新闻网站网络新闻访问量指数走势图①

其次，克服报道资质的限制，在访谈类节目中突破原创瓶颈。

2011年两会报道中，以网易网、腾讯网为代表的商业网站大力拓展与新闻网站的合作，着力培育网络访谈类新闻报道类型，通过讨论当下社会热点话题，进而提升其原创报道的数量和影响力（见图13-2）。比如，网易新闻与中国网合办的《2011年中国网两会访谈网易会客厅》制作的多期访谈节目；腾讯网、中国广播网，联合中部广播联盟联合制作的《崛起中部——跨越发展"十二五"》对数位重量级两会代表的访谈，都取得了良好的传播效果。这两家网站也因为在政治报道原创内容上的突破，在竞争激烈的商业网站两会新闻报道（2011年3月2—15日）中位居访问量前列。

---

① 图表数据分析 http://www.iwebchoice.com/Html/Chart_222.shtml。

第十三章 新媒体中的政治报道：形态演进与内容呈现

单位：每百万Alexa安装用户的访问人数×平均每个用户日均访问页面数
时间范围：2011-03-02至2011-03-15

图13-2 两会期间四大商业网站网络新闻访问量指数走势图[①]

上述分析可见，网络新闻作为新媒体政治报道的形态之一，其制作方式、议题设置技巧等均已十分成熟。其中，新闻网站在新闻内容报道中的主导优势十分明显，而商业网站也正在不断地突破其报道局限。这表明，既定的社会框架虽然限制了新媒体政治报道观点多元化的可能，却也同时刺激和推动了网络媒体的锐意创新和竞争意识。

（二）手机报道：产品的丰富与3G两会新趋势

手机作为中国新媒体政治报道形态始于2005年，从那时起，手机报、手机视频看两会等新闻产品就成为手机用户及时了解两会信息的便捷载体。2011年，随着中国无线漫游服务的普及，以及3G移动终端在传输声音和提升数据速度上的优势，手机报道持续发挥着明显的传播影响力，并产生了一些新变化。

1. 手机报道产品丰富

表13-3罗列了各网站提供的手机报道产品。

---

① 图表数据分析 http://www.iwebchoice.com/Html/Chart_1506.shtml。

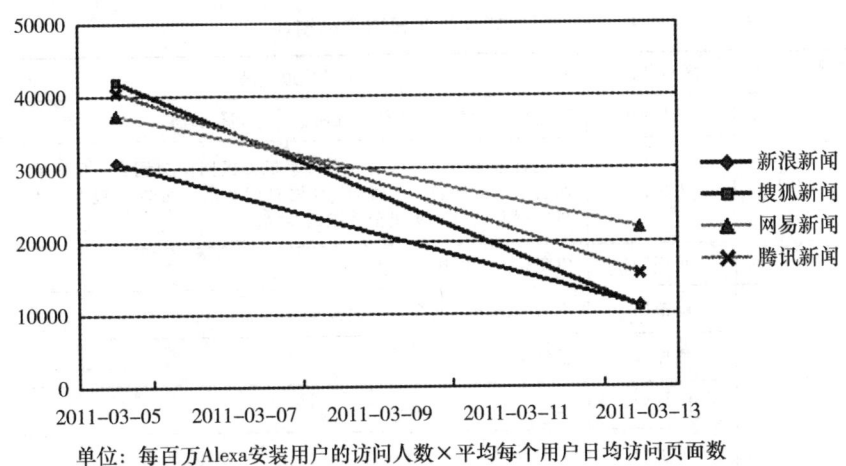

表 13-3　　　　　　七大网络媒体手机报道产品统计

网站类型	网站名称	手机报道产品
新闻网站	新华网	两会网事手机报;"新华社两会"手机阅读器
	人民网	人民日报手机报;两会 e 刊;手机人民网两会调查;G 族看两会;G 族代表共话两会;G 语总理专线;两会 G 视点;手机电视看两会;手机记者跑两会
	央视网	CCTV 手机电视看两会
商业网站	新浪网	手机看两会;两会每日简报
	搜狐网	手机两会
	网易网	无
	腾讯网	手机看两会

从表 13-3 可见,除网易未推出手机新闻服务外,其他六家网站均提供手机两会新闻报道,其中人民网和新浪网提供的手机两会报道服务最为细致。人民网作为中国手机两会报道的开创者,始终是这一领域的先驱,它不仅提供"人民日报手机报",还开发出"两会 e 刊"等 9 种不同类型、内容丰富的手机新闻产品。新浪网作为整合转载新闻的专业化商业网站,特别开辟了手机新浪网两会频道,承诺全程快递两会新闻,提供热门发布会的全程图文直播和高端政要的系列访谈,并每日制作两会简报,从而带给手机新浪网用户最快的两会新闻。

2. 3G 终端的专属服务和内容控制

2011 年,手机两会报道最大的亮点则是针对 iPhone、乐 Phone 等最时尚的 3G 手机提供的个性化服务。3 月 1 日,新华社为 iPhone 手机用户专门打造"新华社两会"手机阅读器正式登陆苹果应用商店,手机阅读器开始了速递、热点、花絮、图片和微博五大栏目。3 月 2 日,全国政协十一届四次会议官网新闻中心发出公告,将首次推出以手机为终端的"政协全会"无线网站,即针对 iPhone、乐 Phone 版客户正式开通会议专题,用户只需下载客户端后就可以浏览大会信息。据报道:"手机版的'政协全会'无线网站采取了分门别类的方式,设置了大会新闻、议政建言、提案选登、专委会、图片报道等栏目","在手机上就能看到会议的通知、会议的最新报道等内容,同时还能查询到会议后的摆渡车安排"。① 此外，新浪网、腾讯网等也都针对这部分新用户开通了服务。两会报道中最引人关注的相关新闻，则是少林寺方丈释永信带着 iPad 平板电脑和 iPhone 4 手机上会②，这充分体现出 3G 两会的新趋势。

手机报道渠道的升级为后台两会信息生产提出了新的要求。本书对新浪网、腾讯网相关部门的调研表明：两网站的移动新闻部门都会安排专门人员更新和推荐两会新闻与图片，并将重要新闻置顶；在进行文图直播时，专业人员会根据新华网、人民网提供的权威信息进行后台粘贴和标题编辑工作，同时对直播间留言板进行管理。

3G 两会的快速发展具有两个趋势性的意义。第一，它促使网络媒体通过手机服务实现了与微博直播的无缝对接，更大程度地满足了手机用户的信息需求和体验热情。第二，它昭示了平板电脑、手机等移动终端将会成为未来新媒体新闻报道的主流媒体。

（三）微博直播：意见领袖的活跃性与话题性报道的呈现

2010 年开始出现的微博两会报道，历经一年的发展，已经从新浪微博一家独大的垄断格局演变为多元竞争态势，但由于新浪微博业已积累的技术、人气和内容优势，这种竞争仍然是不完全和不充分的。微博信息发布的随时性、随身性特征使得微博两会报道几乎实现了全时、全景、全员的直播状态，因此，微博成为新媒体政治报道的宠儿。

本书观察的七大网站中，除在搜狐网没有看到专门的微博两会报道外，其他网站均设有专门的微博报道栏目，如新华网的新华说客·两会微博；人民网的 2011 年微评两会、记者微播报；央视网开设的 CNTV 两会微博、记者微博；网易和中国广播网合作的微博特别节目等。本书发现，2011 年微博报道区别于 2010 年微博两会报道碎片化的粗放模式，开始转向意见领袖的培育和话题的组织。

---

① 整理自徐松、陈恃雷《新华社报道进军手机客户端 多媒体展示两会新闻》，2011 年 3 月 1 日，新华社、央视网（http：//news.cntv.cn/20110301/119355.shtml）；刘正旭《"政协全会"挺潮 手机客户端上线》，2011 年 3 月 4 日，金羊网—新快报、新浪网（http：//news.sina.com.cn/c/2011 - 03 - 04/021322049374.shtml）；《全国政协会议推出手机终端无线网站》，2011 年 3 月 3 日，东方网、中国网（http：//big5.china.com.cn/2011/2011 - 03/03/content_ 22040857.htm）。

② 参见 http：//news.xinmin.cn/rollnews/2011/03/09/9673403.html；http：//news.163.com/photoview/4IQB0001/13545.html#p = 6V0OE1SB4IQB0001。

为具体而深入地探究微博两会报道现状，本书将占据市场优势的新浪微博和新兴发力的腾讯微博进行比较，试图分析微博直播政治事件中呈现的新趋势。

1. 意见领袖的培育及其活跃性

此处所指的"意见领袖"区别于微博圈中通过转发机制自发产生的言论领袖，而是指经过网站邀请、认证过的两会代表委员。在两会微博中，他们由于特殊的社会地位和在各行各业中累积的影响力，其发言会快速成为焦点，从而带动微博言论的流动速度和辐射面。于是，培育意见领袖和他们微博发言的活跃性成为微博两会报道的重要任务。

表13－4中归纳了新浪和腾讯微博意见领袖的分类和数量，并通过计算微博代表委员发言人数占人数总数的比例，获取了两大微博的活跃度指标。

表13－4　新浪、腾讯微博两会中的意见领袖及其活跃度对比表

意见领袖	新浪微博			腾讯微博		
	人数	发言人数	活跃度	人数	发言人数	活跃度
全国人大代表	162	101	62.35%	57	44	77.19%
全国政协委员	202	101	50.00%	46	33	71.74%
地方人大代表	28	15	53.57%			
地方政协委员	51	26	50.98%			
总指标	443	243	54.85%	103	77	74.76%

由表13－4可见，新浪微博较之腾讯微博有4倍之多的意见领袖，这是新浪微博自2010年建立起来的规模效应。但从活跃度指标来看，腾讯微博意见领袖的发言人数占总人数的比例超新浪近20%，这表明，2011年发力的腾讯在保证意见领袖活跃度方面远优于新浪。

此外，本书还统计了腾讯意见领袖两会期间的广播（发布）条数，并按照数量进行了区段的划分，进而对应不同的活跃性表述（见表13－5）。表中的活跃性描述是按照代表委员通过腾讯微博广播（发布）两会情况的数量进行的区段划分，表明两会代表使用腾讯微博所处的不同区段，从而展现出不同的积极性。

表13-5　　　腾讯微博意见领袖两会期间发言活跃性统计表

广播数区段	人数	比例	活跃性
0 条	14	13.59%	不活跃
1—10 条	36	34.95%	较活跃
10—100 条	33	32.04%	活跃
100—300 条	10	9.71%	很活跃
300 条以上	10	9.71%	非常活跃

本书统计发现，2011 年，注册腾讯微博的 103 名两会代表委员在使用腾讯微博广播功能时表现出不一致的活跃性：零活跃（一言不发的不活跃者）人群最少，占 13.59%；基本活跃（保证并正常使用微博的较活跃者和活跃者）人群最多，占 66.99%；十分活跃（积极使用微博的很活跃者和非常活跃者）人群居中，占 19.42%。这表明，腾讯微博作为 2011 年微博报道两会的新兴渠道，已经得到两会代表委员的认可和接受，这群特殊微博博主的广播（发布）活跃性整体较高，基本活跃和十分活跃的微博博主占到 86.41%，体现出两会代表委员通过微博沟通民意、网上行政的积极态度。同时，研究也发现，仍然存在近 14% 的零活跃的沉默者，他们虽然接受了微博问政的新传播形态，但并未形成使用微博的习惯，其原因有待调查。

通过对新浪、腾讯微博意见领袖的数量及其活跃度/性的比较发现：政治事件的微博直播中，意见领袖规模的积累与其发言的活跃度并非正相关；意见领袖已经认可和接受微博直播的新媒体报道形态，且广播（发布）活跃性整体较高。

2. 话题性报道的呈现与效果

本书发现，新浪、腾讯微博在 2011 年两会报道中，都主动策划了便于互动和参与的讨论主题，并呈现出明显的专题化倾向。下文以新浪"两会微访谈"和腾讯"两会微辩论"为例（见表 13-6、表 13-7），讨论话题性微博报道的呈现与效果。

表13-6　　新浪微博"两会微访谈"话题呈现与效果统计

新浪"两会微访谈"话题	粉丝数量	问题数量
在线征集两会提案（科技）	1610880	194
女性视角看两会（女性）	567314	46
保护动物，取缔活熊取胆（新京报）	14417	167
如何提高国民收入	45106	109
如何解救流浪弃儿	106935	54
一个企业家的传奇	682700	263
谈教育改革	81516	366
旅游开发和文化保护的双赢选择	26910	51
畅谈民生	722908	263
政协委员眼中的股市民生	291335	18
如何实现教育公平？（潇湘晨报）	30825	85
中国自主品牌汽车发展（汽车）	15036	109
向GDP说不！夺回被"偷"走的幸福感！（京华时报）	247293	73
如何应对"让油价飞"时代？（潇湘晨报）	37123	45
中国需要"民生汽车"（汽车）	15602	144
发展职业教育　让用工不再荒（京华时报）	80100	387
畅谈农产品食品安全（京华时报）	39719	76
阳光财政离我们有多远？（潇湘晨报）	39323	159
我对中国教育充满信心（潇湘晨报）	595019	336
"十二五"规划与改革的"二次转型"（中国访谈）	25127	63
谈两会提案6点建议完善中国特色联赛（中国访谈）	19565	158
触电"宽带发展国家战略"（潇湘晨报）	41751	135
研究解决文化演出市场票价过高的问题（中国访谈）	11508	66
对三公消费公开的那些期待（潇湘晨报）	72219	51
聊聊身边的低碳生活（中国访谈）	330617	213
合计	5750848	3631

注：统计数据截至2011年3月12日。

表 13-7　　腾讯微博"两会微辩论"话题呈现与效果统计

腾讯"两会微辩论"话题	广播条数	参与投票人数
住房限购令能否抑制房价上涨	25347	679271
已过六级能否免试考研英语	4924	629007
是否赞成国家放开二胎政策	33803	758572
幼儿园纳入义务教育是否可行	4982	325239
退休年龄应该推迟吗	11453	411373
立法限制员工跳槽是否可行	8014	425663
你赞成流动人口子女就地高考吗	2266	44334
合计	90789	3273459

注：统计数据截至 2011 年 3 月 17 日。

由表 13-6 和表 13-7 可见，新浪微博、腾讯微博设计的话题性报道主要涉及网友高度关注的互动话题和民生议题，最引发关注的是征集提案、建议或提问，其次是教育类等民生问题。新浪"两会微访谈"25 个话题聚集了超过 575 万粉丝数量，但提问者/数量却只有约 3600 个，显示出：微博博主对访谈类互动话题更倾向于关注，而消极对待提问之类的功能设计。腾讯"两会微辩论"7 个话题广播（发布）了约 9 万条微博内容，参与投票人数却高达 327 万，这表明：微博博主肯定辩论类型的微博议题，愿意参与辩论，并积极回应投票之类的功能设计。

通过对新浪微博、腾讯微博的深入分析，本书认为，微博直播已经成为 2011 年两会接收和热烈响应的新媒体报道形态。与 2010 年相比，比较明显地出现意见领袖活跃性培育和话题性报道呈现的新现象，并且各自表现出一些传播新特点。不过，由于商业网站经历了几年的市场积累，已经形成了明显的规模效应和品牌声势，未来新闻网站无疑将面对巨大的困难和挑战。

本书深入分析了 2011 年新媒体两会报道，从而概括性地展现中国新媒体政治报道的形态演进（网络新闻、手机报道和微博直播）与内容呈现，并梳理和凝练出一些新媒体政治报道的传播规律。本书认为，从技术形态更替的角度来看，后续新媒体政治报道形态将相对稳定，3G 手机等移动新媒体与微博报道方式的融合势必成为发展趋势；从内容建设角度来看，中国新闻网站应思考如何优化原创内容的优势，积极融入移动新媒体的渠道建设和市场推广中，否则这些将成为制约它们未来报道影响力的重要因素；从媒介生态的角度观察，中国既定的政治报道框架仍会延续，新媒体内容管理的层级制度在相当长时间内还会保持，新媒体在政治报道中应依靠其技术和服务优势，更好地思考如何满足公众知情的权利和沟通的欲望。

与对内报道相比，对比中国新闻网站的新媒体政治报道，西方新闻网站关注的热点、议题和倾向性呈现均有明显区别。

以2011年两会事件为例，本书选自英国两家新闻网站BBC、The Times进行对比研究。BBC网站约有15篇相关报道，BBC中文记者还撰写为期7天的报道手记。BBC两会报道的热点包括：①民生问题：住房、物价上涨、社会不公平、就业、污染、环保、官员腐败、个人所得税、土地问题，英文10篇；②国土边疆问题：包括西藏和新疆等，绝大多数是2010年相关文章的链接，两会期间原创英文稿件1篇；③政治军事：主要记录中国两会期间关于民主、政协、中国台湾和军事费用上涨的问题，英文2篇；④冲突性事件：外国记者与中国警察间的冲突，英文1篇（记者手记中也有提及）；⑤记者手记：是BBC中文记者蒙克的参与手记，从3月2日到8日，其中有政协开会小细节、人大代表的情况、中国外长答记者问等细节呈现。The Times网站报道数量较少，但每一篇都形成独立主题，包括中东革命影响、中国军事自信、云南和新西兰地震、中国民主改革等。从话语分析可知，英国新闻网站对中国两会的报道负面倾向居多，使用的不少词语都是尖锐的批评话语。中西方新闻网站报道的比较研究有助于厘清中国新闻网站对外传播中的效果。2011年两会的中西网络新闻报道中，中西方话语共性少，差异性大，西方对中国新闻网站的引用相当少，且对中国政治事件报道的价值立场保持对立，这与政治事件的特殊性相关。

第十四章

网络民族主义：现实与想象的冲突

全球化的资本主义市场体系加快了信息文化传播的商品化过程，网络及各类数字新技术应用的普及进一步推动全球化和信息商品化进程，网络社会的崛起已经重新构筑我们的世界，我们的生活。但是，真的存在地球村中的"我们"吗？

浸润于全球化的中国自20世纪90年代中后期以来进入高速发展期，其社会结构、经济体制、文化形态和生活方式的全方位转型不仅对内滋生许多新问题，也同时导致了世界体系结构性的变迁。多年来，中国与西方社会在经济利益等领域之间冲突不断。冷战结束后，国际冲突的战略中心开始转移，中国日渐上升的经济、政治地位使其越来越多地卷入国际性、地区性冲突，并越来越多地成为各种全球化矛盾和争斗的中心。国家安全、中国身份、民族独立、文化自主等始终是网民意见交锋的热点。民族主义在网络空间流行与勃兴。近年来，不断出现的中国网络民族主义事件加剧了其他国家的忧虑。

从国家、政府层面探讨网络民族主义有其现实合理性，因为，在网络普及后，已经出现过太多被国家神圣化的民族主义，然后又通过宣传、鼓动扩散到公民中，进而塑造反对外来者的民族认同。但本书试图讨论的是，有没有独立于国家实体的网络民族主义呢？如果有，它在当代中国又表现出何种特质呢？

第一节 网络民族主义

民族与民族主义是非常复杂的议题，人们容易感知，却苦于解释，其主要原因在于，它们总是关涉到人，这一最难把握的主体。

"民族"（nation）一词来自拉丁文，最初与人的出生，即土地和血缘密切相关，逐渐发展为种类、种族和人群。现代汉语中，"民族"一词由两个表意字组成：民和族，也都是按照家庭的隐喻而表达出来的。① 对民族概念的强化，来自政治经验、宣言与战斗的实践积累，它在个人原则与集体原则间建立了某种依赖关系，成为集体共同的意志。"民族首先是通过国家进入历史进程之中的。二者构成一个共生体，民族是生命体，国家是组织者。"② 民族具有生物性、自发性的特点，国家则表现出意识形态的导向性和计划性。美国学者安德森创新地将民族与媒介进行了关联性研究，他认为，18世纪初兴起的小说与报纸为重现（re-presenting）民族这种想象的共同体提供了技术的手段，"民族"作为"想象的共同体"最初而且最主要是通过文字（阅读）来实现的，"它是一种想象的政治共同体——并且，它被想象为本质上也是有限的，同时也享有主权的共同体"。安德森的研究指明一个趋势，媒介技术的发展会强化或者削弱民族认同。

　　"民族主义"一词则清楚地指向意识形态，在研究层面上，它指专门研究民族问题的理论；在实践层面上，它指代将民族神圣化的态度或行为，通常表现为极端的排他性。"1836年，英语中首次使用'民族主义'，它当时是以神学用语出现的，指某些民族成为上帝选民的教条。此后，该词逐渐倾向等同于民族自大和自我为中心。"法国思想史研究者吉尔·德拉诺瓦指出，民族主义总是无法脱离四种思想框架：①表达对衰落的恐惧，比如民族存亡，有时甚至是臆造的存在；②表现对现实意识形态的反抗，试图赋予民族更多的重要性，实现民族的再生；③表现出个人与集体间的有机体论，即个人的一切都因民族而生，进而产生为集体献身的民族情感；④民族主义是一种宣传工具，是大众政治的产物又是其制造者。③ 在现实生活中，民族主义与爱国主义之间的关系常

---

① 整理自［法］吉尔·德拉诺瓦《民族与民族主义》，郑文彬、洪晖译，生活·读书·新知三联书店2005年版，第3—6页。
② ［法］吉尔·德拉诺瓦：《民族与民族主义》，郑文彬、洪晖译，生活·读书·新知三联书店2005年版，第66页。
③ 整理自［法］吉尔·德拉诺瓦《民族与民族主义》，郑文彬、洪晖译，生活·读书·新知三联书店2005年版，第107页。

第十四章 网络民族主义：现实与想象的冲突

常容易被混淆，其实相较而言，民族主义的意识形态性更强。对民族主义者而言，有好的国家与坏的国家之分，而对爱国主义者，无论在何种情况下都要维护国家的名誉、独立和尊严，不可弃之而去。

有学者将当代中国民族主义的内外语境概括为：民族主义的历史记忆、国内社会生活实践的改变、不合理的国际利益格局、寻找政治正当性的冲动。[①] 自20世纪70年代末80年代初开始，中国人一方面满怀对西方的憧憬，陷入扬弃民族自我的历史批评情结；另一方面，又饱含在民族大是大非问题面前以民族利益为重的主体意识。90年代，以《中国可以说不》《妖魔化中国的背后》《全球化阴影下的中国之路》三本书，开启了中国知识界民族主义的三部曲。"三部曲鲜明地体现了中国部分民族主义知识分子面临西方对中国的压力时做出直接而质朴的回应，特别是《中国可以说不》一书浓烈的民族主义情绪溢于笔端。"

同样在20世纪90年代的美国，网络社会的崛起已渐入佳境，民族主义的藩篱似乎将被打破时空界限的网络推倒。1997年11月25日，美国麻省理工学院媒体实验室的教授尼葛洛·庞帝（Nicholas Negroponte）在布鲁塞尔的一个信息技术研讨会上提出："全球计算机网络的潜力实际上被大大地低估。"他预测："互联网将通过打破国家界限实现世界和平。""今后20年，孩子们会习惯于通过点击鼠标了解其他的国家，那时，他们将不再知道什么是民族主义。"[②] 可是，与他的预言恰恰相反，在互联网快速发展之际，民族主义思潮和行动找到了前所未有的活动平台和空间，发展出新的民族主义类型——网络民族主义。互联网为民族主义情感的表达提供了平台，全球化中的话语权平民化，为民族主义意识的扩散提供了前所未有的便利。"电子传播技术及其实际的创造不能回应未来'全球公民'的情感和心理需要，也不能指导他们如何应付由生活所带来的快乐、压力、痛苦和失落。"网络民族主义的产生是人们对网络化和弹性化的一种反应，人们迫切地通过网络表达自

[①] 房宁、王炳权：《民族主义思潮》，高等教育出版社2004年版，第97—101页。
[②] Reuters（edited by CNN），Negroponte：Internet is way to world peace. http://www.cnn.com/TECH/9711/25/internet.peace.reut/ November 25, 1997.

己的民族认同,急迫地渲染这种情绪,直到被别人明确认知,网络民族主义被视为"在这个距离越来越短的、显然越来越同质、高科技的世界中的一种基本力量"①。

中国正处于一系列的社会、政治、经济模式的转型之中,网络空间下民族主义话语的勃兴,很大程度上是回应全球化的压力以及中国国内文化冲突与危机的结果。网络上的民族主义大多是"自发的,具有鲜明的青年特征,是具有爱国主义、民族特征的反应性社会运动"②。中国学者将"网络民族主义"界定为"基于互联网传播的民族主义言论、情绪和思潮,表达、鼓动民族主义情绪,制造、扩散民族主义舆论,并在某些情况下推动现实行动以达到预期目的网络传播行为"。甚至还会出现"基于民族主义的心态而破坏和攻击他国网站等行为"③,这些行为被认为是中国"在网络上获得了意见渠道的新公民表达的集团化民族情绪以及由此形成的政治势力"④。中国互联网普及率逐年上升,截至2012年6月底已达39.9%。⑤ 技术的普及使得网络民意越来越能发挥社会干预作用,网络民族主义对政府决策思维的影响力日益加大。由于"政府对传统媒体的监管和控制,互联网成了议程设置的另一渠道"⑥。

网络民族主义显然被深深地烙印上国家的印记,那么,是否存在独立于国家实体的网络民族主义?曼纽尔·卡斯特的研究指出:"当代民族主义也许会、也许不会被导向建立具有主权的民族国家,因此,民族不管是从历史方面看还是从分析方面看,都将是独立于国家的实体。"他对大量网络社会运动的研究证明,当代民族主义"更多地倾向于捍

---

① 转引自[美]曼纽尔·卡斯特《认同的力量》,曹荣湘译,社会科学文献出版社2006年版,第31页。
② 整理自王军《网络民族主义与中国外交》,中国社会科学出版社2011年版,第55—57页。
③ 王军:《网络民族主义与中国外交》,中国社会科学出版社2011年版,第36页。
④ [日]加藤嘉一:《什么是"网络民族主义"?》,2010年10月14日,《金融时报》网站(http://www.ftchinese.com/story/001035021)。
⑤ 中国互联网信息中心:《第30次中国互联网络发展状况统计报告》,2012年7月,CNNIC(http://www.cnnic.cn/hlwfzyj/hlwxzbg/hlwtjbg/201207/P020120723477451202474.pdf)。
⑥ Lagerkvist, J., "The Rise of Online Public Opinion in the People's Republic of China," *China: An International Journal*, No. 3, 2005.

卫已经制度化的文化，而更少以建设或保卫国家为己任"①。由此，吉野（Kosaku Yoshino）对于日本民族文化的分析更能解释网络民族主义的现实性与多样性。

文化民族主义的目的是在人们感到其文化认同不足或受到威胁的时候，通过创造、保存和强化这种文化认同，来重建其民族共同体。文化民族主义者把民族看作独特历史文化的产物，是具有独特属性的集体结晶。简言之，文化民族主义关心的是作为一个民族的本质的文化共同体的特殊性。②"文化霸权不是说服，它要接受共同进化。"③

第二节　中国网民关于抵制《功夫熊猫》的争论

本书基于对独立于国家实体的网络民族主义的关注，主要分析当下中国文化民族主义的纷争。为了更集中地进行深入探讨，本书聚焦2008年、2011年发生在中国的抵制《功夫熊猫》系列电影事件，和由此引发的中国网民讨论。

2008年《功夫熊猫1》和2011年《功夫熊猫2》系列影片在中国乃至全球市场成功的要素之一被归因为主打中国元素的美国式励志动画，《功夫熊猫2》更是被媒体称作"好莱坞给中国的情书"（Hollywood's love letter to China）④。可是，在熊猫的故乡，连续两次都出现了抵制的声音，其代表人物是被称为熊猫艺术家的赵半狄。赵半狄通过个人博客、报纸广告、接受采访、政府部门呼吁等多种方式宣称：《功夫熊猫》的真实目的只是灌输美国的文化价值观，进而将该片视为好莱坞的文化入侵，是一种文化霸权行为。其旗帜鲜明的抵制行为在网

---

① [美]曼纽尔·卡斯特：《认同的力量》，曹荣湘译，社会科学文献出版社2006年版，第32—33页。

② 转引自[美]曼纽尔·卡斯特《认同的力量》，曹荣湘译，社会科学文献出版社2006年版，第33页。

③ [美]曼纽尔·卡斯特：《网络星河：对互联网、商业和社会的反思》，郑波、武炜译，社会科学文献出版社2007年版，第174页。

④ Nicola Davison, "Dream Works Eyes China", 2011年2月2日，《每日电讯报》（http://www.telegraph.co.uk/culture/film/film-news/8931393/DreamWorks-eyes-China.html）。

络上引发了中国网民的激烈讨论,为什么看起来憨态可掬的熊猫阿宝会引起中国网民关于文化霸权的思考?对于直接喊出的"中国人不看《功夫熊猫2》,抵抗美国强权文化,阻止美国文化入侵"文化民族主义话语,中国网民是否赞同?同时,在网民围绕文化霸权等讨论中,是否存在民族主义的话语?

由此,本书需要论证两个研究假设:

a. 中国网民对《功夫熊猫》存在网络民族主义的解释框架。

网络社会推进了全球化的进展。"因为电子通信网络的扩展,时间、空间以及距离等概念具有新的含义。"在网络推进的全球化的大潮中,民族文化还有容身之地吗?抑或是,已经融合成全新的"世界文化",或者称之为"普适文化"?由此提出:

b. 网络实现的全球化观点市场促使文化融合成为必然趋势。

在研究方法的选择上,本书采取量化研究与质化研究相结合的方式,通过编码解码和比较分析的方法论证假设 a,通过抽样和文本分析的方法论证假设 b。

一 案例背景

赵半狄,被网友称作"熊猫人",他从 1999 年起一直用熊猫进行艺术创作,并且是中国唯一一位自始至终以熊猫作为全部艺术线索的艺术家。2008 年 6 月 15 日《功夫熊猫1》上映前期,赵在其博客上发表博文:"在劫后余生的中国捞金!本月 20 日,好莱坞影片《功夫熊猫》将进军中国院线,这简直就是从死难同胞身上扒项链和手表!"6 月 16 日,赵半狄来到国家广电总局电影局,呼吁抵制该片的上映:"好莱坞在莎朗·斯通发表对中国地震的言论后,又跑到劫后余生的中国'捞金'不合适。"他从未看过这部影片,但他表示"我要起诉《功夫熊猫》的发行方美国派拉蒙公司,我要求他们把票房收入拿出来,赔付所有在地震中失去孩子的母亲们,还有失去父母的孩子们……因本片的上映所受的精神伤害",后来,他还曾悬赏十万元征集《中国熊猫》大片片名。2011 年,《功夫熊猫2》上映前期,赵半狄于 5 月 16 日、23 日在中国南北两家报纸各投放半版刊登抵制广告,称自己"为了这场战斗,我将竭尽全力",他甚至在电影上映期间向全国院线经理发出公

第十四章 网络民族主义：现实与想象的冲突

开信表示："千万不要让下一代的头脑被美国'快餐'麻痹！"赵半狄的抵制行为获得了北大教授孔庆东和北京动漫学院院长孙立军的声援，孔庆东接受采访时说道：

> 文化第三次世界大战早就已经打响了，我们……早就被以《功夫熊猫》为代表的美国大片洗脑了。我们以前看到的美国好莱坞，是美国题材、美国思想，现在人家连中国的符号都拿去了，连熊猫都拿去了，用你的符号继续征服你。我们不懂好莱坞是什么，好莱坞不仅要赚你钱，还要洗你的脑，征服你的心，所以美国大兵不用到，好莱坞就是美国的文化部，是美国的中宣部，我们还不懂得这个道理。

与此同时，赵半狄的抵制行为也遭遇到很多网民的批评，这些网民的解读更偏向是一种"提倡包容性的认同"，其中代表性的人物有著名的青年导演陆川，他在个人博客中写道："看着这部由外国创作者制作的'中国'题材动画片，我发现对于这些大洋彼岸的创作者而言，我们熟悉的文化不再是一种束缚创作的沉重包袱，而成为一种最为鲜活和有力的滋养。"[①]

二 对于假设的论证

（一）论证假设 a：中国网民对《功夫熊猫》存在网络民族主义的解释框架

假设 a 涉及网民对于抵制事件的态度问题，故本书选取一篇相关新闻报道，对新闻报道后面的跟帖进行人工编码，分析网民的情感态度。

笔者选取了在中国发行量最大的新闻周报《南方周末》报道[②]

---

① 陆川：《功夫熊猫，好莱坞，莎朗·斯通》，2008 年 6 月 20 日，陆川博客（http：//blog.sina.com.cn/s/blog_539a023201009e00.html）。

② 根据百度指数趋势表可以看出，"抵制功夫熊猫"搜索量的峰值位于 2008 年 5 月 24 日到 26 日之间，故笔者在此时间范围内，随机选取跟帖数量较多的一篇报道进行研究分析。

《〈功夫熊猫〉滚出去?》,对报道电子版文后的新闻跟帖进行分析。

从贴文数量来看,截至 2012 年 2 月 1 日,《南方周末》的报道后新闻跟帖总数为(其中相同作者同样内容的贴文算作一条)104 条。

根据陈国明的论述,态度被认为是个人定位系统的一个组成部分。态度可以是负面的,比如民族中心主义、狭隘主义和偏见;也可以是正面的,比如思想开放和包容。借鉴陈国明教授关于跨文化中态度的定义,笔者将新闻跟帖的情感态度分为负面(认同赵半狄文化侵略的观点)、正面(不认同赵半狄,认为文化应当包容)和中立(应当将《功夫熊猫》单纯作为动画解读)三类。根据文本的特殊性,具体细分为以下五类进行编码:

A:认同赵半狄的文化侵略说或认为电影有辱中国文化;

B:不同意赵半狄的观点,认为应该向好莱坞学习,不能狭隘民族主义;

C:《功夫熊猫》只是一部动画片而已,仅从动画片的角度来评价;

D:赵半狄为个人利益的炒作;

E:其他[①]。

需要说明的是,研究共有编码员两名,为确保编码准确性,在正式编码实施前,对所有编码员进行了沟通和培训。为检验编码员间信度,在编码完成后,利用 SPSS 统计软件随机抽取样本中的 13 条(10%)评论,两名编码员同时对这 13 条专题编码,利用 SPSS 统计软件针对每个变量计算出柯里潘道夫(Krippendorf)的 α 值。检验结果表明:定类变量各项指标的编码员间信度值均在 0.9 以上,定距变量各项指标的编码员间信度值也均在 0.9 以上,均超过了威摩(Wimmer)和多米尼柯(Dominick)指出的最低信度值 0.75,编码员间信度达标。

编码员对该新闻报道跟帖进行编码所得结果如表 14-1 所示。

---

① 表明其他的是与主题无关的相关评论,其中有对赵半狄的人身攻击或者仅仅对赵半狄行为的不理解,无个人观点的表达。

第十四章 网络民族主义：现实与想象的冲突

表 14-1　　　　　　　　　新闻报道跟帖编码

针对《南方周末》的报道跟帖	编码员一 帖数	编码员一 百分比	编码员二 帖数	编码员二 百分比
A：认同赵半狄的文化侵略说或认为电影有辱中国文化	4	3.8%	3	2.9%
B：不同意赵半狄的观点，认为应该向好莱坞学习，不能狭隘民族主义	37	35.6%	35	33.7%
C：《功夫熊猫》只是一部动画片而已，仅从动画片的角度来评价	7	6.7%	6	5.8%
D：赵半狄为个人利益的炒作	21	20.2%	20	19.6%
E：其他	35	33.7%	40	38.5%

为了更加直观地表示不同观点所占百分比，在此将数据制成图 14-1。

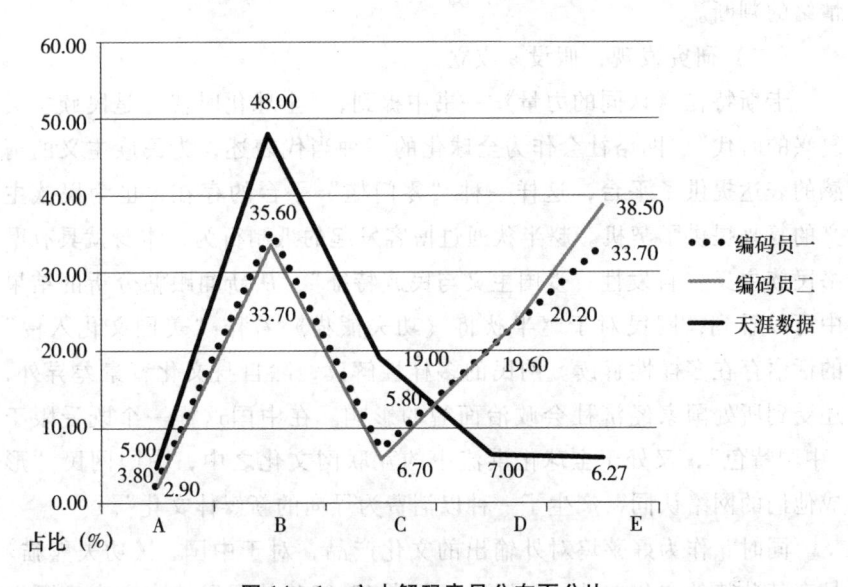

图 14-1　文本解码意见分布百分比

通过图 14-1 可以看到，两位编码员所得结果基本一致。网民对此事的讨论意见分布多样。取两位编码员的数据平均值，在所分析的跟帖范围内，仅有 3.35% 的网民认同赵半狄的文化侵略说；34.65% 的网民不赞同赵半狄的意见，认为不能狭隘民族主义，应当向好莱坞学习，而其他 62.03% 的网民对此事持相对中立态度。由于中国网民回帖的特性，需要指出的是，大量与主题不相关，对赵半狄进行人身攻击的言论存在于跟帖之中。为尽量消除这些无关贴文对结果的影响，笔者同样选取了天涯社区 2008 年 5 月 25 日到 2011 年 5 月 30 日关于抵制《功夫熊猫》的 74 篇贴文，从主帖内容分析网友对抵制《功夫熊猫》的意见倾向。从表 14-1 中可以看出，天涯贴文中认同和反对赵半狄的网民所占百分比和《南方周末》基本重合，出入较大的为对这个行为是否为赵半狄个人利益的炒作上，主要是因为在天涯论坛中，大多数网友进行了较为深入的观点表达，而不仅仅是一句话表明自己认为赵半狄在炒作。在跟帖中，根据笔者的观察，认为赵半狄炒作的不在少数。同时，不同网络论坛有着其独特的文化氛围，这也是造成差异的原因。但，此种差异并不影响我们对于假设的判断。我们将 C、D、E 三种情绪纳入中立情绪的判断。

（二）研究发现：假设 a 成立

卡斯特在《认同的力量》一书中提到，"全球化时代也是民族主义复兴的时代"。网络社会作为全球化的一种当代表述，为民族主义的情感的表达提供了平台，这样一种"零门槛"平台的存在，也为民族主义的复兴提供了契机。赵半狄通过博客发起的抵制行为，本身就具有网络民族主义"自发性、爱国主义与民族特征"。从新闻跟帖分析的结果中可以看到，网民对于赵半狄将《功夫熊猫》看作"美国文化入侵"的话语存在多样性解读。网民的多样性解读，除自身文化背景差异外，还受到所处国家经济社会政治面貌的影响。在中国这样一个既受限于"中国特色"，又处于全球化洪流中的互联网文化之中，中国网民"形成他们的网络认同，产生了一种以消费为导向的新媒体文化"。

同时，作为好莱坞对外输出的文化产品，对于中国，《功夫熊猫》具有其独特的文化属性。由编码解码中 62.03% 的网民持中立态度可以看出，网民更倾向于探讨电影本身的内容以及《功夫熊猫》所取得的票房成功。在《功夫熊猫》中，大量的中国元素得到运用。影片中出现的场景、角色，甚至片中一日三餐的食物，都给中国观众带来一种亲切感。这样，一种"逆文化折扣"的现象在这里出现。文化折扣的概念中指出，文化背景的差异会使得媒介产品在外国受众中的价值降低，

第十四章 网络民族主义：现实与想象的冲突

"国家间文化差异性阻碍了文化的跨境传播"。然而随着全球化的深入，跨国公司通常通过制造一些文化特点不是十分鲜明的产品，将不同社会的文化杂糅——传统的、现代的，从而创造出一种全新的文化产品。通过这种方式，最大限度地降低文化产品的折扣率，从而在海外市场获得票房成功，提高市场占有率。而《功夫熊猫》的制造方——梦工厂正是采用了这样一种"贴近受众市场""推行普适价值"的创作理念，使得影片在中国获得观众的喜爱。由于这种"逆文化折扣"的存在，赵半狄的抵制行为效果受到减弱。

从分析中可以看出，网民在对《功夫熊猫》的解读中，观点趋于多元化和理性化，多数网民不认为好莱坞的这样一部商业动画有损中国文化。网络民族主义存在，但是在对抵制《功夫熊猫》事件的解读中，这样一种网络民族主义只占极小的一部分。

由此可得，假设 a 成立。

（三）论证假设 b：网络实现的全球化观点市场促使文化融合成为必然趋势

为验证假设，在中国网络环境中，本书选取具有代表性的天涯社区[1]，在社区首页中搜索关键词"功夫熊猫"。可得到相关贴文 45737 个，共计 75 页。虽然贴文数目众多，但由于是在同一主题下进行的搜索，没有数据分层的必要。为提高抽样的可操作性，笔者利用随机数表[2]，首先对页码进行了随机抽样。筛除重复和范围之外数字，抽取了 10 个有效的页码样本，分别为：39、58、18、37、16、65、60、61、21、26。接下来，笔者按照抽样页码顺序将所选页码的贴文编号。进行第二次随机抽样，抽取的 5 个贴文编号分别为：53、34、25、39、88。现对 5 篇贴文进行个案分析（见表 14-2）。

---

[1] 天涯社区在 2009 年、2010 年、2011 年凤凰网推出的《中文论坛 100 强》评选中，均名列第一。详见 http://bbs.ifeng.com/special/bbs100/；同时，根据艾瑞咨询网络用户行为监测工具 iUserTracker 的监测数据，采用"月度覆盖人数"指标计算，天涯引领 2011 年中国十大最佳独立社区博客类网站，详见 http://web2.iresearch.cn/58/20120216/163478.shtml。

[2] 随机数表：*Abridged from Handbook of Tables for Probability and Statistics*，2nd ed，edited by William H. Beyer。

表 14-2　天涯论坛关于《功夫熊猫》的贴文案例分析

编号	时间	版块	发帖人ID	点击/回复量	贴文标题	贴文主要内容	回帖主要观点及分析
贴文一	080626	影视评论	韩不平	359/5	《〈功夫熊猫〉，教会我们什么功夫》	《功夫熊猫》在国内赢得了一致的叫好声，其中也不乏一些另类的声音，最具有代表性的是熊猫人赵半狄的抵制，以及在四川等地停影或延后。但是不能否认的是，由于中国电影审查制度等一些体制上的弊端，中国没有能力制作出像《功夫熊猫》这样的动画片，我们应当打破僵化体制发展中国动画事业，而不是喊什么抵制。"功夫硬了，何愁好莱坞什么天外飞仙的招数？《功夫熊猫》一脚踢中国电影。"	回帖中 2 个为贴文作者的回复，其他 3 个回复，1 个是有关电影"中国元素"的讨论（作者"八荣好青年"），其余 2 个均是附和作者关于国家广电总局的看法，认为"现在孩子能看电视的时段，连国外动画片都不让播了。广电总局信奉，比不过你，就封杀你"（"路人刀"）；"广电总局这种自欺欺人的做法是其无能的充分体现"（"上传下载的乐趣"）。从中可以看到，贴文及回复认为国家过于严苛的审查制度阻碍了中国动画产业的发展。
贴文二	080621	天涯杂谈	二百八	1244/33	《抵制〈功夫熊猫〉是民意？四川电影部门痛快地同意》	转载的一篇新闻报道，主要是从电影解密、观众调查、导演回应三个方面陈述各方对《功夫熊猫1》在四川被推迟上映的看法。	大部分网友对《功夫熊猫1》的推迟上映表示不理解："不自信就会什么都上纲上线"（纵横八方）；"严重怀疑这次抵制是一场自编自导的、借用和煽动民意向西方施压的闹剧"（李寻欢1990），"拥护GCD""白鸽qz""一往而浅"等网友都跟帖表示，不能因为中国拍不出这样好的动画片，就抵制好莱坞。如"国内不能出产好的影视作品就必须要抵制他国的作品吗？夜郎自大，美国能拍出具有中国浓郁风格的电影，说明我们国家特有的文化背景对很多国外朋友都有很大的吸引力，我们这时不是该说什么抵制，而是该说怎么补救、怎么样迎头赶上，在这夸夸其谈有什么用！"（白鸽qz）

续表

编号	时间	版块	发帖人ID	点击/回复量	贴文标题	贴文主要内容	回帖主要观点及分析
贴文三	080624	天涯杂谈	人民网评	1789/52	《〈功夫熊猫〉永远只能是一个布娃娃》	贴文中写道，《功夫熊猫》是"让人钻进一个布娃娃里面表演动作，制成电影（这是我同事告诉我的），因此引发了观众的好奇"。同时，"这部'功夫片子'远没有我们中国大陆武术片子拍得好，内涵、情节就连武术都不是真的武术——时间终将证明斯皮尔伯格的反华作品只是跳梁小丑的表演，而我们中国国产的电影，最终将战胜这些自以为是的家伙"。	由于贴文作者的ID以及文章内容对国产电影难以言喻的"自豪感"，网友怀疑其是"五毛党"："变着法地胡乱引导舆论来了，目标是打击先进文化，培植弱智文化"（panhaicun）。评论大多是对作者进行攻击。网友"RPGboy_0"还在回复中贴出关于赵半狄抵制时间的新闻报道，一名网友赞同作者观点，认为"功夫熊猫就是一个烂片"（lxyddd）。
贴文四	110601	北京版块	一杯浓浓的红茶	129/6	《今晚:〈功夫熊猫2〉这种电影如果在网上看，真对不起好莱坞的劳动》	贴文主要是作者觉得《功夫熊猫2》这样的电影是一定要去影院看的，相反地，那些糟糕的国产片反而不用。作者说道，"就乐意让他们赚我的钱"，要去影院看《功夫熊猫2》。	因为发帖时间是六一儿童节，回复中均是祝楼主节日快乐和楼主回复。同时由于贴文所处版块和内容原因，引发关注量较少。网友"加菲猫的明天"还"建议听原版，看中文字幕"，认为"这部比上一部还好看"。
贴文五	080626	影视评论	Sakabao	380/2	《〈功夫熊猫〉，国宝的尴尬!》	贴文主要内容是《功夫熊猫》的优良制作是中国电影之不幸。作者说道："我佩服美国人，他们是地球上最血腥的文化强盗! 在以各种饱含创意与高科技的大片儿暗度陈仓侵蚀其他文化的同时，更贪得无厌地吸纳其精华。不论是传统还是先进，只要是好的，一律照单全收!"	贴文引起关注度不高，仅有两篇回帖。其中网友"haoren027"跟帖说："不要带太多民族区别眼光，毕竟影片是让人娱乐的"，另一名网友回复与主题无关。

（四）研究发现：假设 b 成立

吉登斯指出"全球化社会关系的发展，既有可能削弱与民族国家（或是国家）相关民族感情的某些方面，也有可能增强更为地方化的民族主义情绪"。在网络社会这样一个具有多元价值体系的空间里,价值是由参与者遵照网络行事,根据等级性对网络进行编程,并在每个空间每个时刻在每个主导网络中进行处理的[①]。也就是说,"网络社会不存在唯一的价值来源",多元价值观产生并存在,一个典型的例子就是"网络社会中的媒体出现了大量通信渠道并用以增加交互性。而它们不会形成统一的好莱坞中心化的文化地球村,它们包含了广泛的文化和社会组织"。但不可否认,在全球化过程中,同样存在"边缘化"的现象。文化民族主义兴起,正是中国大众在遭遇不同的文化他者时的自我维护、自我发展和自我扩展。以网络论坛为例,在中国,网络论坛作为个人表达和公共诉求的重要途径,发挥着类似于"电子公地"的作用。许多人寄希望于互联网来推动中国民主公共领域的产生。网络论坛具有很强的公共性,与此同时,网络空间的匿名性、虚拟性以及公共论坛的从众性,在一定程度上削弱了网民的身份认同。

《功夫熊猫》的抵制是由个人发起,网络中形成讨论。在对抽样文本的解读中可以看到,从贴文一、贴文二和贴文五的讨论中,网友都明确表达了应当从《功夫熊猫》的成功中,反思国产动画片的不足之处,以促进民族电影产业发展的观点。在样本选取的贴文三文本中,作者言论充斥着网络民族主义的话语,作者说到"好莱坞的巨头们又开始拿中国四川的熊猫说事,看来又是隐晦迎合一部分幸灾乐祸的手段了"。《功夫熊猫》"远没有我们中国大陆武术片子拍得好,内涵、情节就连武术都不是真的武术",而且,"时间终将证明斯皮尔伯格的反华作品只是跳梁小丑的表演"。但是这些民族主义的话语,虽然吸引了大量点击,但在跟帖中遭到了网民的谩骂,发帖者也被网友称作"五毛党"。可见,在网络空间中发表民族主义的话语,的确可以吸引网友关注(1789次点击),但多数网友对其观点并不认同。

赵半狄博客中提出,由于自己的抵制,《功夫熊猫2》在六一期间票房惨淡,他还称,对《功夫熊猫》的抵制是"送给孩子的礼物"。而

[①] 整理自[美]曼纽尔·卡斯特《信息论、网络和网络社会:理论蓝图》。援引自[美]曼纽尔·卡斯特主编《网络社会——跨文化的视角》,周凯译,社会科学文献出版社2009年版,第25—29页。

第十四章　网络民族主义：现实与想象的冲突

贴文四作者"一杯浓浓的红茶"在文章中却说"冲着好莱坞和《功夫熊猫》团队的付出，以及对中国文化如此细致的了解！就乐意让他们赚我的钱"。可见，网友并不介意好莱坞制作了一部含有中国元素的商业影片。很多网友提到，之所以观看并喜爱《功夫熊猫》，是因为情节有趣，能够打动观众，寓教于乐。这也印证了《功夫熊猫》的导演 Mark Osborne 在记者问为什么要采用熊猫作为主角时所说的："熊猫很可爱，他们练起功夫一定让人忍俊不禁（quite comical[①]）。"

邱林川认为，中国网络中基层民众的国家主义仍然是一个短期的政治发作，而不是一个公民参与的有组织的模式，或者一个持续的社会力量……民族主义言论充斥着互联网上的中国政治舞台，并对个人文化认同的形成起着关键作用。网民贴文和跟帖中的话语显示，抵制《功夫熊猫》引起了网民对于中国文化制度层面的反思。2008年赵半狄发起对《功夫熊猫1》的抵制时，国家广电总局用推迟电影在四川地区上映的行政干涉行为支持了赵半狄的抵制。

由此可得，假设 b 成立。但需要指出的是，网络文化的多元性有助于身份认同的建立。

第三节　结论

一　中国网民对文化民族主义具有自身的辨析能力

网络技术的发展促进文化融合的产生，但如亨利·詹金斯所言："融合并不发生在媒体设备中，不管这些设备有多么先进，而是发生在个体消费者的头脑中，以及他们互相交往的过程。"从上述分析可以看到，《功夫熊猫》系列影片并不像赵半狄等人所宣扬的一般。受众的解读，对于文化输出的效果起着极其重要的作用。

二　需要警惕民粹主义或极端网络民族主义的产生

曼纽尔·卡斯特认为，21世纪中国的社会冲突可能发展成为基于

---

① Rob Carnevale（http：//www.indielondon.co.uk/Film-Review/kung-fu-panda-john-stevenson-and-mark-osborne-interview）.

认同的动员，而不是夺取国家机器的政治运动①。然而，在中国，网民在网络上文化民族主义的情感表达，如果达到一定规模，会使得政府产生威胁感，从而增强其控制和审查力度，或者直接将其操纵成为为其政治利益服务的"工具性"网络民族主义，即民粹主义或极端网络民族主义。在对假设的验证中，可从贴文中"五毛党"的出现初见端倪。全球化的进程中，全球文化的普遍融合使得网民在新的网络环境中找到其身份认同，"中国大众网络民族主义整体上是中国大众自主选择的结果"。然而，在对假设一的论证中，从大多数网民在跟帖中不同意赵半狄"抵制《功夫熊猫》"可以看到，网络形成的全球化观点市场在一定程度上削弱网络民族主义的影响力。

三 存在网络社会共有文化

全球化包括将本土与更广阔的世界相连接，同时，本土化与全球化的趋势相一致。因此，文化开始具有杂糅（hybid）的性质。信息环境的多元化，使得网络时代的文化从中心文化转向多元文化。曼纽尔·卡斯特认为网络社会的意义是"围绕一种跨越时间和空间而自我维系的原初认同建构起来的，而这种原初认同，就是构造了他者的认同"。②从上文的分析中可以看出，在中国的网络空间，好莱坞文化与中国文化正在融合成为网络空间中一种新的共有文化。这种共有文化，造成了网络社会的"价值共享"③，从而帮助网民形成新的身份认同，打破民族或疆域界限。

内容分析方法用来考察网络民族主义在中外关注的网络新闻议题中的表现，本书可能会出现研究局限：

（1）网络社区中存在不发布实际内容，而只用侮辱性语言对人物

---

① ［美］曼纽尔·卡斯特：《千年终结》，夏铸九、黄慧琦等译，社会科学文献出版社2006年版，第292页。

② ［美］曼纽尔·卡斯特：《认同的力量》，曹荣湘译，社会科学文献出版社2006年版，第6页。

③ ［美］曼纽尔·卡斯特：《信息论、网络和网络社会：理论蓝图》，援引自［美］曼纽尔·卡斯特主编《网络社会——跨文化的视角》，周凯译，社会科学文献出版社2009年版，第48页。

第十四章 网络民族主义：现实与想象的冲突

或作者进行人身攻击的网友的存在，这些网友多数使用的是表达情感的词汇。而这些词汇可能会对 ROST 分析结果产生一些干扰。故在本书中，在 ROST 软件分析准确率比较高的情况下，仍然对中文文本进行了人工编码解码。与此同时，中国网友在新闻跟帖中，很多回复内容都是单纯对赵半狄的人身攻击，这导致在人工编码中，被归为其他类别的回复帖文占有很大一部分比例（33.7%、38.5%），而这样一种辱骂，在本书中被归为中立情绪，即不属于针对《功夫熊猫》系列影片所涉及的文化问题的讨论范畴。这种归类是否合理，有待进一步商榷。

（2）独特的网络社区可能存在其独特的文化特点，其成员发言大多遵循其社区特有的文化特征[1]以及政治立场的差异性。在中国国内，一般认为，天涯网站中的有关茶社自由主义气息比较浓厚，凯迪社区也富有自由主义气息，但在中华网军事论坛中，民族主义网友更具有话语与人数优势。至于人民网的强国论坛，它是国内外学者观察中国网络民意的一个窗口，但它最初也是民族主义的产物[2]。本书在选择天涯等网络社区作为考察对象时并未将这一点纳入考量。这些特殊的社区文化可能会对网友的观点产生影响。

（3）在对论坛及新闻报道跟帖进行分析时，本书无法证实所分析选取的跟帖留言是初始性资料，抑或是修改后的资料。网站的编辑及论坛的版主均有可能对论坛留言进行删帖等处理。要定量地考察中国网民的政治偏好以及民族主义与自由主义的交锋，还需要考察大量的不同类型的网站信息样本。

（4）有学者通过对谷歌社区的量化研究表明，在大多数网络社区中，信息的主要部分是小部分用户生成的。同样，在大多数网络社区都有大量的"潜水者"，他们只仔细阅读帖子但从不回复或发布[3]。而这样一些"潜水者"的存在，影响了本书对于中国网络民族主义情绪的判断。

---

[1] Huffaker, D., "Dimensions of leadership and social influence in online communities", *Human Communication Research*, Vol. 36, No. 4, 2010.

[2] 王军：《网络民族主义与中国外交》，中国社会科学出版社 2011 年版，第 59 页。

[3] Huffaker, D., "Dimensions of leadership and social influence in online communities", *Human Communication Research*, Vol. 36, No. 4, 2010.

（5）由于时间和研究条件的限制，在选取个案进行分析时，选取范围较窄，个案的代表性可能值得探讨。同时，由于不同的文化情景背景，贴文中出现谩骂言论，或者贴文的情绪走向，虽然与贴文所讨论的主题有很大关系，但网络社区的意见领袖在其中同样发挥重要作用。本书未对这一点进行探讨与区分。

结 语

中国新闻网站提升国际影响力的路径思考

第十五章

新媒体内容建设与网络表达创新

中国新闻网站是依托传统媒体而生的网络媒体,与传统媒体有着血脉相连的亲密关系,具有更加浓厚和清晰的政治属性和喉舌功能。从新闻生产的角度,新闻网站仍然是以新闻信息的采集、整理、加工和发布为其主要生产方式,新闻仍然是其核心的差异化产品,特别是时政类新闻。对于时政新闻,特别是重大时政新闻的资源垄断和发布特许权使得新闻网站拥有了特定市场和稳定的用户群体,除了普遍网民外,党和政府机关、国有企业等均是新闻网站主要的服务对象。

历经20世纪90年代以来的发展,中国新闻网站已成长为独立的、成熟的互联网媒体。新闻网站可以独立完成新闻传播的全部流程。一方面,网络技术的发展和完善可使新闻网站独立完成素材的发现、搜集和采访;新闻事实的写作、编辑和新闻传播的所有流程。另一方面,与非新闻单位的网络媒体相比,新闻网站最突出的优势在于拥有国家认可的独立的新闻采访权,即新闻网站可以"登载超出本单位已刊登播发的新闻信息"[1],这赋予了新闻网站与传统媒体平等的新闻采访权。以上两方面的原因使得新闻网站可以独立完成新闻传播的全部流程。这些年的发展表明,新闻网站拥有了一定的用户市场,随着新技术的完善、普及和融合,其新闻产品的质量和社会影响力应更有提升。

与此同时,新闻网站已经成为政府话语言说和形象的表征,在各类媒体平台竞争的市场中扮演着舆论聚合器的社会功能。正因为如此,中国政府对新闻网站建设的重视和投入从未间断过。2000年12月12日,在政府

---

[1] 详见2005年9月25日,国务院新闻办公室、信息产业部联合发布《互联网新闻信息服务管理规定》第五条。

结语　中国新闻网站提升国际影响力的路径思考

的大力扶持下，人民网、新华网、中国网、央视网、国际在线、中国日报网、中青网等获得国务院新闻办公室批准进行登载新闻业务，率先成为获得登载新闻许可的重点新闻网站。至今，中央政府、地方政府仍然会保持对重点新闻网站的政策扶持和资金投入。此外，中央政策要求新闻网站尽快实现转企改制，以市场主体参与竞争与运营，并在此基础上，鼓励和积极推动新闻网站上市，用资本市场激活新闻网站的发展。

中国的日益强盛必然要求新闻网站不断提升其国际影响力。但从前文的分析可见，新闻网站对外传播的内容生产、传播互动存在明显不足。一方面，新闻网站付出了大量的成本、心血对外建构国家形象；另一方面，海外新闻网站的采信率、互联网用户的认同度却始终不高，导致国家形象的全球建构效果和美誉度尚不理想。就国际传播能力而言，有时候"软实力"（内容生产）比"硬实力"（技术平台等）更重要。有研究指出，"软实力"主要是指传播内容对受众的吸引力和影响力，其中最重要的指标是：新闻的首发率、原创率、落地率以及传播产品的贴近性、可信性和便捷性[①]。

对内对外的双重需求和媒体融合国家战略的部署使得中国新闻网站的发展正逢关键时刻。中国新闻网站有必要、有条件，也应有能力进行国际传播的新媒体内容建设与网络表达创新。

第一节　新媒体内容建设

一　媒体融合国家战略提升新闻网站内容建设能力

目前，中国媒体融合的战略部署清晰指向新型主流媒体的建设，新型主流媒体建设目标之一就是要努力提升中国媒体的国际传播能力。

2012年以来，国家领导人在多个场合提出"意识形态工作是党的一项极端重要的工作"。2013年8月19日，习近平总书记在全国宣传思想工作会议上指出，要把网上舆论工作作为宣传思想的重中之重来抓。"宣传工作是做人的工作，人在哪儿重点就应该在哪儿。""很多人特别是年轻人基本不看主流媒体，大部分信息都从网上获取。必须正视

---

① 唐润华：《中国媒体国际传播能力建设战略》，新华出版社2015年版，第7页。

这个事实,加大力量投入,尽快掌握这个舆论战场的主动权,不能被边缘化了。"在提到加快传统媒体和新兴媒体融合发展时,习近平总书记要求,充分运用新技术、新应用创新媒体传播方式,占领信息传播制高点。同年11月9日,习近平总书记在中共十八届三中全会第一次全体会议上特别提出,要把握好舆论引导的时、度、效。要引导人们全面客观地认识当代中国、看待外部世界,增强中国特色社会主义道路自信、理论自信、制度自信。12月30日,习近平总书记在中央政治局就提高国家文化软实力研究进行第十二次集体学习时指出,提高国家文化软实力,要努力提高国际话语权。要加强国际传播能力建设,精心构建对外话语体系,发挥好新兴媒体作用,增强对外话语的创造力、感召力、公信力,讲好中国故事,传播好中国声音,阐释好中国特色。2014年8月18日,习近平总书记在主持召开中央全面深化改革领导小组第四次会议时表示,要推动传统媒体和新兴媒体的融合发展,形成立体多样、融合发展的现代传播体系。

媒体融合对内是传统媒体革新图存的重要关口,对外则是大国崛起后国际话语权争夺、网络安全博弈、新型国际关系建构的需要。从国家战略的话语表述中,中国政府对于国际意识形态斗争的担忧显而易见:"从意识形态看,抵御敌对势力的攻击渗透必须用好新兴媒体。近年来,西方敌对势力极力通过网络与我争夺阵地、争夺人心,互联网已经成为舆论斗争的主战场,直接关系中国意识形态安全和政权安全。面对这种严峻形势,推动传统媒体和新型媒体融合发展刻不容缓,必须跟上时代发展步伐,加快融合发展进程,巩固壮大主流思想舆论,这是我们必须肩负起的历史责任。"[①]

(一)人民网:作为融合平台的对外传播

以人民网发展为例。2012年4月,人民网正式上市,成为中国第一家在国内A股整体上市的媒体企业。其旗下拥有人民在线、人民视讯等多家控股公司,在日本、美国、韩国、英国、俄罗斯和南非等国家设立分社和演播室。2014年6月,随着人民日报客户端正式上线,《人民日报》形成了基于移动互联网的采编机制。在原有人民日报网互动

---

① 刘奇葆:《加快推动传统媒体和新兴媒体融合发展》,《人民日报》2014年4月23日。

供稿机制的基础上,人民日报法人微博、微信公众号、客户端和报社各部门、各分社、各所属媒体记者建立 24 小时无缝对接的供稿渠道。2015 年两会报道中,人民日报开始试行全媒体平台"中央厨房",打通全社采编资源,初步实现了记者一次采集,编辑多次生成,渠道多元传播。他们的报道作品不仅推广给全国百余家合作媒体,还推送给海外媒体,大大拓展了报道的海外影响。人民日报海外版拥有网站海外网[①],与海外华文新媒体建立合作,开设有新加坡、德国、荷兰等国家频道,实现国内外资讯的互联互通。目前,网站端来自海外浏览量占 10%,排名前列的国家和地区是:中国港澳台地区、美国、加拿大、德国、西班牙、泰国、印度等[②]。可以说,当人们现在谈起"人民网"时,它早已不再是一个纯粹的网站,而是一个融合平台,融合平台所能形成的传播效果将是辐射性地增长。

(二)荆楚网:省级新闻网站的融合报道突破[③]

另一个例子来自湖北的荆楚网。2014 年 7 月 1 日,整合了湖北日报旗下新媒体方阵的荆楚网成功挂牌全国股转系统,成为全国首家上市的省级全国重点新闻网站。以荆楚网为主体,湖北日报报业集团整合内部资源,形成了一个拥有 5 家网站 18 家公司,涵盖网站、手机报、移动客户端、杂志、户外电子屏、电子商务、大数据服务等多种业态的融合媒体,并以此为实体基础构建全媒体采编一体化机制。新媒体记者通报网络舆情热点和网民爆料线索,从传统媒体选题中挑选适合新媒体呈现的线索予以跟踪报道。在重大报道中,要求传统媒体与新兴媒体同步采访,根据各平台需要进行个性化呈现。媒体融合大大提升了以荆楚网为核心的新媒体集群的传播影响力。

2014 年 3—8 月,对刘汉、刘维等涉黑案件庭审报道就充分显示了媒体融合的优势。湖北日报报道组按照网络特点第一时间采写图文报道,聚合集团旗下所有新媒体平台进行推广,推广覆盖 2000 万荆楚网

---

① 海外网网址:http://www.haiwainet.cn/。
② 参见中共中央宣传部新闻局编《中国媒体融合发展的实践与探索》,学习出版社 2015 年版,第 1—22 页。
③ 荆楚网相关数据、内容均来自本书对荆楚网管理者、原创新闻工作者的访谈,时间包括:2014 年 10 月、2015 年 7 月和 9 月。据被访谈者的要求,隐匿其姓名。

用户、800万湖北手机报用户、1400万集团报网官方微博粉丝、100万楚天神码新闻手机客户端用户、1000多块电子阅报栏。在新浪微博平台，"刘汉、刘维案庭审"话题多次被网友顶至"微博热门话题榜"。大量原创深度内容不仅被境内媒体转发转播，还被境外媒体引用，近百篇长篇深度报道有效引导了舆论。

2015年6月，东方之星事件报道也凸显了媒体融合的推动力量。东方之星沉船事件报道中，荆楚网全媒体采访队共发布相关新闻稿件110多条，照片500多幅，原创视频32条，录制访谈节目1期，策划系列评论30多篇，拍摄的图片、视频多次被法新社、央视和新华社采用。全网首发的《高清航拍："东方之星"客船翻沉事故救援现场》被200多家网站转载，互联网点击量超过1.1亿人次。在微信微博等移动互联网媒体阵地上，荆楚网发布现场实况微博120条，浏览量超过8100万人次，转发9591条，评论超过万条。动向新闻客户端发布38轮滚动大图、2个专题（含170余条图文报道以及30余篇视频文字报道），400多张现场图片，50余次新闻弹出。湖北手机报及时增发特刊。融合媒体的聚合力量让荆楚网的对外传播影响力大大提升。

自中共十八大以来，媒体融合从媒体自身的发展术语演变为国家战略的政治术语，其意义和趋势是要强有力地把握互联网舆论场的话语主动权，国际传播亦是如此。

二 网络新闻需求旺盛奠定新闻网站影响力的社会基础

曾有研究认为，互联网的出现导致传统媒体的权力在削弱，传统媒体在很大程度上正在被公民记者所取代，因而，依托传统媒体而生的中国新闻网站是否也会面临被替代的问题呢？如果是，这必将大大降低新闻网站国际传播的影响力。本书的研究认为，事实并非如此。

（一）中国网民的网络新闻需求旺盛

2015年7月，第36次中国互联网络发展状况统计报告显示，网络新闻在中国网民网络应用使用率中排名第二，半年增长率6.9%，增长到83.1%；在手机网民的手机应用使用率中排名第三，半年增长率10.6%，增长到77.4%。这些数据表明，中国网民的网络需求很旺盛。

旺盛需求在2008年北京奥运会和汶川地震等重大新闻事件中已有

展现，互联网一跃成为人们关注新闻事件最便捷的传播工具。2010年，微博兴盛曾一度压低网络新闻的使用率，但在2012年之后指标又迅速升高。其原因主要在于：

1. 网民新闻接触的渠道越来越多

除新闻网站之外，社交媒体、论坛社区、搜索引擎、APP等均成为网络新闻获取的重要入口。社交类应用的媒体属性日渐凸显，人们在建立、维系和发展人际关系的过程中加大了对新闻事件的传播速度和深度，社会公众的自我书写、自我传播也增加了新闻的丰富度和活跃度。可以说，接触渠道的增加提升了网民新闻接触的可能性，也激发了他们进行公民新闻生产的兴趣。

2. 新闻网站在内的网络媒体快速向移动互联网转型

新闻网站等为更好地满足用户需求，通过制作多样化的新闻作品实现用户碎片化时间的新闻阅读。比如，增强用户体验的新闻APP产品就极大地提高了手机网民对网络新闻的阅读频率，而新闻类手机客户端的推送效果也远远高于传统PC，手机网民不仅主动，也会基于技术被动阅读大量新闻。

3. 大数据算法实现新闻的精准推送

大数据技术的日益普及和成熟使得新闻客户端能迅速分析用户兴趣并推送其所需信息，进而实现分众化、精准化的推荐，这也会使得用户更多地关注自己需要的新闻报道。

这些发展都为新闻网站从事新闻生产，创新传播方式奠定了坚实的基础，而国际传播亦是如此。

（二）新闻网站的海外影响力依然强劲

与中国情况类似，海外网络用户对新闻的需求同样强劲，而新闻来源仍以传统媒体为依托的新闻网站为主。2011年，美国的研究数据发现，互联网80%的新闻和信息流向集中在排名前7%的网站上，67%的网站依托传统新闻组织，另外13%的新闻和信息由内容聚合型网站提供。[①] 这意味着，"互联网的崛起并没有使主要的新闻组织土崩

---

① Rosenstiel, T., Mitchell, A., "The state of the news media 2011: an annual report on American journalism", *Pew Research Center Project for Excellence in Journalism*, 2011.

瓦解"。① 即便是类似赫芬顿邮报的独立媒体网站，也是依靠许多专业人士，比如，新闻工作者，提供自媒体写作稿件，其普利策新闻奖作品就是一例。这些数据说明，美国等国家和地区的网络用户接触的新闻内容绝大部分来自依托传统媒体的新闻网站，它们依然支撑着用户对新闻的巨量需求。这也能表明，新闻网站在海外影响力依然强劲。

国内外网络用户对新闻需求旺盛是新闻网站影响力的社会基础，这意味着，只要中国新闻网站生产出高质量的新媒体内容，其就可以创造巨大的国际影响。

第二节 网络表达创新

一 技术与内容的双重创新

国家形象是国家综合实力的表现。而领导人形象又是国家形象塑造中不可或缺的一环。在当今全球化浪潮下，国家形象的塑造是国家战略的必然选择，也是确立该国国际声望和国际地位的重要因素。如何构建有利的国家形象已经成为众多国家十分重视的战略问题。而对于当今的中国来说，塑造良好的领导人形象不仅有利于国家形象的对外传播，而且有利于满足国内公众对领导人形象的公众期待，增强民众对领导人的信任与理解。

长期以来，中国领导人形象的塑造大多出自各种会议以及迎来送往的活动中。有研究曾对央视《新闻联播》做过一个样本分析，发现领导人活动在《新闻联播》中所占时间最长，占时政新闻的35.3%。从每条新闻的平均时长来看，最长的仍为"领导人活动"，长度达到2分37.8秒。这些"领导人活动"主要为党和国家领导人在国内国外的视察、考察。② 另有研究对比分析国内外媒体对领导人会议的报道，发现"在呈现中国领导人会议形象时，中国《瞭望》杂志刊登的绝大多数是领导人握手这一动作，握手平均比例占总动作的24.4%，而美国《时

---

① [英] 詹姆斯·柯兰、[英] 娜塔莉·芬顿、[英] 德斯-弗里德曼：《互联网的误读》，何道宽译，中国人民大学出版社2014年版，第19页。
② 孙灵囡：《党和国家领导人的"平民形象"塑造》，《青年记者》2013年第23期。

代》周刊中领导人会见会晤的照片,领导人的握手动作所占比例为5.17%,只有《瞭望》的四分之一"①。会议报道中的中国领导人形象受传统的程序化操作模式的影响,总体比较严肃、拘谨,人物形象比较"扁平化",政治性过强,与受众的期待还有一定的差距。

近几年,领导人形象的传播策略有了很大的创新与改变。2012年末,新华社连续三天刊发习近平、李克强及其他五位中共中央政治局常委的人物特稿,披露他们既往的从政经历、为政风格、个人业余爱好以及家庭成员情况,同时播发旧照。其中,还披露了习近平父亲习仲勋、母亲齐心、妻子彭丽媛的工作情况,其女习明泽的名字也公开披露。这是中国官方通讯社数十年来首次如此详细地介绍中央最高领导集体的出身、经历与家庭信息。之后的出访活动中,类似的创新性报道不断出现。2013年习近平总书记在北京"庆丰包子铺"进餐的新闻,更是提升了国家领导人的亲民形象塑造效果。《中国国家形象全球调查报告2014》② 显示,在对受访9国领导人的认知调查中,习近平的认知度排在第四位;在处理国内和国际事务能力方面,习近平都得到了很高的评价,排在第二位,仅次于2014年新当选的印度总理莫迪。

网络新闻的生产中,可读性、互动性与趣味性的增强使领导人活动报道更加平民化,可视化与移动化是创新的两个主要方面,在碎片化阅读的时代更易抓住人们的眼球,传播更好的效果。

(一)可视化新闻:增强新闻的可读性

可视化新闻是指"在遵循新闻事实的基础上,通过大量的数据聚合和筛选分析,经过可视化团队的加工制作,把原来平面的、文本的、数据的新闻信息转变成为图像化、立体式甚至交互式的新闻报道。这使得受众在获得原有文本或数据所包含的信息的同时,往往可以透过可视化新闻本身获取到更多的信息。"③ 而对领导人活动新闻的可视化,不仅可以使活动细节更加生动地呈现,而且在海量的信息中也更容易被注

---

① 吴瑛:《中国如何改进领导人形象?》,《社会观察》2013年第5期。
② 《2014年中国国家形象全球调查报告,海外民众看好中国未来发展形势》,2015年3月19日(http://www.199it.com/archives/333548.html?appinstall=0)。
③ 王传宝、滕瀚:《新媒体时代的"新闻可视化"初探》,《新闻研究导刊》2014年第3期。

意与记忆。

目前，国内诸多媒体与网站都设立了可视化新闻版块，如新华网的数据新闻、人民网的图解新闻、财新网的数字说等。以新华网的数据新闻为例，抽取其2015年1—4月"时政"版块的71篇成果，其中11篇为领导人报道。而在这11篇中有9篇都对领导人的"新语"进行了可视化处理。例如在《"强"音妙语答问》一篇中，作者就对3月15日国务院总理李克强在北京人民大会堂答中外记者问中涉及的主要问题与观点进行了提炼，配以图片用大方简洁的界面将其表现了出来。原本略显繁杂的讲话内容变得轮廓清晰起来，对于普通民众而言，可读性增强；加之在观点凝练的过程中对领导人"妙语"的强调凸显，利于勾勒出有特色的领导人形象。

H5界面的应用也是可视化新闻的一个重要发展部分。相较于图表可视化，H5界面的交互性更加突出，让人们在看新闻、了解领导人活动的过程中有更多参与感。以网易新闻出品的《习近平与奥巴马是这样夜游中南海的》为例，专题选择了第三人称的视角来表现，画面背景是一张中南海的全景三维地图。地图上可以看到习近平和奥巴马的头像和卡通身形坐标，从二人开始会面的地点——瀛台起步，参与者可以通过点击路线中的一个个蓝色节点，追踪习奥两人头像坐标的移动，了解他们都去了哪些地方，在每个地方都干了什么和说了些什么，陪着他们"夜游中南海"。这样一则相当于交互小游戏的报道以其新颖的形式迅速在朋友圈蔓延开来，习近平总书记的这次"夜话"内容也随之得到了广泛传播。

（二）漫画：营造轻松活泼的报道氛围

2014年2月19日，千龙网·中国首都网推出远程图表新闻《习主席的时间都去哪儿了？》，公布了习近平总书记的一张漫画形象。习近平在漫画形象中，穿着灰色夹克和蓝色裤子，褪去西装革履，以朴实简单的日常着装示人。带着标志性挥手动作的"习大大"形象经过全媒体的传播，"萌翻"众多网友，随即引发舆论热捧。

图表新闻以7幅漫画，分别从39天各地调研、39天出国访问、各种会议、主持十二次集体学习听讲课、多次活动安排、公众假期也常有公务活动安排等方面，详细说明了是哪些工作占去了习近平总书记的时间。除了对会议出访活动的介绍，该报道还对一向颇有"神秘感"的主席工作之外的时间做了说明，让大家了解国家领导人在工作之余也有属于自己的休闲娱乐方式。一个亲民和蔼的主席形象跃然于纸上。

之后的报道里，领导人的卡通漫画形象开始被广泛运用，尤其是在各种可视化新闻中。虽然漫画形象常被作为一种元素广泛运用，但其本身的符号意义不容小觑。有研究指出"在这个网络发达信息爆炸的传媒政治时代，公众主要通过大众媒介对领导人进行符号识别、信息认同从而被视觉说服"[1]，漫画形象全球范围内通用，容易被普通民众识别，而且可以营造轻松活泼的氛围。在这样轻松活泼的氛围中，更有利于消除领导人和公众的隔阂，成功塑造领导人形象。

（三）影音：简明易懂的传播方式

国家形象的宣传中，影音的方式最为直接也最为常见。2011年1月12日，国务院新闻办公室启动的国家形象系列宣传片人物篇制作完成，并于1月17日亮相纽约时报广场，引起各方关注。但在领导人形象的塑造中，这种方式却并不被青睐。一方面，客观呈现时任领导人形象的方式与角度难以把握；另一方面，编码与解码者视角可能存在的差异使得传播效果难以估计。但近两年出现的一个名为"复兴路上工作室"制作的一系列视频却成功跨越了这些难点，漂亮地进行了一次领导人形象的塑造。

2013年10月14日，时长5分钟的动漫视频《领导人是怎样炼成的》引爆网络。视频中，习近平总书记以卡通形象出现，以他的晋升之路为例介绍了中国领导人的选拔过程。这既是中国的干部选拔制度首次通过讲故事形式介绍，也是中国的国家领导人首次以动漫卡通人物的形象出现在公众面前。这段视频最初在10月14日12时06分上传，受到网友如潮好评，两天内播放100多万次，受众对这段视频的接受度高达92.7%。[2] 继该视频之后，"复兴路上工作室"又相继推出了中共宣传片《中国共产党与你一起在路上》《跟着大大走之博鳌篇》和《跟着大大走之俄罗斯篇》，风格均轻松活泼，生动易懂，获得网友热烈点赞

---

[1] 李媛媛、谢婧：《"漫话"领导人的形象公关》，《公关世界》2014年第4期。
[2] 王敏：《领导人卡通形象体现的政治传播变革》，《今传媒》2014年第5期。

转载。

除了视频，民间创作的歌曲例如《习大大爱着彭麻麻》《包子铺》等也引起了巨大反响。尤其是《习大大爱着彭麻麻》，曲风活泼，朗朗上口，以讲述主席与夫人恩爱细节的方式展现了领导人抛却众人瞩目的社会角色之后"好男人""好丈夫"的形象，切合了民众对领导人的情感期待。

（四）两微平台：民间话语场的把握

在塑造领导人形象的过程中，高效使用新媒体平台，积极进入民间舆论场会大大提升传播效果。当下，微博微信依旧是两个主要的舆论阵地。

"学习粉丝团"就是利用微博进行领导人形象塑造很好的例子。2012年12月初，正值新任中共中央总书记习近平离京南行期间，这个名为"学习粉丝团"的微博上线，以草根追星方式实时直播习近平南行历程，受到网民热情地追捧。稍后，一些媒体也开始利用官方微博，动态报道领导人活动。李克强在九江调研之际，财经网官方微博动态发布李克强调研系列报道，改变了以往国家领导人到地方视察只能央媒发稿、地方媒体用通稿的惯例，引起媒体界的关注。随后，新华社、人民日报的官方微博也加入到报道行列。

而在2013年3月23日，随着一条文字配以习近平夫妇旧照的微博出现，名为"丽媛粉丝团"的账号也开始活跃于网民的视野。同样是以草根追星的方式，这个微博账号则着重发布主席夫人彭丽媛随行出访的点滴。一系列旧照、老故事以及活动照片的披露迅速引起了巨大反响，截至2015年5月，一共发布了1009条微博，拥有62万粉丝。

不同于微博"粉丝"效应，微信朋友圈较为封闭，传播内容也较为理智，但其传播影响力仍然值得关注。前文中提到的《习近平与奥巴马是这样夜游中南海的》席卷朋友圈就是很好的例子。朋友圈特有的"熟人效应"会让传播内容更易被信任与接收，相较于微博到达率与接受度会更高一些。随着各大媒体纷纷入驻微信公众号，微信传播已成为不容忽视的一股力量。根据刺猬公社2015年5月中旬的新媒体指数排行榜中，"央视新闻"的微信公众号位居中央及省级电视微信公众号榜首，而"人民日报"的微信公众号则位居全国主要综合性日报公众号榜首。

（五）客户端：打造专属平台

除了抢占现有平台，客户端的推出与发展也是趋势所在。

2015年4月，在国家互联网信息办公室的支持下，由中央党校中国干部学习网研发的"学习中国"APP上线，主打内容为习近平系列讲话和相关著作，包括新闻、实景地图、微课程、知识地图、"习大大"词条、专家解读、评论精选、电子书、理论文章、重点论述、"习大大"故事汇和引用诗文等12个版块。网友纷纷表示这样一款政务客户端的推出很新鲜很有趣，其中一些模块做得很精彩。例如利用大数据挖掘技术模拟思维导图以知识地图的形式将习近平重要讲话和相关知识做成动态思维逻辑图，既方便网民理解习近平讲话要领，又方便记忆。这款客户端推出后的具体效果还有待考量，但其新颖的方式、互联网的思维模式都值得借鉴与学习。不论普及面是否广，它的出现确实为民众了解领导人活动与政策方向提供了新的平台。

新闻网站是中国时政新闻报道的主力军，它们拥有重大时政新闻的报道优先权，国家领导人议程就是其中之一。目前的情况表明，中国新闻网站对国家领导人及其相关新闻的创新性报道受到了国际舆论的转发和关注，虽然这些转发和关注并不都是肯定的评价，但它们对中国网络新闻报道的开放姿态和话语策略的变迁关注度却大大提高。

二 网络社会把关理论下的国际传播

新闻网站在国际传播中对内容的把关凸显了网站的专业素养和对国际舆论趋势的判断。可是，如何理解网络社会的把关理论呢？从国际传播的角度，把关是否可以提升新闻质量，增大国际影响力呢？

网络社会是一种全新的社会结构，与之相生相伴的新技术范式——信息论，则具有自我扩展处理和通信、重新结合、灵活性三个显著特征。这些新特征大大改变了整个社会形态，也带来大量未知挑战，其中以对媒介环境的重塑最为显著。媒介环境的重塑如同多米诺骨牌一般进而影响了新闻传播学界，由于网络散布型的传播结构、去中心化的传播模式，诸多20世纪经典传播学理论面临被消解的危险。传统"把关人"理论也不例外，以至于威廉姆斯和卡皮尼等学者曾质疑网络社会是否"无关可把"[1]。

"把关"(gatekeeping)一词首先由美籍德国社会心理学家库尔特·卢因在《群体生活的渠道》一文中提出。他指出:"信息总是沿着含有门区的某些渠道流动"[2],根据公正无私的规定或"把关人"(gatekeeper)意见决定其是否能够进入渠道或继续在渠道里流动。"把关人"概念自提出后,已被政治学、社会学、信息科学、管理学以及法学等学科领域移植和借鉴[3],此外还被应用到实践领域如新闻学(例如,将报纸编辑理解为把关人)、健康学、运筹学(operations research)。然而,术语"把关人"的流行,招致众人过于丰富的描述,以至于不同领域在其含义上几乎鲜有共识,理论地位难以站稳脚跟,而西方有关网络社会语境下的把关研究亦寥寥无几[4]。换言之,西方传播学界在"谁是网络把关人、什么是把关以及它为什么重要"等问题上仍缺乏共识。

本书认为,尽管新闻报道中大量使用新技术一定程度上会冲击把关人理论,但被削弱的主要是政府的"把关"功能,而非专业新闻机构的"把关"功能,因此,把关人理论在网络传播中仍具有生命力,特别是在国际报道中。网络新闻中通常出现的把关主体包括:政府、网络媒体机构和网民自我把关。这三类主体在国际传播中发挥不同的作用,一方面,中国新闻网站对相关议题和内容生产的把关是新闻质量的保障;另一方面,新闻网站也需要吸纳网民作为共同的把关主体,进而更多地平衡官方舆论场与民间舆论场。

---

[1] Williams, B. A., Carpini, M. X. D., "Unchained reaction: the collapse of media gatekeeping and the Clinton-Lewinsky scandal", *Journalism*, Vol. 1, No. 1, 2000.

[2] Lewin, K., "Frontiers in group dynamics II: Channels of group life; social planning and action research", *Human Relations*, Vol. 1, No. 2, 1947.

[3] 转引自 Karine Barzilai-Nahon, "Toward a theory of network gatekeeping: A framework for exploring information control", *Journal of the American society for information science and technology*, 2007。

[4] Karine Barzilai-Nahon, "Toward a theory of network gatekeeping: A framework for exploring information control", *Journal of the American society for information science and technology*, 2007.

第十六章

国际传播的全球倾听模式

本书上篇、下篇研究表明，中国政府通过"大外宣"国家战略部署，加大通过网络空间塑造国家形象的力度。然而中国新闻网站国家形象塑造的网络跨文化传播效果并不理想。中国新闻网站每天通过国际传播向外输出的中国新闻难以成为他者的信息来源，网站对外传播难以形成对西方社会价值框架的冲击，中国政府的国际传播战略尚未通过新闻网站的对外传播实现大范围的国家形象政治性建构。究其原因，主要在于：

第一，中国新闻网站内容生产往往无法充分呼应海外涉华报道的需求。西方网络新媒体承袭传统社会的价值框架，即对自由、民主、人权等基本价值观的坚持，因此，它们对中国政治议题，特别是外交问题、经济议题、网络自由、人权等给予了高度关注。但面对全球性网络社会中的公众关切，中国新闻网站尚未能供给丰富的内容与西方社会的价值框架进行交流和对话，抗拒性认同仍旧是普遍现象，因此，文化融合、和谐价值也就无从谈起。

第二，中国新闻网站的"宣传"烙印限制其作为西方媒介信源的合法性。涉及国际问题时，中国新闻网站集群中只有中央级新闻网站具有权利和实力表达中国立场，但它们均被海外媒体称为"官方媒体"，表达政府立场，扮演政府喉舌，"宣传"烙印使得西方新闻专业主义始终保持对中国新闻网站的不信任和批评态度，进而导致作为信源的合法性危机。

第三，全球化与地方化、商业与文化的博弈直接影响中国国家形象的跨文化传播效果。西方新闻网站用户群体相对确定、利益相对一致，因此，在涉及群体之外，比如外国，报道时就必须考虑全球化与地方化、商业与文化的博弈过程，结果往往是固化的价值框架拒绝不同的声音，这实际上也可能是一种媒介偏见。

因此，中国新闻网站基于国家形象塑造的网络跨文化传播遭遇社会认同的危机。新技术的广泛普及加速了跨文化事件的全球传播，但是，基于国家形象塑造的网络跨文化传播的实质仍旧是民族国家的利益表达，因此，网络跨文化传播有时反而拉大了文化间的疏离与敌视。那么，我们该如何前行呢？

第一节 全球倾听模式

一 理论概述

陈国明（G. M. Chen）和史达洛斯特（W. J. Starosta）在 Listening across diversity in global society 一文中提出了全球倾听模式（Global Listening Model）[1]。该理论认为，人们在交流的过程中会寻找一个平衡点，人们在交互信息中，会创造一个共属于双方的阐释意义。"倾听"是一个主动积极的过程，而不是对于已有信息的机械重复，也不是为了某个预设的目标而行动。这个模式提出，全球社会存在于一种可协商的语义空间（a negotiated semantic space）内，这种语义空间存在于现有的文化间而不是在某个文化内。全球倾听包括四个方面：第一个方面是经济实用的倾听方式（the economics of listening）。第二个方面是在文化Ⅰ（birth culture，生育文化）与文化Ⅱ（communication across diversity，多元文化沟通）的对抗中的倾听。这里的文化Ⅰ是指生育文化，即人出生时所在的社会环境，从这个原始社会网里人们得到了世界观、社会支持和安全感。文化Ⅱ是指不同文化间的交流，即不同文化背景的人在身份不同和存在差异的情况下进行的交流。第三个方面是全球倾听过程中的障碍。第四个方面是双主位倾听（double-emic listening）。

新媒体真正实现了传播的互动性和多元性，在新技术的支持下，媒

---

[1] Starosta, W. J., Chen, G. M., "Intercultural listening: Collected reflections, collated refractions", *a joint session of the World Communication Association and the International Listening Association*, Stockholm, Sweden, 2003.

结语　中国新闻网站提升国际影响力的路径思考

体内容在生产、流通、加工、消费的各个环节都更加灵活。新媒体为全球倾听提供了优越的条件，但相应地对对话双方也提出了更高的要求。全球倾听的实现要求具备全球沟通能力，它包括四项目标：开拓全球性视野；培养足够的知识与技术，以此均衡全球化潮流产生的矛盾；培养弹性能力，以经营全球化浪潮所带来的巨大变动；培养敏锐与开放的能力来尊重多元化以不断地改进。而这些能力促使人们相互理解，具备多重认同意识，共创和平富饶社会的潜力。

二　网络空间全球倾听的可能性

不同文化的传播全球倾听要求将自我呈现给对方，在持续努力的过程中，推导双方共有的意义，实现全球倾听的可能性。

首先，中外网络用户会选择简单而不是复杂的方式聆听。经济实用倾听的原理认为，听者从周遭环境中听到的内容会受到叙事框架选取的内容限制。至少有5种方法会让交流更加有效：一是用受众熟悉的语言讲故事；二是以社会准则来与听者达成和谐；三是稳定听者的情绪；四是对已清楚的事件产生共鸣；五是叙述与已知一致的事实。增强全球倾听效果的方式可以总结为，用共同的语言、价值观、意识形态、假定及熟悉的主题来进行叙述。

其次，中西方在文化Ⅰ与文化Ⅱ的对抗中彼此倾听。文化Ⅰ：生育文化，指的是人们出生时所处的社会环境，这个原始社会网为一个人的生活方式提供了一种世界观、社会支持和安全感。生育文化也为特定的社会制定了一部有着社会准则和规则的法典，这些准则和规则规定着人们的行为和做事方式。文化Ⅱ：不同文化的交流。所谓不同文化的交流，指的是来自不同文化背景的人在身份不同及存在差异的情况下进行交流。通常，文化Ⅰ因其承袭于生存文化，容易带来跨文化交流的障碍，但人们会积极主动地进行文化Ⅱ之间的交流。中西方在文化Ⅰ与文化Ⅱ的对抗中，在一定程度上实现了对不同文化的有效倾听。

三　中西方交流的突破点：实现双主位倾听

主位（emic）观点指的是以自己所处的文化观来看问题，而客位（etic）则是以本文化以外的文化观来看问题。当彼此采用聆听的方式进行信息交流时，一种文化内的因素就会传播到另一种文化。有时，个人观点也会影响其对信息的理解。真正有效的全球倾听要求大部分人以批评的眼光审视自身文化，要把它看作一种可以用另外一种方式理解的文化。全球倾听还可以为交流双方提供进一步发展关系的空间，他们渐渐地从以主位的观点转移到以客位的观点看待彼此。全球倾听是倾听者从本文化和他文化中吸取成分从而建构一个新的看问题的方式——双主位眼光。双主位倾听要求交流双方能够意识到他们自身的文化只是一种理论而已，异文化的信息对一个有全球化意识的公民的成长和生存来说也是至关重要的。

由此，中国新闻网站在进行对外传播时，可采用全球倾听模式突破当下跨文化传播的诸多障碍。

1. 新媒体应建立多语言交流平台。媒体在发布新闻信息时，不单单只使用自己国内的主流语言，而是提供多种语言的传播版本，从而推进经济实用的倾听方式的进行，降低国际传播的接受成本。

2. 新媒体信息的编辑过程中，应注意加强对他国事务的关注度，并且适度改善媒体传统的叙事框架。这些都有利于进一步克服全球倾听中的障碍。

3. 新媒体应对意见表达放松束缚，营造真正的公共空间。公共空间的根本就是公民意见的自由表达，而在全球倾听中，这意义重大，意见的自由表达才能增加不同文化的人们相遇、沟通的可能性，为寻求共同点创造必要的前提。

4. 不仅中国，世界各国均应注重建设对外传播的新媒体。如前文分析可见，影响中国新闻网站国际影响力的原因之一是，海外网络媒体自身存在的文化偏见、政治偏见等，导致中外彼此间认同的主观障碍。这些有传播针对性的新媒体出现后，能从很大程度上避免陌生语言带来的倾听障碍，以及媒体很少关注国外事件导致的倾听问题等。对外传播新媒体的最终目标应朝着全球性媒体发展，即引导市民参与全球化社区生活，以其快速的信息传递，创造一个诸问题皆可付之讨论与辩论的公共空间的媒介。

第二节 网络公共外交的可能性

网络公共外交,是进入 21 世纪以来,网络技术、网络社会与一国公共外交政策结合的产物,是一国的公共外交利用网络与国外公众展开互动,提升本国形象的实践。

目前,西方国家的网络公共外交思想较为清晰,发展规划也较为明确。如美国在 2003 年及 2009 年分别设立了美国网络外交办公室和网络外交官小组,指导利用网络新技术开展多种形式的网络外交;英国外交部也设置有网络外交办公室,负责策划各种网络公共外交活动。而法国、俄罗斯、日本等国同样有较为清晰统一的网络公共外交策略。[①] 而在中国,在很长时期里,公共外交并没有作为一个清晰的理论概念进入中国外交的战略规划之中[②]。网络媒体对外传播属于一国网络公共外交的重要组成部分。虽然中国国务院新闻办、外交部、文化部以及诸多媒体机构的对外宣传、国际交流与传播活动积极而频繁,但却忽略了将对外传播置于网络公共外交视野下进行考虑,且各部门之间缺乏协调整合,所以,中国目前的网络公共外交还有明显的提升空间。

公共外交的核心是一国政府/相关机构/民众与外国民众的互动交流,而网络为这种过程提供了极大的便利。尽管网络公共外交的发展目前尚处于不成熟阶段,但它以其强大的外交动员力和外交效率,推动着现代公共外交在价值原则、组织体制和运行机制等方面发生了总体性变革。因此,在网络时代背景下,网络公共外交日益成为未来最具冲击力的新兴外交形式。

美国是最先意识并最快实施了网络公共外交策略的国家。美国国务卿希拉里·克林顿在 2010 年指出,美国 21 世纪的重要策略之一就是利用 Google、Twitter 和 YouTube 等网络技术力量来推动外交政策。[③] 其网

---

① 吴华清、沈国麟、杜旭赟:《现代化理想图景的诉求——从 2010 年世博会对外报道看中国公共外交的话语建构》,《新闻与传播研究》2010 年第 6 期。
② 《委员呼吁力推公共外交:当前投入不及美国十分之一》,2005 年 2 月 2 日 (http://www.chinapressusa.com/newscenter/2009-03/11/content_198723.htm)。
③ 闵大洪:《美国政府网络外交的实施》,《社会科学战线》2011 年第 7 期。

络公共外交政策的目标有二：一是直接为政府当前的外交活动服务，向世界说明美国的政策；二是向国外民众广为传播美国式的民主自由理念和价值观。美国同样将网络公共外交应用到了对华外交中，如在奥巴马访华、上海世博会、谷歌事件中，美国均积极利用网络手段进行宣传。中国外交部于 2004 年 3 月设立了"公众外交处"，标志着中国正式将公共外交纳入政府工作计划。[1] 全国政协十一届二次会议新闻发言人赵启正认为，2008 年北京奥运会的成功举办，彰显公共外交在中国全面展开，中国已经进入了公共外交的时代。[2] 但需要指出的是，对于网络公共外交，中国政府尚未形成具体的策略，也缺乏一个详尽、规范、整体化的指导机制。在网络公共外交时代，要达成对外传播中国良好形象的目标，完善以上步骤就是不可或缺的。

研究指出，公共外交有五个重要的形态：倾听、鼓吹、文化外交、交流外交以及国际传播。[3] 许多学者与官员同样指出，相对于传统外交官谈判磋商等外交手段，媒体可以发挥前者难以具备的"软功能"，能够通过渲染与扩散效应，形成当时的国际舆论氛围，从而促使政府和公众采取相关行动。[4] 而网络媒体的对外传播，同样可以纳入网络公共外交视野下来进行考量。在全球化时代，中国与世界上其他国家在政治、经济、文化、社会、科技等方面的联系变得更加密切，两者需要通过良好的沟通，才能实现互利发展。赵启正指出，在当前的国际舆论中，中国的话语权太弱，其中一个原因就是中国媒体贡献较少。[5] 中国的公共外交目标是树立和平崛起的形象，以便为中国发展创造良好的国际舆论环境。因此，中国媒体的对外传播须与国家的整体战略目标相配合。

新闻网站的国际传播可以更多地打造公共外交平台，比如，开放公众新闻的生产和传播平台；更多地吸纳公共外交成果，在新闻生产中邀

---

[1] 王娟：《浅谈新闻传播中的公共外交策略》，《当代传播》2010 年第 4 期。
[2] 贺潇潇：《"中国已经进入公共外交时代"——赵启正谈如何开展公共外交》，《对外传播》2009 年第 12 期。
[3] Cull, N. J., *The Cold War and the United States Information Agency: American Propaganda and Public Diplomacy*, 1945 – 1989, Cambridge University Press, 2008.
[4] 赵红凯：《奥巴马政府的网络外交及其对中国的启示》，硕士学位论文，中共上海市委党校，2010 年。
[5] 杜涛：《"软实力与政府传播"国际研讨会综述》，《国际新闻界》2009 年第 9 期。

请公众加入，通过与用户之间的互动性协作生产提升品牌知名度和用户黏性。公共外交的议题设置可以区别于政治、经济的严肃议题，更多地转向文化议题。本书上、下篇的研究都发现，中国新闻网站英文版报道中，政治经济议题占比过大，而文化议题明显偏少，可是，但凡出现文化类议题，比如，电影、文化对话等，通常会取得良好的传播效果。这些都可以作为新闻网站国际传播的转型方向。

第三节　跨文化传播的理性

虽然跨文化传播已经深深地根植于人们的物质生产生活以及精神交往中，但是始终有一个核心问题困扰着人类的跨文化传播行为：我们应该如何与他者进行交流，以及交流如何跨越性别、国籍、种族、民族、语言与文化的鸿沟？而理性是人性之间彼此了解和理解的心理基础，在新闻网站国际传播的过程中要尤其关注跨文化传播的理性。

一　理性：认识世界和获得真理的手段

在西方的政治哲学传统中，"理性"是一个无法绕开的重要概念，"对理性的信仰在广泛意义上说是希腊时代以来西方文化的一个重要组成部分，这一点决定了西方哲学的主要传统"。[①] 具体究竟什么是理性，在不同时期不同流派的哲学家眼中其定义和阐释往往不同。在主体意识哲学理性概念中，理性是认识世界和获得真理的手段，也是人对自身命运进行思索和掌控的能力。

"主体—客体"的思维模式的确可以说是人的理性精神以及理性能力的体现，并且这种结构思维在处理人与自然以及人与物的关系时是行之有效的，但在处理人与人之间的交流问题，尤其是跨文化传播问题时，却难以成立。跨文化传播，就是"不同文化背景的人们之间发生的信息传播与文化交往活动"[②]，是一种文化情境。根据爱德华·霍尔

[①] 转引自中国科学院哲学研究所选编《现代外国资产阶级哲学资料》第一集，中国科学院哲学研究所，1962年，第112页。
[②] 单波、王金礼：《跨文化传播的文化伦理》，《新闻与传播研究》2005年第1期。

的"文化之图"①的表述，文化的基本信息系统包含着十种独立的人的活动：互动、联合、生存、两性、领域、时间、学习、消遣、防卫、利用。其中，互动是文化领域的核心。在互动中，如果按照"主体—客体"的结构思维——他人是我的客体或者我是他人的客体，那么互动是难以形成的。并且如果按照"主体—客体"的思维模式来考虑跨文化传播，就必须在整个传播过程中实行单一主体的原则，将任何传播的他者都当作"我"来传播的对象。这样的话，整个传播的过程就异变成了一个由主体作用于他者的一个过程，是一个单向的过程，这显然与"传播"所包含的"交往""交流"等本质因素对立。从整个传播过程来看，人作为交往中的存在，是处于主体间关系的，"我与他者的关系根本不是什么传播主体和传播客体的关系，而是同一传播活动中共生的两个主体"。②

二 跨文化传播理性：新闻网站对外传播的伦理基础

从这个概念上看，要讨论什么是跨文化传播的理性，首先就要认识到跨文化传播的理性不是单一主体的主体中心理性，而是多元交互主体的交往理性。这种理性是程序性的，它是人们日常生活中的规则意识，是一个行为主体间非强制协商的过程。它摒弃了主体—客体的二元对立结构，而是以主体间的相互理解为前提。不同于主体意识哲学概念的单向性、绝对性以及排他性，这种交往的理性具有多向性和包容性的特点。

从这个意义上，网络跨文化传播理性更多地侧重互联网交往理性。哈贝马斯认为主体间达成共识是交往理性的目的，主体间是在协作、交流、沟通、理解、宽容的基础上达成共识，这种共识是在主体间达成的，包含着多元性与差异性，最重要的特征就是以理服人。哈贝马斯的交往理性理论对其概念进行解释，即"这种交往理性概念的内涵最终可以还原为论证性话语在不受强制的前提下达成共识这样一种核心经

---

① [美] 爱德华·霍尔：《沉默的语言》，刘建荣译，上海人民出版社1991年版，第209—211页。
② 单波：《跨文化传播的基本理论命题》，《华中师范大学学报》（人文社会科学版）2011年第1期。

验。其中，不同的参与者克服掉了他们最初的那些纯粹主观的观念，同时，为了共同的合理信念而确立了客观世界的同一性和生活世界的主体间性"①。

所以，从实践层面来看，跨文化传播理性是新闻网站对外传播过程中的伦理基础，"实际上，在文化间的交流中达成一点理解和共识并不是什么难事，只要这种理解和共识能在各自的文化语境中得以成立，问题是理解和共识并不一定通向真实的文化互构和相互的接受"。② 要构建跨文化传播的伦理，首先要"对他文化的地方知识进行语境化理解"③。在重大突发事件，特别是国际报道过程中，跨文化传播理性是让我们获得更高信誉评价、更强传播影响力和舆论引导能力的道德基础。

---

① [德]哈贝马斯：《交往行为理论》第一卷，曹卫东译，上海人民出版社2004年版，第10页。
② 单波、王金礼：《跨文化传播的文化伦理》，《新闻与传播研究》2005年第1册。
③ Geertz Clifford，"The Interpretation of Cultures"，转引自单波《跨文化传播如何可能？》，《新闻与传播评论》2009年第1期。

参考文献

一 中文文献

(一) 著作

[1] 唐润华:《中国媒体国际传播能力建设战略》,新华出版社 2015 年版。

[2] 彭兰:《中国网络媒体的第一个十年》,清华大学出版社 2005 年版。

[3] 杜骏飞:《网络新闻学》,中国广播电视出版社 2001 年版。

[4] 王菲:《媒介大融合:数字新媒体时代下的媒介融合论》,南方日报出版社 2007 年版。

[5] 单波、石义彬、刘学:《新闻传播学的跨文化转向》,上海交通大学出版社 2011 年版。

[6] 邱林川、陈韬文:《新媒体事件研究》,中国人民大学出版社 2011 年版。

[7] 彭兰:《网络传播概论》,中国人民大学出版社 2009 年版。

[8] 屠忠俊、吴廷俊:《网络传播概论》,华中科技大学出版社 2007 年版。

[9] 段鹏:《国家形象建构中的传播策略》,中国传媒大学出版社 2007 年版。

[10] [美] 达扬、卡茨:《媒介事件:历史的现场直播》,麻争旗译,北京广播学院出版社 2000 年版。

[11] 杨保军:《新闻理论教程》,中国人民大学出版社 2005 年版。

[12] 何纯:《新闻叙事学》,岳麓书社 2006 年版。

参考文献

[13] 臧国仁：《新闻媒体与消息来源：媒介框架与真实建构之论述》，台湾三民书局股份有限公司1999年版。

[14] 刘亚猛：《追求象征的力量》，生活·读书·新知三联书店2004年版。

[15] 房宁、王炳权：《民族主义思潮》，高等教育出版社2004年版。

[16] 王军：《网络民族主义与中国外交》，中国社会科学出版社2011年版。

[17] 胡泳：《众声喧哗：网络时代的个人表达与公共讨论》，广西师范大学出版社2008年版。

[18] [美] 曼纽尔·卡斯特：《千年终结》，夏铸九、黄慧琦等译，社会科学文献出版社2006年版。

[19] [美] 丹·席勒：《信息拜物教：批判与解构》，邢立军等译，社会科学文献出版社2008年版。

[20] [美] 曼纽尔·卡斯特：《认同的力量》，曹荣湘译，社会科学文献出版社2006年版。

[21] [美] 克里斯·安德森：《长尾理论》，乔江涛、石晓燕译，中信出版社2009年版。

[22] [美] 杰夫·豪：《众包：大众力量缘何推动商业未来》，牛文静译，中信出版社2009年版。

[23] [美] 麦克斯韦尔·麦库姆斯：《议程设置：大众媒介与舆论》，郭镇之等译，北京大学出版社2010年版。

[24] [美] 乔舒亚·库珀·雷默：《中国形象：外国学者眼里的中国》，沈晓雷译，社会科学文献出版社2008年版。

[25] [英] 斯图尔特·霍尔：《表征：文化表现与意指实践》，徐亮、陆兴华译，商务印书馆2003年版。

[26] [荷] 依恩·A. 梵·迪克：《作为话语的新闻》，曾庆香译，华夏出版社2003年版。

[27] [美] 梅尔文·门彻：《新闻报道与写作》，展江等译，华夏出版社2004年版。

[28] [英] 约翰·伯格：《观看之道》，戴行钺译，广西师范大学出版社2003年版。

[29]［美］丹尼尔·贝尔：《资本主义文化矛盾》，赵一凡等译，生活·读书·新知三联书店1989年版。

[30]［英］巴雷特：《赛博族状态——因特网的文化、政治和经济》，李新玲译，河北大学出版社1998年版。

[31]［法］吉尔·德拉诺瓦：《民族与民族主义》，郑文彬、洪晖译，生活·读书·新知三联书店2005年版。

[32]［美］本尼迪克特·安德森：《想象的共同体：民族主义的起源与散步》，吴叡人译，上海人民出版社2005年版。

[33]［美］曼纽尔·卡斯特：《网络星河：对互联网、商业和社会的反思》，郑波、武炜译，社会科学文献出版社2007年版。

[34]［美］曼纽尔·卡斯特主编：《网络社会——跨文化的视角》，周凯译，社会科学文献出版社2009年版。

[35]［英］詹姆斯·柯兰、娜塔莉·芬顿、德斯·弗里德曼：《互联网的误读》，何道宽译，中国人民大学出版社2014年版。

[36]［美］爱德华·霍尔：《沉默的语言》，刘建荣译，上海人民出版社1991年版。

[37]［德］哈贝马斯：《交往行为理论》第一卷，曹卫东译，上海人民出版社2004年版。

[38]刘连喜主编：《崛起的力量：中国网络媒体1995—2003》，中华书局2003年版。

（二）期刊、报纸

[1]肖珺：《建构中国网络新闻评价体系》，《网络传播》2006年第8期。

[2]肖珺：《中国网络新闻作品如何彰显网络特色？》，《网络传播》2007年第9期。

[3]曹友元、周彤：《基于金正日逝世报道的网络专题框架分析——以人民网、凤凰网为例》，《东南传播》2012年第3期。

[4]高超：《浅析人民网新闻专题的贴近性——以"两会"新闻专题为例》，《新闻世界》2011年第3期。

[5]李岩：《中国主要英语新闻网站的特点及局限性分析》，《新闻界》

2005年第1期。

[6] 陈力丹、付玉辉：《繁荣而活跃的网络传播研究——2006年中国网络传播研究概述》，《当代传播》2007年第1期。

[7] 蔡雯：《媒介融合前景下的新闻传播变革》，《国际新闻界》2006年第5期。

[8] 蔡雯：《媒介融合趋势下如何实现内容重整与报道创新》，《新闻战线》2007年第8期。

[9] 彭兰：《从新一代电子报刊看媒介融合走向》，《国际新闻界》2007年第7期。

[10] 喻国明：《微内容的聚合与开发：网络媒体内容生产的技术关键》，《网络传播》2006年第10期。

[11] 李海峰：《网络传播技术及应用的新态势》，《新闻记者》2006年第8期。

[12] 付晓燕：《BBC官方网站在媒介融合中的角色与作用》，《中国记者》2009年第9期。

[13] 张利平：《新媒体时代传统媒介融合渠道与路径选择——以〈华尔街日报〉为例》，《湖南大学学报》（社会科学版）2013年第27卷第1期。

[14] 蒋梅芳、吴芳：《中国纸媒的"再融合"之路——对上海报业集团成立的几点思考》，《东南传播》2013年第12期。

[15] 陈志强、夏虹：《"三网融合"背景下对媒介融合的思考》，《今传媒》2012年第3期。

[16] 蔡雯：《资源整合：媒介融合进程中的一道难题》，《新闻记者》2009年第9期。

[17] 梁智勇：《媒介融合背景下传媒集团新媒体战略比较——以CCTV、SMG、凤凰卫视与新华社为例的研究》，《新闻大学》2009年第1期。

[18] 石长顺、肖叶飞：《媒介融合语境下新闻生产模式的创新》，《当代传播》2011年第1期。

[19] 李克：《〈雪崩〉：〈纽约时报〉的全新报道方式》，《网络传播》2013年第6期。

[20] 李子路：《〈纽约时报〉报网融合的启示》，《青年记者》2011年第14期。

[21] 新华社新闻研究所国际传播研究中心：《纽约时报融合发展战略与举措》，《中国报业》2014年第6期。

[22] 马茜：《报网融合对当今报纸媒体发展的影响研究——以〈华尔街日报〉为例》，《长春教育学院学报》2013年第12期。

[23] 路雪珂：《互联网思维：传统媒体转型之道——以〈赫芬顿邮报〉为例》，《对外传播》2014年第5期。

[24] 张灵敏：《互联网新闻内容运营的探索与启示——以〈赫芬顿邮报〉为例》，《传媒》2014年第7期。

[25] 王冲：《博客网站〈赫芬顿邮报〉的制胜之道》，《新闻传播》2013年第8期。

[26] 沈小根、纪雅林、张炜：《全媒体时代，党报探路融合创新——以人民日报〈两会e客厅〉为例》，《新闻战线》2014年第5期。

[27] 官建文：《人民网探索报网融合的实践与思考》，《中国广播》2009年第4期。

[28] 魏辉、王志刚：《当前国内媒体融合的几种形式》，《青年记者》2009年第14期。

[29] 王清颖：《媒体新闻报道融合创新的成功尝试——从新华网等十家网站联合直播南方雪灾说起》，《中国编辑》2008年第3期。

[30] 陈剑英、穆雪峰：《央视悦动：全媒体融合新模式》，《网络传播》2014年第7期。

[31] 范文德：《媒介融合与舆论引导》，《兰州大学学报》（社会科学版）2010年第38卷综合特辑。

[32] 岳芃：《媒介融合，产业利益冲突与市场监管》，《西安交通大学学报》（社会科学版）2011年第31卷第2期。

[33] 徐振祥：《2011年中国媒介融合研究述评》，《学术论坛》2012年第10期。

[34] 肖珺、王婉：《刁娜事件网络传播路径与影响力》，《网络传播》2012年第11期。

[35] 肖珺：《认同危机：基于国家形象塑造的网络跨文化传播研究》，

《武汉大学学报》(人文科学版) 2013 年第 4 期。

[36] 吴斌:《后传媒时代电视文化的选择——网络电视传播透视》,《现代传播》2003 年第 4 期。

[37] 史忆:《中国网络民意下的跨文化传播——由〈功夫熊猫〉引发的思考》,《新闻爱好者》(理论版) 2008 年第 8 期。

[38] 但海剑、石义彬:《网络社会理论视角下的跨文化传播思考》,《学习与探索》2008 年第 4 期。

[39] 但海剑、石义彬:《数字时代跨文化传播中的文化身份认同》,《武汉理工大学学报》(社会科学版) 2009 年第 4 期。

[40] 穆阳、王丰、王家民:《视觉符号在跨文化传播中的价值研究》,《艺术与设计》(理论版) 2009 年第 1 期。

[41] 王皓:《浅谈数码影视文化及其跨文化传播》,《才智》2008 年第 3 期。

[42] 潘忠党:《架构分析:一个亟需理论澄清的领域》,《传播与社会学刊》2006 年第 1 期。

[43] 张明新:《后 SARS 时代中国大陆艾滋病议题的媒体呈现:框架理论的观点》,《开放时代》2009 年第 2 期。

[44] 张克旭、臧海群、韩纲等:《从媒介现实到受众现实——从框架理论看电视报道我驻南使馆被炸事件》,《新闻与传播研究》1999 年第 2 期。

[45] 祝建华:《内容分析——传播学研究方法之二》,《新闻大学》1985 年第 10 期。

[46] 祝建华:《中文传播研究之理论化与本土化:以受众及媒介效果的整合理论为例》,《新闻学研究》2001 年第 7 期。

[47] 王建云:《案例研究方法的研究述评》,《社会科学管理与评论》2013 年第 3 期。

[48] 成思危:《认真开展案例研究,促进管理科学及管理教育发展》,《管理科学学报》2001 年第 5 期。

[49] 郭镇之:《关于大众传播的议程设置功能》,《国际新闻界》1997 年第 3 期。

[50] 李敏:《网络环境中议程设置的新特点》,《青年记者》2008 年第

23 期。

[51] 甘露：《浅析网络议程设置的特色》，《国际新闻界》2003 年第 4 期。

[52] 屈红林：《谷歌退出："声誉管理"的险棋》，《销售与市场》（评论版）2010 年第 5 期。

[53] 陈岳、雷伯勇：《国际传播在国际政治中的作用》，《国际新闻界》1997 年第 4 期。

[54] 姜飞、张丹、冷淞：《谷歌事件：美国"巧实力"外交的一次演练》，《红旗文稿》2010 年第 7 期。

[55] 曹妤：《全球化背景下跨国公司与国家主权的博弈》，硕士学位论文，上海师范大学，2011 年。

[56] 吴跃赛：《从葛兰西的"文化霸权理论"看谷歌退出中国的思维逻辑》，《新闻世界》2011 年第 1 期。

[57] 廖培宇：《从民商法视角看谷歌退出中国大陆事件》，《决策与信息》2010 年第 2 期。

[58] 曹旭、蔡尚伟：《对中国互联网政策的几点思考与建议——以谷歌事件为例》，《重庆工商大学学报》（社会科学版）2010 年第 3 期。

[59] 周馥郁：《英语新闻语篇的批评性话语分析——以〈中国日报〉和〈纽约时报〉对谷歌事件的报道为例》，《咸宁学院学报》2011 年第 31 卷第 5 期。

[60] 蔡尚伟、张恒山：《刻板印象和政治利益影响下的国家形象认知——以"谷歌退出中国"事件为例》，《今传媒》2010 年第 4 期。

[61] 秦前红、陈道英：《网络言论自由法律界限初探——美国相关经验之述评》，《信息网络安全》2006 年第 5 期。

[62] 张毓强：《2009：中国国际传播迈出六大步》，《中国记者》2010 年第 1 期。

[63] 唐小松：《中国公共外交的发展及其体系构建》，《复旦国际关系评论》2006 年第 2 期。

[64] 陈静茹、蔡美瑛：《全球暖化与京都议定书议题框架之研究——

以 2001—2007 年纽约时报新闻为例》，《新闻学研究》2009 年第 100 期。

[65] 张晋升、黎宇文：《两会报道的微博效应》，《中国记者》2010 年第 4 期。

[66] 陈卫星：《跨文化传播的全球化背景》，《国际新闻界》2001 年第 2 期。

[67] 温宪：《本能的丑陋?!》，《人民日报》2008 年 5 月 28 日第 3 版。

[68] 星兰：《演艺界掀起反"莎"狂潮》，《楚天都市报》2008 年 5 月 28 日 C33 版。

[69] 杨林、谢来、徐春柳：《莎朗·斯通"地震报应"言论受责》，《新京报》2008 年 5 月 28 日 C04 版。

[70] 张天蔚：《我们凭什么要宽容莎朗·斯通》，《中国青年报》2008 年 6 月 1 日第 2 版。

[71] 单波、王冰：《西方媒介生态理论的发展及其理论价值问题》，《新闻与传播研究》2006 年第 3 期。

[72] 刘奇葆：《加快推动传统媒体和新兴媒体融合发展》，《人民日报》2014 年 4 月 23 日。

[73] 孙灵囡：《党和国家领导人的"平民形象"塑造》，《青年记者》2013 年第 23 期。

[74] 吴瑛：《中国如何改进领导人形象?》，《社会观察》2013 年第 5 期。

[75] 王传宝、滕瀚：《新媒体时代的"新闻可视化"初探》，《新闻研究导刊》2014 年第 3 期。

[76] 李媛媛、谢婧：《"漫话"领导人的形象公关》，《公关世界》2014 年第 4 期。

[77] 王敏：《领导人卡通形象体现的政治传播变革》，《今传媒》2014 年第 5 期。

[78] 吴华清、沈国麟、杜旭赟：《现代化理想图景的诉求——从 2010 年世博会对外报道看中国公共外交的话语建构》，《新闻与传播研究》2010 年第 6 期。

[79] 闵大洪：《美国政府网络外交的实施》，《社会科学战线》2011 年

第 7 期。

[80] 王娟:《浅谈新闻传播中的公共外交策略》,《当代传播》2010 年第 4 期。

[81] 贺潇潇:《"中国已经进入公共外交时代"——赵启正谈如何开展公共外交》,《对外传播》2009 年第 12 期。

[82] 杜涛:《"软实力与政府传播"国际研讨会综述》,《国际新闻界》2009 年第 9 期。

[83] 单波、王金礼:《跨文化传播的文化伦理》,《新闻与传播研究》2005 年第 1 期。

[84] 单波:《跨文化传播的基本理论命题》,《华中师范大学学报》(人文社会科学版) 2011 年第 1 期。

[85] 寇超颖:《媒介融合下中国报业集团价值链建构研究》,硕士学位论文,中南大学,2013 年。

[86] 董朝:《媒介融合背景下〈纽约时报〉的转型与升级》,硕士学位论文,华中科技大学,2012 年。

[87] 姚岚:《中国网络媒体议程设置特点探究——以人民网、新华网国庆 60 周年网络专题为例》,硕士学位论文,广西大学,2010 年。

[88] 郑晓岩:《国际传播语境下〈China Daily〉在中国国家形象塑造中的媒介议程设置研究》,硕士学位论文,东北师范大学,2008 年。

[89] 赵红凯:《奥巴马政府的网络外交及其对中国的启示》,硕士学位论文,中共上海市委党校,2010 年。

[90] 黄志雄、万燕霞:《论互联网管理措施在 WTO 法上的合法性——以"谷歌事件"为视角》,"WTO 法与中国论坛"暨中国法学会世界贸易组织法研究会 2010 年年会论文,北京,2010 年。

[91] 刘丽萍:《新闻语篇的批评性话语分析——〈纽约时报〉关于谷歌退出中国大陆报道的个案分析》,福建省外国语文学会 2010 年年会论文,福州,2010 年。

（三）电子资源

[1] 中国网信网：《国家网信办公布可供网站转载新闻的新闻单位名单》，2015年5月5日（http：//www.cac.gov.cn/2015-05/05/c_1115179188_2.htm）。

[2] 中国互联网络信息中心：《第36次中国互联网络发展状况统计报告》，2015年7月。

[3] 蔡名照：《坚持健康有序发展 建设和谐网络环境》，2005年11月1日（http：//gb.chinabroadcast.cn）。

[4] 中国记协网：《第二十五届中国新闻奖评选结果》，2015年8月27日（http：//www.xinhuanet.com/zgjx/jiang/zgxwj.htm）。

[5] 赵洋：《广电总局董年初：传统媒体不转型会被边缘化 下个十年属于无线互联网》，2011年12月16日，和讯网（http：//tech.hexun.com/2011-12-16/136384943.html）。

[6] 杜羽：《媒介融合路在何方》，2014年6月27日，光明日报（http：//news.gmw.cn/2014-06/26/content_11731340.htm）。

[7] 李从军、刘思扬、李柯勇等：《"三北"造林记》，2013年9月25日，新华社（http：//news.xinhuanet.com/politics/2013-09/25/c_117508134.htm）。

[8] 《2014两会e客厅》，2014年，人民网（http：//www.people.com.cn/32306/376052/376661/）。

[9] 北屯在线（http：//www.btzx.cn/Article/dzsw/ldlt/201305/44539.html）。

[10] 中国电子商务研究中心：《国内外平面媒体融合视频业务分析》，2010年3月11日（http：//b2b.toocle.com/detail—5037668.html）。

[11] 《"新华发布"与移动支付跨界融合》，2013年7月7日，新华网（http：//news.xinhuanet.com/politics/2013-07/07/c_116435854.htm）。

[12] 陶叶：《新华网联手密苏里大学新闻学院共促媒体融合发展》，2014年9月22日，新华网（http：//news.xinhuanet.com/2014-

09/22/c_1112580540.htm)。

[13] 胡占凡：《深度融合，争创一流》，2014 年 7 月 18 日，人民网—人民日报（http：//politics.people.com.cn/n/2014/0718/c1001-25296672-3.html）。

[14]《发展新媒体不能照搬国外做法》，2010 年 10 月 14 日，中广互联（http：//www.sarft.net/a/22773.aspx）。

[15] 李丹：《专访长江学者赵月枝：新媒体不会造就一个理想地球村》，2015 年 4 月 16 日，澎湃新闻（http：//www.thepaper.cn/newsDetail_forward_1320782）。

[16] 陈健、彭奇、崔雷：《人民网微博 2 月 1 日起开放公测》，2010 年 2 月 1 日，人民网（http：//it.people.com.cn/GB/42891/42894/10904744.html）。

[17] 新华网：《新华网加强国际传播能力建设 向世界一流网络媒体迈进》，2012 年 9 月 4 日（http：//www.scio.gov.cn/zhzc/3/32765/Document/1426710/1426710.htm）。

[18] Siobhan Gorman：《希拉里敦促中国调查谷歌事件》，2010 年 1 月 22 日，华尔街日报网站（http：//cn.wsj.com/gb/20100122/bus1219 46.asp）。

[19] 张蔚然、何亚非：《不应过多解读谷歌事件 哪个国家都有监管》，2010 年 1 月 21 日，中国新闻网（http：//www.chinanews.com/gn/news/2010/01-21/2085460.shtml）。

[20] 赵光霞：《彭丽：抓住互联网技术发展机遇 传播中国文化》，2011 年 11 月，人民网（http：//media.people.com.cn/GB/22114/234362/235242/16330903.html）。

[21] 网易：《莎朗·斯通称四川地震是报应引声讨》，2008 年 5 月 28 日（http：//ent.163.com/special/00032NOM/SharonStone.html#1，http：//ent.163.com/special/000327LU/stslst.html）。

[22] 艾瑞：《腾讯 2008 年总营收 71 亿 增值业务成增长动力》，2009 年 3 月 24 日（http：//media.ifeng.com/index/200903/0324_4262_1074209.shtml）。

[23] 腾讯：《全球网友签名抵制莎朗·斯通》，2008 年 5 月 28 日（ht-

tp：//ent. qq. com/zt/2008/btSharon/topic_ html/index. htm）。

［24］ChinaByte：《1999 中国新闻媒体网上发展回眸》（下），1999 年 12 月 29 日，新浪网（http：//tech. sina. com. cn/news/internet/1999 - 12 - 29/14393. shtml）。

［25］《新华社推出九届全国人大二次会议、全国政协九届二次会议专题网站》，1999 年 3 月 3 日，新浪网（http：//news. sina. com. cn/richtalk/news/tech/9903/030309. html）。

［26］赵文捷：《两会报道新闻战落幕 手机媒体力拼"时政大餐"》，2008 年 4 月 1 日，人民网（http：//news. sohu. com/20080401/n256039716. shtml）。

［27］徐松、陈恃雷：《新华社报道进军手机客户端 多媒体展示两会新闻》，2011 年 3 月 1 日，新华社、央视网（http：//news. cntv. cn/20110301/119355. shtml）。

［28］刘正旭：《"政协全会"挺潮 手机客户端上线》，2011 年 3 月 4 日，金羊网—新快报、新浪网（http：//news. sina. com. cn/c/2011 - 03 - 04/021322049374. shtml）。

［29］《全国政协会议推出手机终端无线网站》，2011 年 3 月 3 日，东方网、中国网（http：//big5. china. com. cn/2011/2011 - 03/03/content_ 22040857. htm）。

［30］［日］加藤嘉一：《什么是"网络民族主义"？》，2010 年 10 月 14 日，《金融时报》网站（http：//www. ftchinese. com/story/001035021）。

［31］中国互联网信息中心：《第 30 次中国互联网络发展状况统计报告》，2012 年 7 月，CNNIC（http：//www. cnnic. cn/hlwfzyj/hlwxzbg/hlwtjbg/201207/P020120723477451202474. pdf）。

［32］陆川：《功夫熊猫，好莱坞，莎朗·斯通》，2008 年 6 月 20 日，陆川博客（http：//blog. sina. com. cn/s/blog_ 539a023201009e00. html）。

［33］《2014 年中国国家形象全球调查报告，海外民众看好中国未来发展形势》，2015 年 3 月 19 日（http：//www. 199it. com/archives/333548. html？ appinstall = 0）。

[34]《委员呼吁力推公共外交：当前投入不及美国十分之一》，2005年2月2日（http：//www.chinapressusa.com/newscenter/2009-03/11/content_198723.htm）。

[35] 田晓玲：《"北京共识"首倡者：国家形象塑造不可能一蹴而就》，2011年6月13日，《文汇报》（http：//www.chinadaily.com.cn/hqsj/shbt/2011-06-13/content_2886552.html）。

[36] 俞可平：《雷默的"淡色中国"观》，2007年5月4日，《北京日报》（http：//news.sohu.com/20070504/n249846654.shtml）。

[37] Nicola Davison, "Dream Works eyes China", 2011年2月2日,《每日电讯报》（http：//www.telegraph.co.uk/culture/film/film-news/8931393/DreamWorks-eyes-China.html）。

[38] John D. Sutter, Google "optimistic" it won't pull out of China. 2010-02-12（http：//edition.cnn.com/2010/TECH/02/12/brin.google.china/）.

[39] Will U.S. diplomats' visit ease China-U.S. tensions? 2010.3.2, Peole's daily online (English)（http：//english.peopledaily.com.cn/90001/90780/91343/6906212.html）.

[40] Chinese premier calls for investment agreement, co-op secretariat among China, Japan, S Korea. 2010.5.31, Peole's daily online (English)（http：//english.cpc.people.com.cn/66102/7005305.html）.

[41] Wartime forges lasting Sino-Russian friendship. 2010.5.9, Peole's daily online (English)（http：//english.peopledaily.com.cn/90001/90776/90883/6977782.html）.

[42] U.S.-China economic relationship mutually beneficial: Chinese finance minister. 2010.5.24, Peole's daily online (English)（http：//english.peopledaily.com.cn/90001/90776/90883/6996738.html）.

[43] China urges separation of Kim's visit, warship sinking amid "partiality" criticism. 2010.5.8, Peole's daily online (English)（http：//english.peopledaily.com.cn/90001/90776/90883/6977521.html）.

[44] Developing countries meet in Beijing, discuss financial crisis. 2010.5.19, Peole's daily online (English)（http：//english.peopledai-

ly. com. cn/90001/90776/90883/6990701. html).

[45] Beijing reluctant to tighten monetary policy. 2010. 5. 17, Peole's daily online (English) (http://english. peopledaily. com. cn/90001/90778/90862/6986977. html).

[46] China calls for further co-op with S Korea, Japan in economy. 2010. 5. 23, Peole's daily online (English) (http://english. peopledaily. com. cn/90001/90776/90883/6995713. html).

[47] Premier pledges to address root causes of school attacks. 2010. 5. 14, Peole's daily online (English) (http://english. peopledaily. com. cn/90001/90776/90882/6984769. html).

[48] 2 Chinese oil workers held in Yemen safe: embassy. 2010. 5. 17, Peole's daily online (English) (http://english. peopledaily. com. cn/90001/90776/90883/6986854. html).

[49] Guangdong Party chief urges companies to care more for employees after Foxconn suicides. 2010. 5. 30, Peole's daily online (English) (http://english. peopledaily. com. cn/90001/90776/90882/7004721. html).

[50] China's Ministry of Commerce: U. S. protectionism endangers trade ties. 2010. 2. 2, Peole's daily online (English) (http://english. peopledaily. com. cn/90001/90776/90883/6884987. html).

[51] Chinese official says China-U. S. trade is win-win game. 2010. 3. 27, Peole's daily online (English) (http://english. peopledaily. com. cn/90001/90776/90883/6932374. html).

[52] U. S., China to hold new round of human rights dialogue in May. 2010. 4. 23, Peole's daily online (English) (http://english. peopledaily. com. cn/90001/90776/90883/6960448. html).

[53] China expects to solve problems with U. S. in May dialogue: PM. 2010. 3. 23, Peole's daily online (English) (http://english. peopledaily. com. cn/90001/90776/90883/6926932. html).

[54] U. S. values seen behind the "Tibet issue". 2010. 3. 5, China Tibet Online (http://chinatibet. people. com. cn/6909818. html).

[55] American movie demonizes. 2010. 6. 2, China Peole's daily online

(English) (http: //english. peopledaily. com. cn/90001/90782/7008410. html).

[56] Marja offensive a test for NATO's ability in uprooting Taliban, 2010. 2. 14 (http: //news. xinhuanet. com/english2010/world/2010 - 02/14/c_ 13174859. htm).

[57] Day of turmoil leaves UK no nearer new government, 2010. 5. 11 (http: //news. xinhuanet. com/english2010/indepth/2010 - 05/11/c_ 13288409. htm).

[58] Civilian casualties cast shadow on offensive on Afghan Taliban, 2010. 2. 15 (http: //news. xinhuanet. com/english2010/indepth/2010 - 02/15/c_ 13176011. htm).

[59] Karzai's election fraud charge "preposterous": U. S. Spokesman, 2010. 4. 03 (http: //news. xinhuanet. com/english2010/world/2010 - 04/03/c_ 13235598. htm).

[60] Civilian casualties cast shadow on offensive on Afghan Taliban. 2010. 2. 15 (http: //news. xinhuanet. com/english2010/indepth/2010 - 02/15/c_ 13176011. htm).

[61] 33 President Hu says healthy, stable Sino-U. S. trade ties serve both's interests. 2010. 04. 02 (http: //news. xinhuanet. com/english 2010/china/2010 - 04/02/c_ 13234955. htm).

[62] China opposes Obama-Dalai meeting. 2010. 02. 03 (http: //news. xinhuanet. com/english2010/china/2010 - 02/03/c_ 13161633. htm).

[63] U. S. China should "stand together regardless of situation": Geithner, 2010. 05. 22 (http: //news. xinhuanet. com/english2010/indepth/2010 - 05/22/c_ 13309669. htm).

[64] Tom Evans. Activist: China trying to silence critics, 2010 - 03 - 17 (http: //edition. cnn. com/2010/WORLD/asiapcf/03/16/china. activist/).

[65] John Vause. Analysis: China plays hardball. 2010 - 01 - 20 (http: //edition. cnn. com/2010/WORLD/asiapcf/01/20/china. economy. policy. analysis/).

[66] What's really at stake in Google vs. China. 2010 - 01 - 21 (http: //edi-

tion. cnn. com/2010/OPINION/01/21/zakaria. google. china/index. html? iref = allsearch).

[67] Doug Gross: Google vs. China: Free speech, finances or both. 2010 - 01 - 13 (http://www. cnn. com/2010/TECH/01/13/google. china. analysis/index. html).

[68] Google, don't politicalize yourself. 2010 - 03 - 22 (http://english. cctv. com/20100322/103067. shtml).

[69] China opposes Google's politicization. 2010 - 03 - 23 (http://english. cctv. com/program/bizchina /20100323/102714. shtml).

[70] Google has freedom to quit or stay: Chinese minister, 2010 - 03 - 12 (http://english. cctv. com/ 20100312/104273. shtml).

[71] David Goldman, Banned... by Google, 2010 - 03 - 18 (http://money. cnn. com/2010/03/18/technology /google _ china _ censorship/index. htm? cnn = yes).

[72] David Jolly: Dior Drops Actress From Ads After China Remarks, 2008 年 5 月 30 日 (http://www. nytimes. com/2008/05/30/business/worldbusiness/ 30dior. html)。

[73] CNN. Actress says she misspoke on China. 2008 - 05 - 31 (http://edition. cnn. com/2008/SHOWBIZ/Movies/05/31/sharon. stone/index. html).

[74] Cathy Horyn. Actress Stone and Dior Differ Over Apology. 2008 年 6 月 1 日 (http://www. nytimes. com/2008/06/01/fashion/01stone. html)。

[75] China's place in the world. 2009 - 10 - 01 (http://www. economist. com/displayStory. cfm? story_ id = 14548871).

[76] China Celebrates 60 Years of Communist Rule. 2009 - 10 - 01 (http:// www. nytimes. com/2009/10/02/world/asia/02china. html? scp = 3&sq = china% 20parade&st = cse).

[77] On Day for China Pride, Little Interest in Ideology. 2009 - 09 - 30 (http://www. nytimes. com/2009/10/01/world/asia/01china. html? scp = 9&sq = china% 20parade&st = cse).

二 外文文献

(一) 专著

[1] Ithiel de Sola P, *Echnologies of freedom*, Harvard University Press, 1983.

[2] Howard Rheingold, *Smart Mobs: the next social revolution*, Basic Books, 2003.

[3] Schiller, D., *How to think about information*, University of Illinois Press, 2006.

[4] Pieterse, J. N., *Globalization or empire?* Routledge, 2004.

[5] Michael. Devitt, Kim. Sterelny, *Language and Reality: An Introduction to the Philosophy of Language*, Basil Blackwell Ltd, 1987.

[6] Cull, N. J., *The Cold War and the United States Information Agency: American Propaganda and Public Diplomacy*, 1945 – 1989, Cambridge University Press, 2008.

(二) 论文

[1] David Domingo, Ramón Salaverría, "Four Dimensions of Journalistic Convergence: A Preliminary Approach to Current Media Trends at Spain", *The 8th International Symposium on Online Journalism*, From http://online.journalism.utexas.edu/2007/papers/Domingo.pdf, 2006.

[2] José Alberto García Avilés, Miguel Carvajal, "Integrated and Cross-Media Newsroom Convergence: Two Models of Multimedia News Production—The Cases of Novotécnica and La Verdad Multimedia in Spain", *Convergence: The International Journal of Research into New Media Technologies*, Vol. 14, No. 2, 2008.

[3] Henry Jenkins, "The Cultural Logic of Media Convergence", *International journal of Cultural studies*, Vol. 7, No. 1, 2004.

[4] Henry Jenkins, "People from that Part of the World", *Cultural Anthropology*, August 2006.

参考文献

[5] Larry Dailey, Lori Demo, Mary Spillman, "The Convergence Continuum: A Model for Studying Collaboration Between Media Newsrooms", *Atlantic Journal of Communication*, Vol. 13, No. 3, 2005.

[6] Henry Jenkins, "Editorial Convergence Culture", *The International Journal of Research into New Media Technologies*, Vol. 14, No. 1, 2008.

[7] Schramm, W., "Information theory and mass communication", *Journalism & Mass Communication Quarterly*, Vol. 32, No. 2, 1955.

[8] Yee, N., Bailenson, J., "The Proteus effect: The effect of transformed self-representation on behavior", *Human Communication Research*, Vol. 33, No. 3, July 2007.

[9] Bente, G., Rüggenberg, S., Krämer, N. C., Eschenburg, F., "Avatar-Mediated Networking: Increasing Social Presence and Interpersonal Trust in Net-Based Collaborations", *Human Communication Research*, Vol. 34, No. 2, 2008.

[10] Friedman, E. J., "Lesbians in (cyber) space: the politics of the internet in Latin American on-and off-line communities", *Media, Culture & Society*, Vol. 29, No. 5, 2007.

[11] Jenkins, H., "Convergence? I diverge", *Technology Review*, Vol. 104, No. 5, 2001.

[12] Jenkins, H., "Digital land grab", *Technology Review-Manchester NH-*, Vol. 103, No. 2, 2000.

[13] Jenkins, H., "The cultural logic of media convergence", *International Journal of Cultural Studies*, Vol. 7, No. 2, 2004.

[14] Rohner, D., Frey, B. S., "Blood and ink! The common-interest-game between terrorists and the media", *Public Choice*, Vol. 133, No. 1, 2006.

[15] Barnes, S. B., "A privacy paradox: Social networking in the United States", *First Monday*, Vol. 11, No. 9, 2006.

[16] Fox, S., Zickuhr, K., Smith, A., "Twitter and status updating, fall 2009", *Pew Internet & American Life Project*, October 2009.

[17] Barnes, S. B., "A privacy paradox: Social networking in the United States", *First Monday*, Vol. 11, No. 9, 2006.

[18] Salzman, M. B., "Globalization, religious fundamentalism and the need for meaning", *International Journal of Intercultural Relations*, Vol. 32, No. 4, 2008.

[19] Bhawuk, D. P., "Globalization and indigenous cultures: Homogenization or differentiation?" *International Journal of Intercultural Relations*, Vol. 32, No. 4, 2008.

[20] Bhawuk, D. P., " Evolution of culture assimilators: toward theory-based assimilators", *International Journal of Intercultural Relations*, Vol. 25, No. 2, 2001.

[21] Ellis Donald G., Maoz Ifat, "Online argument between israeli jews and palestinians", *Human Communication Research*, Vol. 33, No. 3, 2007.

[22] Jun Xiao, Helin Li, "Online Discussion of Sharon Stone's Karma Comment on China Earthquake: the Intercultural Communication of Media Events in the Age of Media Convergence", *China Media Research*, Vol. 8, No. 1, January 2012.

[23] Roberts M., Wanye W., Dzwo T. H. D., "Agenda Setting and Issue Salience Online", *Commnicationg Research*, No. 4, 2002.

[24] Choi, D.-H., Kim, S.-H., "Cross-lagged analysis of intermedia agenda-setting: An interplay between television news and internet portals in South Korea", *Paper presented at the annual meeting of the International Communication Association*, San Francisco, 2007.

[25] Scott L. Althaus, David Tewksbury, "Agenda Setting and the 'New' News: Patterns of Issue Importance Among Readers of the Paper and Online Versions of the New York Times", *Communication Research*, No. 29, 2002.

[26] Ge Haiyan, "A Critical discourse Analysis of News on 'Google out of China' in new York Times: An Appraisal Approach", *Heibei Normal University*, April, 2011.

参考文献

[27] Yao Xiaoju, "A Contrastive Analysis of News Reports on Google's Pull-out from China in Chinese and American Newspapers", *Nanjing Normal University*, April, 2011.

[28] Wilbur Schramm, "Information Theory and Mass Communication", *Journalism Quarterly*, Vol. 32, No. 2, 1955.

[29] Hugues Hotier, Etude de la confiance qu' inspire la Chine au quotidian Le Monde, in Le Monde et la Chine: confiance, mefiance, defiance, (s/dir) Lihua Zheng, Xiaomin Yang, Harmattan, 2010.

[30] Colomb Dominique, *Les médias français et chinois face à la crise de la représentation. A propos de l'hystérie médiatique française face aux J. O. de Beijing*, in La confiance et les relations sino-européennes, (s/dir) Zheng Lihua, Yang Xiaomin, Paris, L'Harmattan, 2010.

[31] Hagmann Pierre, "Regard sur la mise en scène du discours officiel Chinois", *Perspectives Chinoises*, No. 69, 2002.

[32] Golding, P., Murdock, G., "Digital divides: communications policy and its contradictions", *New Economy*, Vol. 8, No. 2, 2002.

[33] Frey, B. S., D. Rohner, "Blood and Ink! The Common Interest Game Between Terrorists and the Media", *Public Choice*, Vol. 133, Issue 1, October 2007.

[34] Yariv Tsfati, Oren Meyers, Yoram Peri. "What is good journalism? Comparing Israeli public and journalists' perspectives", *Journalism*, Vol. 7, No. 2, 2006.

[35] Althusser, L., "Ideology and ideological state apparatuses (notes towards an investigation)", *The Anthropology of the State: A Reader*, 2006.

[36] See Logic as semiotic: the theory of signs, *The Philosophy of Peirce: Selected Writings*, founded by C. K. Ogden, London: Routledge, 2001.

[37] Loris Ramos, "Understanding Literacy: The Oretical Foundations for Research in Media Ecology", *The New Jersey Journal of Communication*, Vol. 8, No. 1, Spring 2000.

[38] Lagerkvist, J., "The Rise of Online Public Opinion in the People's Republic of China", *China: An International Journal*, No. 3, 2005.

[39] Huffaker, D., "Dimensions of leadership and social influence in online communities", *Human Communication Research*, Vol. 36, No. 4, 2010.

[40] Rosenstiel, T., Mitchell, A., "The state of the news media 2011: an annual report on American journalism", *Pew Research Center Project for Excellence in Journalism*, 2011.

[41] Williams, B. A., Carpini, M. X. D., "Unchained reaction: the collapse of media gatekeeping and the Clinton-Lewinsky scandal", *Journalism*, Vol. 1, No. 1, 2000.

[42] Lewin, K., "Frontiers in group dynamics II: Channels of group life; social planning and action research", *Human Relations*, Vol. 1, No. 2, 1947.

[43] Karine Barzilai-Nahon, "Toward a theory of network gatekeeping: A framework for exploring information control", *Journal of the American society for information science and technology*, 2007.

[44] Karine Barzilai-Nahon, "Toward a theory of network gatekeeping: A framework for exploring information control", *Journal of the American society for information science and technology*, 2007.

[45] Starosta, W. J., Chen, G. M., "Intercultural listening: Collected reflections, collated refractions", *A joint session of the World Communication Association and the International Listening Association*, Stockholm, Sweden, 2003.

后 记

探索立足中国的新媒体
跨文化传播研究

一 缘起：跨文化学术交流中的中国问题意识

本书最初的研究冲动源于我 2007—2008 年在美国的跨文化学术交流。

作为美国费曼项目（Freeman Fellows Program）高级访问学者，我和来自中国其他高校的 9 位教师在美国生活和工作了整整一年的时间，我们当时工作证上的身份是美国伊利诺伊大学香槟分校（University of Illinois at Urbana and Champaign，UIUC）东亚与太平洋研究中心的博士后。为了让我们深入了解美国社会与文化，UIUC 为我们安排了合作教授，并要求我们选修各类课程，参与课堂教学，并进行公开的学术演讲。当时，我的合作教授是丹·席勒（Dan Schiller）先生，他是享誉世界的传播政治经济学代表性学者。在跟随席勒教授学习的过程中，他从美国信息社会历史研究、信息化资本主义反思等多种学术维度中不断帮助我提升批判研究的敏锐度。此外，我还选修了著名批判学者罗伯特·麦克切斯尼（Robert McChesney）、媒介伦理学大师克利福德·G. 克里斯琴斯（Clifford G. Christians）等教授的课程，和他们多有讨论。这些学术训练和教学、研究工作让我更好地建构了从政治、经济、文化等多重视域中分析传播问题的能力。

但与此同时，美国社会对中国形象的负面感知也深深触动我的心，其中印象深刻的有两件事。

一是费曼项目为我们安排的一次跨文化交流活动。项目为了让我们更好地了解美国社会、接近美国人民，特地在项目的前几个月中每周安排一次与 UIUC 所在地社区的居民进行入户的跨文化交流。项目挑选了一些退休的美国教师、医生、牧师家庭，我们受邀到这些家庭做客，双方在比较轻松的气氛中随意聊聊中美的文化、经济、政治和日常生活等话题，通常都是一团和气，但有一次的交流却有些尖锐。我们在谈到对对方国家的印象时，美国朋友含蓄地指责中国劳动力抢夺了美国人的工作机会，导致美国失业率不断上升，这令我们这些来自中国高校的研究者开始变得激动，纷纷发言。经济学者从全球市场分配的角度、英国语言文学学者从英语语言霸权的角度、哲学研究者从思潮争议的角度、我从信息产业劳工与剥削的角度等开始辩论，美国朋友听后表示，他们对我们提到的中国发展现状几乎一无所知，因为美国媒体塑造的中国和我们描述的中国似乎不太一致。

二是 2008 年针对中国的系列不友好事件，如抵制奥运火炬传递、达赖喇嘛事件等。美国媒体对这些事件的报道具有明显的倾向性，一些报道对中国的历史和具体国情要么弱化或不报道，要么出现错误，导致美国社会对中国的误解和批评不断加深，这令我们这些中国学者感到非常不安。出于对国家的热爱和学者的责任感，我们争取各种机会进行演讲、参与讨论，试图厘清当地美国人民对中国问题的认知局限。面对面地说服取得了一些效果，有些当地居民说我们提供的信息让他们了解到更完整的中国，而这是他们此前从未知悉的。

这些经历对从事跨文化传播、网络传播研究的我触动很大。据我所知，早在 2001 年 12 月，全国 28 家新闻网站签署了《共同构建全国外宣网络平台协议书》，可以说，中国作为一个独立民族国家非常积极地通过网络新媒体空间建设软实力，不断提升对外传播能力。但直到 2008 年，我国新闻网站的国际传播影响力仍然明显不足。我国新闻网站在面对西方媒介，特别是网络社会舆论对中国的误读和偏见时并未显现有力的形象建构和危机化解能力，中国的大国形象在跨文化传播过程中一直面临认同的危机。那么，为什么媒体融合为新闻传播带来了更好的技术，却没有明显提升中国新闻网站的对外传播效果呢？媒体融合研究如何能突破技术层面，从理念、伦理、文化等更丰富的角度促使我国新闻事业的可持续发展呢？对中国新媒体跨文化传播的现实关怀成为我强烈的研究冲动。2008 年夏天回国后，我即着手准备国家社科基金课题的申请，并于 2009 年成功获批，研究主题确定为《媒体融合对新闻传播的影响研究：新技术环境下如何提升中国新闻网站的国际影响力》。谁知，研究一扎进去就是 5 年。

二 研究：中国新闻网站的实践路径

课题研究自 2009 年下半年正式开始，2014 年在完成 5 年的历时性研究后，基于跟踪、观察、分析和反思我国新闻网站对外传播实践的课题成果于 2015 年以免检通过国家社科基金的结题审核工作。课题阶段性成果主要包括：发表 7 篇中文论文，其中 CSSCI 期刊论文 5 篇，1 篇获国际会议最佳论文奖；在英文、法文学术期刊发表论文 2 篇；部分研究成果得到地方重要领导批示，并被相关部门采纳。研究一路走来，研究设计不断经历自我修正的过程，我时刻提醒自己，对中国新闻网站的研究既要沉浸其中，又要保持批判的理性，力争从中国特色社会主义道路的发展中思考我国新媒体跨文化传播的路径及其优化。

"新闻网站"一词在我国政治经济语境中有特定的语意，通常是指与国家媒体不可分割的、血脉相依的互联网站点，这类互联网站不仅可以登载新闻，更重要的是，它们可以自行采写新闻，即拥有新闻的采访权，它们原创性的新闻报道成为商业网站进行信息汇编、检索和整合的唯一合法来源。研究对象既有人民网、新华网、央视网、国际在线、荆楚网等中国新闻网站，也有报道中国议题的海外新闻网站，亦有作为案例的新闻事件，全景式研究试图揭示媒体融合环境下中国新闻网站的对外传播理念、方式与传播效果，进而提升中国新闻网站在新技术环境下的国际影响力。

本书所强调的新媒体跨文化传播，区别于以我为主的国际传播观念，更多地强调文化间的交流与互动，从这个角度切入新技术环境下中国新闻网站的跨文化传播及其效果无疑是难度很大的工作。一是，必须跟踪和挖掘新闻网站对外传播的内容及其流向，揭示新闻网站生产了、传播了什么内容？又是哪些海外新闻网站进行了转发和再生产？二是，基于信息互动的分析结构，研究亦需要跟踪和挖掘我国政府密切关注的西方主要国家，如美英法等国家的新闻网站，如何采信、使用中国新闻网站作为它们报道中国的新闻源，以及如何使用这些素材建构中国形象？三是，基于网站跟踪数据产生的分析可能无法完整地揭示中国新闻网站的跨文化传播效果，为此，研究需要补充基于个案的深入研究，用案例研究方法从国家、市场和公民三方共同构成的场域中揭示新闻网站的新闻传播规律，从而思考相应对策。

  我将研究思路定位于跨文化语境下的中外比较。与中国新闻网站相对应，研究会根据信息流动、新闻议题等指标选择海外新闻网站作为比较对象。此处，海外新闻网站是指以原创新闻为其主要产品的海外网络媒体，与中国相异，它们通常不拥有新闻采访、重大新闻来源的特许权利，相同之处在于，它们大多数也依托传统媒体作为母体。研究选择英语、法语两种外国语言进行文本的话语分析，对应选择美国、英国、法国新闻网站作为比较性研究对象。研究在逐步推展的过程中，我意识到，单独的任何一种方法似乎都无法清晰、深入地揭示现状和问题。于是，根据研究难点和需求，我对研究方法的选择采用实用主义标准，即，根据研究问题选择适合的研究方法。比如，选择网站跟踪和框架理论基础上的话语分析方法研究中央新闻网站的对外传播实践和海外新闻网站的中国形象建构，选择参与式观察研究新闻网站的专业生产理念和路径，选择案例研究探索国家、市场和公民间的互动控制关系，另外，在部分章节中辅以访谈法厘清事实。

  在网站跟踪中，我与7名研究助手（闭翔、徐璇子、刘芸曼、任明朝、许敏、程泽航、田泽）共同完成130天的中外新闻网站跟踪观察，完成网站跟踪日志685篇，日志合计字数近15万字（不包含收集的新闻报道、网友评论等素材），本书基于这些研究素材形成了系列研究发现。研究助手（郑汝可）完成了参与式观察，她在国际在线获得相关数据、案例素材和访谈资料共计4万字。本书的案例研究包括：莎朗·斯通地震言论风波（2008）、国庆60周年新闻报道（2009）、广州亚运会（2010）、全国两会报道（2011）、网民抵制《功夫熊猫》事件（2008、2011）、刘汉刘维事件报道（2014）等。访谈法则根据研究需要执行，主要用来辅助上述研究方法。全书几乎覆盖了我国新闻网站生产的跨文化传播内容的各种类型，辐射政治、社会、体育、文化娱乐等方方面面。需要说明的是，本书"第十一章：新闻网站跨文化传播的基本生态及其问题"是由课题组成员王冰（广东省社科联《学术研究》副研究员、广东省重大决策咨询论证专家）独立完成。部分研究助理也在我的指导下，将课题内容转化为自己的硕士、学士毕业论文，成为我们共同合作的成果。远在美国的课题组成员韩冬博士（美国南伊利诺伊大学新闻学院助理教授）主要对文中涉及的英文话语分析进行了把关和修正。深深感谢他们！

三 探索：新媒体跨文化传播的中国视角

本书呈现的 5 年，即 2009—2014 年，是中国新闻网站对外传播转型的重要时段。2009 年 6 月，中央制订了《2009—2020 年我国重点媒体国际传播能力建设总体规划》。新时代以来，中央更加重视网络空间的对外传播和国家形象塑造。2013 年 8 月 19 日，习近平总书记在全国宣传思想工作会议上指出，要把网上舆论工作作为宣传思想的重中之重来抓。"宣传工作是做人的工作，人在哪儿重点就应该在哪儿。""很多人特别是年轻人基本不看主流媒体，大部分信息都从网上获取。必须正视这个事实，加大力量投入，尽快掌握这个舆论战场的主动权，不能被边缘化了。"同年 12 月 30 日，习近平总书记在中央政治局就提高国家文化软实力研究进行第十二次集体学习时指出，提高国家文化软实力，要努力提高国际话语权。要加强国际传播能力建设，精心构建对外话语体系，发挥好新兴媒体作用，增强对外话语的创造力、感召力、公信力，讲好中国故事，传播好中国声音，阐释好中国特色。2014 年 8 月 18 日，习近平总书记在主持召开中央全面深化改革领导小组第四次会议时表示，要推动传统媒体和新兴媒体的融合发展，形成立体多样、融合发展的现代传播体系。党中央不断强调创新传播方式的重要性，将媒体融合与提高国家文化软实力、建设国家传播能力、构建对外话语体系等建构了密切的关联，对内和对外都要加强互联网舆论场的主动权。

坚持 5 年的历时性研究就是希冀能在相对较长的时空环境中进行更全面的思考和分析，本书通过四个部分展开论述。"开篇·绪论"共 4 章，分别描述研究缘起、媒体融合的定义与逻辑、新媒体跨文化传播的理论脉络、研究对象与方法等。"上篇·新技术环境下中国新闻网站的国际传播"共4章,全部以中央级新闻网站对外传播实践为研究对象,深入揭示现状与问题。"下篇·媒体融合与新闻网站国际影响力"共6章,主要考察中国新闻网站的对外传播效果,特别通过对海外新闻网站的采信、转载等传播行为的分析,观察是否获得了良好的跨文化传播效果。为此,研究内容中既包括国别研究,如法国,也包括案例研究。"结语·中国新闻网站提升国际影响力的路径思考"共2章,提出新媒体内容建设与网络表达创新、国际传播的全球倾听模式等提升新闻网站国际影响力的理念与方法。

基于此,本书获得了一些探索性的发现。其一,对中国新闻网站进行了集群式研究,突破以往研究多为单一新闻网站对外传播研究的局限性,以期更加完整地展现中国新闻网站新媒体跨文化传播的现状。其二,本文对西方国家,特别是法国新闻网站的信源采纳行为、话语框架等进行了开创性探索。此外,以往研究西方新闻网站多关注单一事件,罕有从一段时间内中国事件报道的信源采纳、话语框架中揭示海外新闻网站对中国国家形象的塑造过程,本书对此进行了大量挖掘和分析工作。其三,本书跟踪时间长,并从历史跨度、地域跨度中拓展研究,研究既涉及中央、省级新闻网站,也包括美英法等多个西方国家。其四,本书以新媒体跨文化传播理论视角,从媒体融合实践中思考未来的发展趋势。本书先从理论上建构了新媒体与跨文化传播的理论相关性,然后在全文写作中采用跨文化识读和传播行为解构的方式进行思考,对中国新闻网站的研究则立足于媒体融合国家战略部署,从新媒体传播空间中反思中国新闻网站集群的对外传播影响力。而结论部分的路径思考则孵化自新媒体跨文化传播理论和中国新闻网站媒体融合实践的双重研究视域。

本书是一项针对中国现实的研究,研究目的为提升中国新闻网站的新媒体跨文化传播能力。因此,研究始终关怀中国现实,希冀关照网络社会中国家话语权的建构和对话可能性,希冀推动中国新闻网站的文化间传播能力,而非仅停留在以我为主的国际传播能力。本书是在国家社会科学基金一般项目(09BXW019)结题成果的基础上修改完成,其间再根据责任编辑赵丽女士的建议润色多次。由衷感谢课题的锤炼、出版的打磨,方终成此书。

后记　探索立足中国的新媒体跨文化传播研究

本书是我继《跨文化虚拟共同体：连接、信任与认同》（社会科学文献出版社 2016 年版）后的第 2 本专著，此前作为第二主编完成编著作品《文化冲突与跨文化传播》（社会科学文献出版社 2015 年版）。本书再一次向诸君分享和汇报我的阶段性研究成果，非常感谢程曼丽教授在"序"中对本书的评价："具有一定的补白意义。它不仅为主流媒体新闻网站对外传播的前期效果评估留下了宝贵的数据、资料，也为新闻网站以及其他平台进一步加强国际传播能力建设提供了必要的参考。"这既是一种肯定，更是一种鞭策。当今中国建构的全球化倡议和思维格局，比以往任何时候更需要建设新媒体跨文化传播能力和路径，这也是我这些年来持续探索这一新研究领域的动力与方向。

肖　珺

2018 年 4 月于珞珈山樱花大道